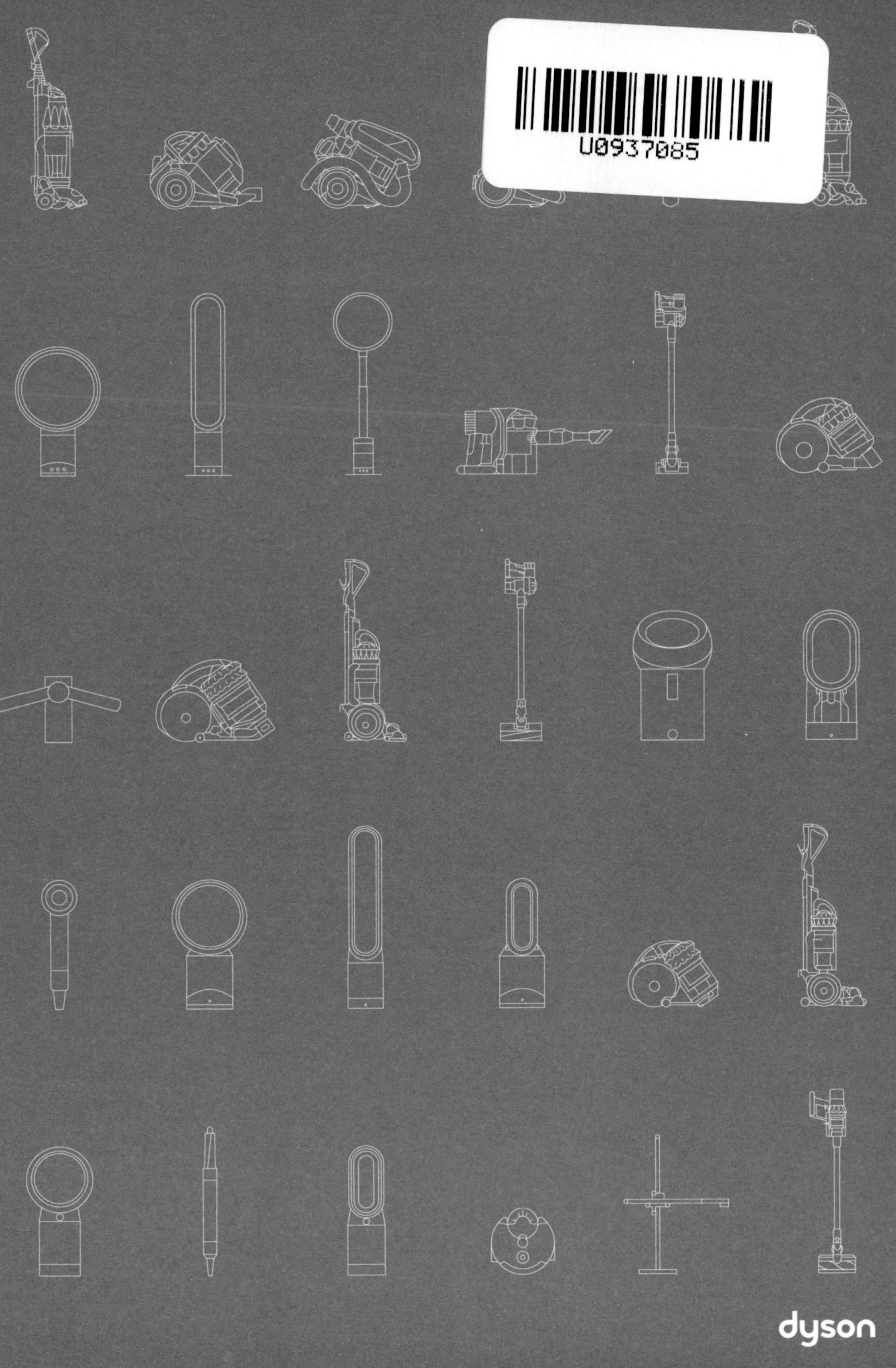
dyson

湛庐CHEERS

与最聪明的人共同进化

HERE COMES EVERYBODY

James Dyson
Invention: A Life

发明
詹姆斯·戴森创造之旅

[英]詹姆斯 · 戴森 著　　　毛大庆 译

中国纺织出版社有限公司

谨以此书献给戴尔德丽（Deirdre），
没有她的爱、鼓励、建议、宽容和忍耐，
这一切都不可能发生。

还有埃米莉（Emily）、杰克（Jake）、
萨姆（Sam）和我们的孙辈，
他们是最亲密的家庭成员，
谢谢他们
对创造事物怀有如此强烈的热情。

引 言

1983 年，经过 4 年的创造和测试，我设计的第 5 127 个气旋吸尘器手工原型终于成功了。也许我应该挥着拳头，从车间跑到马路上，尖叫着：“我发现了！”尤其是在经历了 5 126 次失败后，这本是我该有的反应。但是，我非但没有感到兴高采烈，反而莫名有些沮丧。

怎么会这样？答案在于多次的失败。一天又一天，我顶着巨大的压力，努力研制一种更加高效的气旋分离器，用于收集和分离气流中的灰尘。每天我都设计并制作出几款气旋分离器，并逐一进行测试，评估其除尘效果，期望它达到有效吸附 0.5 微米灰尘的效果——人类头发的直径为 50 ～ 100 微米，同时尽可能少地消耗能量。

对于门外汉来说，这听起来可能既无聊又乏味。我非常理解。但是，当你为自己设定了一个目标，这个目标一旦达到，就有可能为现有的技术和产品开创出一种更好的解决方案，你就会变得投入、上瘾，甚至一发不可收拾。

人们常认为发明是灵光一现，现实恐怕很少是这样的。与最终取得的成功相比，发明的过程中失败更多。我甚至想把这本书叫作《詹姆斯·戴森：失败者》，但被人劝止了，因为这可能会给人误导。人们都想读关于成功的书。有趣的是，善于发明的工程师永远不会满足于他们的最新发明。他们往往会疑惑地看着它说“我知道怎么让它变得更好了”——这是一个极好的机会！这是他们革新的开始，标志着产品性能将再次飞跃。

然而，如果未来的年轻发明家能够认识到，发明一种事物，例如治疗老年痴呆症的药物，靠的并不是阿基米德发现浮力定律时那种突然降临的灵感，而是对勤奋研究的明智追求，那么他们可能不会因为才华是做研究的先决条件这一观念而气馁。研究的过程需要做许许多多试验，要接受甚至享受失败，但还要继续试验，遵循从观察中获得的结论进行研究。**发明往往更看重的是耐力和耐心地观察，而非灵感**。

我现在想把自己的故事写出来，就像我为戴森工程技术学院首批毕业生的毕业典礼写致辞那样。那次典礼让我想起了 52 年前我从英国皇家艺术学院毕业时参加毕业典礼的感受，以及此后发生的事情。这是一个关于创造和发明事物的故事，同时我在这本书中寄予了对年轻人的期望。我期望他们成为工程师，为当前和未来的问题创造解决方案。

我的故事并不是一个聪明人的故事。我甚至没有接受过成为工程师或科学家的训练。然而，我身上有一股冲劲儿，不喜欢遵守惯例，爱挑战权威，且对一切质疑置若罔闻。同时，我也做好了从一次又一次失败中寻找突破的准备。如果像我这样起步晚的人都能成功，这肯定会鼓励其他人。我记得从获得学位证书开始，我就很兴奋，因为我将要制造一款我参与设计的产品，尽管当时我对批量生产和营销一无所知。在我前进的过程中，我天真而迫切地渴望学习一切有用的知识。然而，这是一条陡峭的学习曲线，现在仍然如此。一切事物都在不停地变化，所以经验没有多大用处。当时我并不知道这点，我以为有了经验会变得容易些。对于那些刚毕业的学生来说，知道事实并非如此，一定会深受鼓舞。52 年后，我可以向我的毕业生保证，经验其实没有那么重要。

对我来说，相比过去而言，目前最大的改变是，我身边有一支非常有才华的团队，我们共同创造新技术，并将其提供给全球数百万客户。我们有共同的信念，一起开拓属于自己的道路，有决心共同克服困难。最重要的是，他们的忠诚和奉献精神将戴森打造成了一家全球科技公司。和他们一起工作非常鼓舞人心。

吸尘器的故事开始于 42 年前。每天，我都会穿过家里的院子来到一个小马库，坚持不懈摸索研发一种气旋分离系统，用于分离灰尘，使人们摆脱尘袋堵塞的烦恼。与大多数研究和发明一样，我在早期测试了不同参数的原型，试图发现有关尺寸和形状的某些真谛。在开始实验工作之前，这是直击要害实现巨大突破的必要基础。我怀着期待去工作，期许也许今天我就会发现一些新的东西，助我一步步前进。

一次又一次的失败开始让我兴奋起来。“等一下，这本来应该可行的，现在为什么不行呢？”我挠头，困惑不解，继而又有了一个新的实验想法，也许能解决这个问题。当时，我经常是满身灰尘，满身债务，但仍然乐此不疲。幸运的是，我的妻子戴尔德丽给予了我巨大的支持，她允许我抵押房产，拿我们的家庭生活做赌注，同时，银行也非常好心地贷款给我们。她和孩子们从来不怀疑我每天在做什么，而是给我鼓励、爱和理解。没有这些，我可能早就放弃了。我们的每一个朋友也都是如此。他们在心里一定认为我疯了，认为我在浪费时间，并且把自己的家庭拖进了贫困之中。但他们从来没这么说过。相反，他们支持我们，给了我们毫不吝啬的鼓励。没有这种鼓励，我也怀疑我无法坚持到最后。他们是我真正亲密的朋友。

我认为，发明在今天之所以如此重要，是因为年轻人热衷于拯救地球、改善环境，并积极寻找治疗致命疾病的方法。我确信，这些问题都可以通过努力研发来解决。我希望看到更多在校学生受到激励成为工程师和科学家，实现他们所追求的突破。**我们应该鼓励年轻人成为实干家，而不是空谈美德的人，帮助他们努力解决属于他们这个年龄的问题，同时展望更美好的未来。**

在我的职业生涯中，我努力寻找那些能让世界变得更美好的年轻人。我已经看到了他们能创造的奇迹。这本书旨在鼓励他们。有些人可能因此走上这条道路，成为未来的发明家、工程师和设计师。书中也讲述了一些过去的发明家、工程师和设计师的故事，他们都是我的英雄。和英雄们一样，年轻人会发现自己要走的路并不轻松，在这条路上，他们需要具备非凡的决心和毅力。他们将不得不拼命地奔跑，就像我的人生故事开始时那样……

目 录

INVENTION

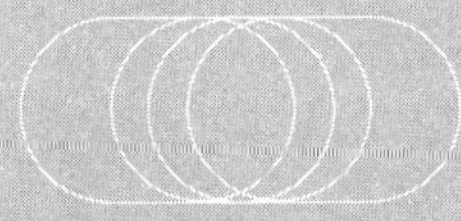

第1章

成 长

WHEN EVERYONE ELSE FEELS EXHAUSTED, THAT IS THE OPPORTUNITY TO ACCELERATE, WHATEVER THE PAIN, AND WIN THE RACE.

当别人都感到筋疲力尽时，
那就是加速的机会，
不管有多痛苦，
加速就能赢得比赛。

北诺福克沙滩上，一天中总有漫漫时光，大海、天空和沙滩交汇在一起，织成一个看似无垠的地平线。当清晨的潮水涌向沙滩，脚下的地面像一面巨大的镜子反射着广阔的天空，你会觉得自己奔跑在一个看不见边界的空灵之地。

我所知道的自己第一件擅长的事就是长跑，这是我十几岁时自己学会的。一旦打破疼痛的屏障，我发现自己有决心，或者说有纯粹的冲劲儿一直跑下去。无论是清晨还是深夜，跑步穿过那片令人难以忘怀的沙滩，带给我的不仅是一种对于习惯的挑战，还是一种逃离学校的片刻愉悦，让我觉得一切皆有可能。

年少时，我的目标并不特别明确。当我 18 岁离开学校时，我的校长洛吉 · 布鲁斯 · 洛克哈特（Logie Bruce-Lockhart）写信给我母亲说："我们很抱歉将与詹姆斯分别。我不相信他真的不聪明，我期待他会在某个方面表现出来。"给我的信中他写道："尽管我们不得不假装学业很重要，但相对而言，它是无关紧要的。如果你不受那种无聊的、充斥着书本知识的学位束缚，你会做得更好。祝你在艺术学校有好运气。”当时，我很喜欢他在致我母亲的信中使用的双重否定措辞，也希望我的聪明才智“在某个方面表现出来”。但和他一样，我也不知道会是什么方面。后来回想起来，一位校长居然说生活不仅仅与学业有关，真令人耳目一新。

就洛吉个人来说，他绝对是人生赢家。他和蔼、有趣且机智。作为一个土生土长的乡下人，他钟爱音乐、鸟类和水彩画。他曾 5 次入选苏格兰橄榄球队，并在第二次世界大战中服役于英国皇家骑兵团，曾在激烈的战斗中英勇地驾驶装甲车驶进德国。他是我终生的朋友。我最后一次见到他是在 2020 年——他去世前不久。

我上的学校是格瑞萨姆学校（Gresham's School），位于诺福克郡的霍尔特集镇。这里风光旖旎但地处偏远，当时基本上没有汽车通行。我的父亲在此工作，担任古典文学主任。学校建立于“血腥玛丽”[①]统治时期，曾教育出许多极具个性的年轻人，尤其是在两次世界大战之间——有的颇负盛名，有的臭名远扬。其中有诗人 W. H. 奥登（W. H. Auden）和斯蒂芬·斯彭德（Stephen Spender），作曲家本杰明·布里顿（Benjamin Britten），艺术家本·尼科尔森（Ben Nicholson）和他的天才建筑师兄弟克里斯托弗·尼科尔森（Christopher Nicholson，1948 年在一次滑翔事故中丧生），以及间谍唐纳德·麦克林（Donald Maclean）。创建英国广播公司（BBC）的里思勋爵（Lord Reith）也曾在这里就读。

---

① 指英格兰女王玛丽一世，她 1553—1558 年在位，因即位后残酷镇压新教徒，被英国民众称为“血腥玛丽”。——编者注

除此之外，格瑞萨姆学校还培养出几位著名的工程师和发明家：马丁·伍德爵士（Sir Martin Wood）发明了全超导磁体，从而促进了磁共振成像（MRI）技术的产生，而磁共振成像仪是当今世界各医院和实验室的关键仪器；克里斯托弗·科克雷尔爵士（Sir Christopher Cockerell）发明了气垫船；再后来是航空工程师莱斯利·贝恩斯（Leslie Baynes），他发明了世界上功率最小的飞机——1935 年问世的轻型卡登 – 贝恩斯辅机（Carden-Baynes Auxiliary）。

20 世纪 60 年代初，当我还是个十几岁的孩子的时候，我已经走上了与学术无关的道路。这并非因为我懒惰。恰恰相反，我全身心投入几乎所有非学术活动，关注各种各样的运动和音乐。我在 9 岁的时候学习演奏巴松，因为我之前从没听说过它，且它非常与众不同，也因为它对我来说是一个挑战。然后，我也尝试了在戏剧中担任演员和舞台设计师。但我为我们的家庭剧、理查德·谢里丹（Richard Sheridan）的作品《批评家》所做的设计不太受欢迎。我是以类似“卷轴”的连续形式安排表演的，而非像“折叠纸”那样一幕一幕的形式，我认为这是在致敬 18 世纪晚期的戏剧时代。“你的节目太丢脸了，戴森，”我的舍监说，“你应该像展示纸张一样一幕幕将它呈现出来。”我的最后一部校园戏剧是莎士比亚的《暴风雨》，我扮演的是特林鸠罗，而扮演睡在我旁边的卡列班的是蒂姆·尤尔特（Tim Ewart），他后来成了英国独立电视新闻公司节目《ITN 十点新闻》的主播。

在学校里，艺术不是受重视的科目。我上第六学级[①]时，同桌是一个留着八字胡的前英国皇家空军士官。他看出我对户外运动的热爱，建议我做一名房地产经纪人，或者成为一名外科医生。我确实去见了剑桥的一位房地产经纪人，他告诉我，我应该成为一名艺术家。我还去了圣乔治医院面试，当时它还没从海德公园角搬到现址图廷（Tooting），那里的人建议说我可能更乐意从事艺术相关的行业……

尽管当外科医生的想法对我有短暂的吸引力，但除了长跑之外，我最喜欢的是艺术。我想，从八九岁起，我就开始认真地画画了。我真正想做的是上艺术学校。自从遇到那位前英国皇家空军士官后，我就对接受或给出建议持谨慎态度。**建议可能是善意的，但往往是错误的。鼓励是另一回事。我的观点是，如果建议和一个人的天赋相得益彰，那么这个建议可能是好的。这应该更像一种肯定。**

然而，艺术并不是我的老师们为我设想的毕业后的职业或生活方式。考虑到我的父亲亚历克是一位古典文学大师，我的哥哥汤姆是剑桥大学的开放古典文学学者，我的姐姐莎妮在学术上同样出色，我觉得我也许命中注定从事学术研究。我擅长拉丁语，非常喜欢希腊和古代历史。不过，我是第三个孩子，和许多家庭的第三个孩子一样，我从小就有一种近乎病态的渴望，想通过走自己的路来

---

① 英国中等学校的最高年级，学生年龄在16~18岁，准备参加高级证书考试。——译者注

证明自己。

我 8 岁到格瑞萨姆学校上学。从 1946 年起，我家就在学校旁边租了一间有过堂风穿过的维多利亚式房子，冬天很冷。我父亲是剑桥大学的优秀毕业生。他曾在肯尼亚教书，后在阿比西尼亚作战。1946 年，他从驻扎在缅甸的比尔·斯利姆（Bill Slim）第 14 军北方兵团服役回来时，头发稀少，牙齿稀落。缅甸的战争非常艰难，派遣令中两次提到了父亲，他曾在英帕尔地区狙击手出没的丛林中经历过激烈的战斗。他还与印度、非洲、中国和美国军队，以及当地的掸族、钦族、克钦族、克伦族和那加族民兵团并肩作战。英国军队，连同从欧洲以外许多地方抽调过来的同盟军，是在缅甸和那加山击败日军的大批参战者之中的一小部分。

我记得父亲是一个时刻快乐的博学者。他以少校的身份管理学校的学员队伍，教曲棍球和橄榄球，还教我在诺福克湖面上驾驶救生艇。他过去常常一大早叫醒我，只是为了赶上莫尔斯顿的大潮。就连 1954 年的一个暴风雨之夜，在暴雨肆虐北诺福克泥沼、湿地和山谷的情况下，他仍然这样做。这可不是一次简单的跳进车里、飞奔去找船的经历。我记得，我们的车是一辆过时的 Standard 12，装载捷豹发动机，需要用手动曲柄启动发动机，启动时总发出剧烈的晃动声，而且频繁出故障。这的确是一次冒险。

我父亲在一个乐队里演奏次中音竖笛，还创作过校园戏剧——至今我仍能看到他标写在莎士比亚微缩版文集中的旁注。他很享受待在工作室里，用熔化的铅浇铸成各式各样的迷你士兵，或者做木工活。他写了一本关于印度的儿童书，书中用精美的水彩画作为插图。这本书的名字是《王子和魔毯》（*The Prince and the Magic Carpet*）。我很高兴，我的孙辈们非常喜欢我给他们读这本书，他们总是欢唱着“Dhurry Dhurry ooper jow”想象地毯飞舞起来。父亲还会即兴创作颇有寓意的打油诗。在他的讣告中，一位他的同事感慨，他们非常喜欢父亲的幽默，这种幽默颇有点拉伯雷式的夸张味道。此外，父亲还是一名业余摄影师，他自创了一种打印照片的方法，总是乐此不疲地将照片粘贴到珍贵的相册中。他总是在做一些让我们参与其中的事情，不管是喂鸡，让我们斜着身子靠站在汽车的踏脚板上，还是给格瑞萨姆学校的演员化妆。

当父亲遇到我的母亲玛丽时，她才 17 岁。母亲是剑桥郡偏远的福米尔地区牧师的女儿，也很有艺术天赋，她画了许多漂亮的水彩画。我的祖父是一位杰出的退休校长，他和我的祖母住在附近的思雷普洛小镇。我的父母在当地的一次社交活动中相识，并在 1941 年享受了一场短暂的战时蜜月。当然，我父亲当时还在军队中服役。母亲错过了上大学，之后上了一所剑桥的私立学校——佩斯学校（Perse School）。我不知道她的父母如何负担得起那里的学费。随后，母亲志愿加入了空军女子辅助部队（WAAF），服役于西萨塞克斯郡的坦米尔皇家空军（RAF Tangmere）。她曾驾驶着飞机飞越辽阔的欧洲版图。从不列颠之战开始，坦米尔成为重要的战略机场。它在战争电影中非常有名，其中一个经典的镜头就是温斯顿 · 丘吉尔站在阳台上低头看地图。

我的姐姐亚历山德拉（莎妮）出生于 1942 年，哥哥汤姆出生于 1944 年，他们都是在战争时期出生的。我出生于 1947 年和平时期的诺福克，当时家里没有电视，没有足够的暖气，没有新玩具，几乎没有消费品。我们的钱只够勉强度日。那是个物资紧缺的年代，在我 7 岁前，一切生活用品还都是定量配给。我们自己种蔬菜，养鸡，收鸡蛋。有时，我们会步行去霍尔特的电影院看电影。不过，我们小时候仍有一些有趣的、值得珍藏的无价之宝：格瑞萨姆学校的操场、运动场、网球场和游泳池，整个假期我们都可以在里面自由地玩。据说，格瑞萨姆学校的土地面积（英亩数）比学生数量还多。更不用说，辽阔空旷的诺福克沙滩就在学校旁边。

那座维多利亚式的大房子有 3 户居民。我的玩伴都是格瑞萨姆学校老师的孩子。我们分成了好几个帮派，有“神气五人帮”“七人秘密行动队”“燕子号和亚马逊号”[①]。我是里面最小的，所以我总想要证明自己。我的身高也是我这一帮派以及课堂上最矮的。15 岁的时候，我的身高突然猛长。孩提时，我们的所有活动就是围绕着格瑞萨姆学校跑来跑去，这在如今可能会被嘲笑，或者因为太危险而被禁止。我们挖过危险的隧道，攀爬过耸入云霄的大树，身上总是邋里邋遢的，还不时弄出点擦伤，满学校跑啊跑，总是气喘吁吁。我们挖隧道是协作完成的，每个伙伴挖自己的洞，然后用壕沟把洞连接起来。之后，我们把原木或废弃的木材放在壕沟上面，再用生锈的铁皮将它们围起来。这是一堂有趣的建筑课，没有人被活埋可真令人惊讶。那段日子就像田园诗一样！

---

① 3 个帮派的名字均来自儿童探险小说名称。——编者注

1955 年，我 8 岁的时候，我们开车从康沃尔郡波尔泽斯的一个海滩度假回来。我依然清晰地记得那一天，主要因为我当时屁股上长了个不舒服的疖子，导致我们不得不提前返回。我们停下来在达特穆尔野餐。我独自沿着一条小路走动，企图寻找一种长得很高的蕨菜。在一个拐角处，我发现父亲吐得很厉害。我还没来得及说什么，他就说："别告诉妈妈。"他不想引起恐慌，这是他的典型风格。当我们回到家的时候，我对他感到无比的怜惜和同情。

父亲于 1956 年去世，那时我 9 岁，他 40 岁。他服役回来时已经 30 岁了。3 年后，他被诊断出喉咙处和肺部患有癌症。他在课堂上都是通过扩音器讲话。吉姆·威尔逊（Jim Wilson）曾是我父亲的学生，他在 2016 年出版的《格瑞萨姆旧事》（*Old Greshamian Magazine*）中回忆说："回过头来看，我们很容易注意到他靠着麦克风和扩音器坚持上课的勇气。但是当时，我们真的能欣赏到这种勇气和决心吗？"

他最后的日子是在伦敦的威斯敏斯特医院度过的。我们从后门挥手时，他手里拿着一个小皮箱向我们告别。然后，他动身前往霍尔特车站，坐上了开往伦敦的火车。那是我最后一次见到他。每当我回忆起那一幕时，他那勇敢的乐观总是令我哽咽。很难想象父亲挥手告别时的心情，因为他知道自己可能会在去往伦敦的路上死去。更遗憾的是，他在缅甸打仗的那些年，一直与他年轻的新娘和家人分开着。

60 多年来，这些记忆不曾褪去，我对于他错过享受 3 个孩子的成长以及美满婚姻的那种难过也不曾褪去。他应该很喜欢和他的孙辈一起玩耍吧！他要是能看到他的 7 个孙辈该多好！尤其当我看到我的外孙米克，长到我父亲去世时我的年龄时，我感到更加痛苦。米克很有爱心，聪明极了，做事沉稳镇定，不过仍喜欢带着他那只皱巴巴的、柔软的玩具小狗上床睡觉。他太稚嫩了，不能失去父亲。当我看着米克和他充满创造力与爱心的父亲伊恩一起打乒乓球时，我意识到我是多么想念我的父亲。

1956 年的那天，我和哥哥汤姆、母亲在霍尔特家里喝芦笋汤时，电话铃响了。当母亲接电话时，我似乎预感到了这个消息。让我感到惊讶的是，我竟没有意识到癌症是一个避无可避的杀手！我们为我那才华横溢的姐姐莎妮感到忧心，她还在寄宿学校，她一个人是怎么接受这个消息的呢？

那时我刚到格瑞萨姆学校上学。几天后，我穿着短裤，膝盖骨向外鼓包着，在学校的小教堂里参加父亲的追悼会。我想不明白，为什么当时我没有和家人坐在一起，而是和其他同龄男孩坐在一排。估计他们自己也不明白为什么会被拖到一个对他们来说是浪费时间的地方。我觉得这让我很痛苦。我到现在想起来还是觉得很不舒服。他们本不想无礼，但故去的人并不是他们的至亲。

父亲的离开对我的打击是毁灭性的。想起他的爱、他的幽默，还有他教给我的东西，以及未来没有他的日子，我充满了担心。尤其是寄宿在学校后，远离了家人，我经常突然感到孤单。在难过的时候，我不会流泪，也不会有明显的情绪起伏，只是紧绷着上唇。

从那以后，我身体的一部分一直在努力填补未能与父亲好好告别的空缺，并努力适应没有他陪伴的日子。也许我必须尽快学会为自己做决定，自力更生，接受冒险。没有什么比父亲的离开更让我感到糟糕的了。

慷慨大方的洛吉校长和他善良的妻子乔安排汤姆和我成为寄宿生，费用很低，这样我母亲就可以出去工作了。在受训成为一名教师之前，她靠给别人做衣服维持生计。后来，她又以大龄学生身份攻读剑桥大学的英语学位。父亲离世后，是母亲把我抚养长大，她对我孩童时期的学习影响很大。我的父母虽然结婚长达 15 年，但在父亲被诊断出癌症之前，他们朝夕相处在一起也就 3 年。这也许可以解释为什么我母亲能够在独自抚养 3 个孩子的同时还能读完两个高等教育学位。

母亲身高 1.8 米，身形高大，严于律己。不过对我来说，她总是温和而充满爱意的，甚至是宠溺的，尽管她没有什么钱。这些足够了。她的言行鼓励着我们。她如饥似渴地读书，与格瑞萨姆学校的学者们保持联系。尽管她之前从未去过法国，但她的法语却说得很流利。当终于有机会去法国时，她把我们带上她的 Morris Minor 旅行车。我们挤在一个廉价的三角帐篷里露营，她绘声绘色向我描述沙特尔大教堂的华丽扶壁、韦兹莱教堂的波形瓦屋顶，以及托罗内修道院内美丽朴素的西多会回廊。我们在法国多尔多涅河边搭起帐篷，并在河里游泳。很早很早以前，这里曾是英国属地。

我们下定决心，即使手头并不宽裕，也要努力好好过日子。在家里，我们在斯蒂福奇沼泽中采摘海蓬子，从沙子中挖鸟蛤。我们去看了本杰明·布里顿的首场歌剧演出，以及他亲自指挥的作品，他当时住在萨福尔克。我母亲会播放凯瑟琳·费里尔[①]和彼得·皮尔斯[②]的唱片。我们一起阅读，玩字谜游戏，并且制作一些东西。我喜欢剧院的铅制士兵、滑翔机和柴油飞机模型。我并没有玩士兵模型，也没收集它们。我喜欢的是制作它们。我用父亲的设备在坩埚中熔化铅，然后将危险的熔化后的铅倒入模具中。

1957 年，当我母亲考虑职业时，她去诺里奇师范学院学习了两年的课程，想必是靠助学金完成学业的。她在朗顿山（Runton Hill）学校任职之前，在谢林汉姆现代中学（Sheringham Secondary Modern）教书。朗顿山学校是当地一所相当好的女子公立学校，它为她提供教职并让她担任一栋新寄宿楼的舍管。

1968 年，在我离开家外出求学的 3 年后，我母亲决定在剑桥大学新学堂（New Hall）攻读学位。作为一个在战争时期步入婚姻的女性，她一定后悔没有完成中学教育，也没有机会像我父亲和哥哥一样上剑桥大学。即便这样，她也一定会为自己不得不又一次靠助学金过活，并居住在地下室而备感沮丧。我在伦敦时也住过地下室，因此能明白她的感受。尽管她因病住院，一直到考完期末考试，她依然拿到了二等一级的成绩。之后她到费克纳姆文法学校教英语，在那里度过了 5 年快乐的时光，并开始了戏剧创作。但命运

① 凯瑟琳·费里尔（Kathleen Ferrier），英国女低音歌唱家。——编者注

② 彼得·皮尔斯（Peter Pears），英国著名男高音歌唱家。——编者注

弄人，1978 年她被诊断出患有肝癌，并在不久后离世。

我妻子常说我继承了母亲的决心和勇士精神。母亲确实对我期望很高。她的胸襟也很宽广，能和不同年龄段的天主教徒成为朋友。她有领先于时代的思想，对各行各业的人都很宽容，也很乐意讨论任何事情。对于一个牧师的女儿来说，这似乎不同寻常。然而，也许她所持的任何关于等级尊卑的想法，都会因为战争带来的社会困苦和贫瘠而改变。

她引导我了解和认识更加广泛的文化，鼓励我尝试戏剧表演，演奏巴松，绘画，做所有我自己选择的事情。偶尔，她会来看我玩我喜欢的运动。也许，她本能地理解运动带给孩子的益处。她从不对我的学业成绩太过失望。她本人是一位热忱的业余艺术家，我父亲也是，她应该会暗自高兴她的一个孩子可能成为艺术家。后来，当我从事制造和设计时，她也对这些很感兴趣。

她和我的校长洛吉对教育持有相同的看法。虽然教文化课是主要目的，但学校还可以教授其他有教育意义的课程。我好好学习过，也乐在其中，但我对学业并没有多大的进取心。我把这股劲儿留给了体育运动和生活中可以发挥创造力的事。13 岁时，我不得不在科学和艺术之间做出选择。受父亲和哥哥的影响，我选择了古典文学，并在 15 岁通过 O 级考试[①]后专攻拉丁语、希腊语和古代

---

① 由英国剑桥大学考试局主办的统一考试，考试成绩受到英联邦各个国家的承认和接受，相当于中国的中考。——编者注

历史。然而，其他学科更吸引我。现在看来，我会很容易地说出我应该学习数学和科学。我喜欢这些，而且我数学很好。不过，当时没有人能想到我会做出这样的选择，我也没有想到它们适合我。在这件事上，我令我的老师们很沮丧，他们也对我很失望。我不主张孩子们以我的选择和玩世不恭的学习态度为榜样。后来，我确实爱上了学习。我在艺术学校和皇家艺术学院刻苦学习，钻研进取。现在，我热衷于阅读历史书，而数学、工程学和写作已是我日常生活的一部分。

在游戏中，我明白了刻苦练习、团队合作和战术的重要性。出其不意的战术规划，以及适应环境变化的能力，都是至关重要的人生课程。这些能力不太可能从文化课中学到，当然也不可能从死记硬背中得到。戏剧表演，这种我非常喜欢的活动，教会了我读懂人性，表达思想，掌握讲话的艺术。长跑，不仅让我自在徜徉于诺福克的荒野美景中，也让我明白我只能依靠自己。跑步还教会了我打破痛苦的屏障：**当别人都感到筋疲力尽时，那就是加速的机会，不管有多痛苦，加速就能赢得比赛。克服研究中看似不可能的困难和生活中的其他挑战，需要毅力、决心和创造力。**

学校不教创造力，这一点让我觉得悲哀和担忧。然而，眼下世界对创造力的要求越来越高。我们需要为看似棘手的问题创造新的解决方案，设计新的软件，创造不同的东西，保持在全球经济中的竞争力。如今，这种能力是先决条件。我们再也不能通过重复我们已学到的，复制过去的成功经验来过日子了。谢天谢地，这个世界提供了更好的教育，竞争也空前激烈。西方长期以来所依赖的优势正在减弱。为了保持领先，我们需要更加注重创造力。

在戴森，我们一直致力于追求我们所说的“精益工程”（lean engineering）。值得高兴的是，当今业界对可持续资源一致认同，即资源投入越来越少，性能越来越好。不过，要实现这种突破，所需的团队日趋庞大。拿工程来说，30 年前，我们只需机械工程师。现在我们需要电子工程师、软件工程师、机器人工程师和人工智能科学家……队伍还在壮大。

世界变得更加复杂，更加一体化。几乎每个国家都在开发技术并出口到世界各地。这意味着，除了培养出最优秀的工程师或科学家，我们还需要以更快的速度应用我们开发的最新技术。不然，虎视眈眈的竞争对手将会抢占鳌头。

家庭生活也教会了我们很多。对我来说的确如此。从 8 岁起，我就在单亲家庭长大，学会了分担家务。20 世纪 50 年代，在我们租下的维多利亚式老房子里，没有打理园艺和耕种的机器。我们有一台适用于大花园的推式割草机，以及一把可以挖菜的铲子。我们的“洗衣机”是一个废弃的锅炉，它只能用于浸泡衣服，浸泡后我们再在水槽里漂洗，最后在一个难用的轧水机中脱水。我们唯一的电器是一台旧直立式吸尘器，它的把手上挂着一个布袋。我们家里的墙上没有电源插座，所以打扫每间房屋的时候，都要站在凳子上，把吸尘器插头插到中央照明插座上，还得注意不能使劲拉扯吸尘器的电线。这台吸尘器又臭又脏又没用，困扰了我很多年！

我由衷地感谢母亲让我参与了这些家务活。她教会我缝纫、编织、制作地毯以及做饭。父亲教会我远航。我喜欢看他做木工活。我自学了制作飞机模型，给它们装上发动机，让它们飞起来，也自学了修理自行车。用自己的双手创造东西、自学成才、无所畏惧，这些成了我的第二天性。通过制造东西来学习和通过课本知识学习一样重要。真切的体验是强大的老师。也许我们应该多注意这种学习方式。并非所有人都以同样的方式学习。

我想我是一个喜欢自学的人。通过经历失败，我会找到自己的方法把事做成。我把这一点归结为 8 岁以后没有父亲告诉我该如何做事情。但我注意到，我的两个儿子也有同样的特点。我还没来得及向杰克演示如何使用车床，就亲眼看见他自己让车床运转起来。萨姆则是个自学成才的音乐家。而埃米莉不同，她要去上滑雪课才能滑得熟练，杰克、萨姆和我都是自己学会滑雪的。我们通过亲自尝试获得经验，来理解并确信自己是以正确的方式在做事的。通过尝试和犯错，或者实验来学习，这种过程很让人兴奋，所学到的经验教训也是根深蒂固的。失败是学习的一部分。从失败中学习是获得知识的一个非常好的方法。我们应该欢迎失败，而不是避免失败。工程师、科学家或其他任何人都不应该害怕它。

不过，我确实很想念我父亲。许多年后，我在弗吉尼娅·艾恩赛德（Virginia Ironside）所著的一本书中了解到，85% 的英国首相——从罗伯特·沃波尔（Robert Walpole）到约翰·梅杰（John Major），以及 12 位美国总统——从乔治·华盛顿到贝拉克·奥巴马，都在童年时失去了父亲。如果说早年丧父是通往成功的某种可怕的门票，那就错了。但也许，年少的缺憾有时能激励人们取得巨大成就？

即便如此，我在制造业和科技领域的冒险经历，与我那些聪明得多的哥哥姐姐的经历还是截然不同的。我哥哥当了老师，我姐姐做了护士。我的心魔驱使着我走更远的路。小时候，我对亚瑟·兰塞姆的《燕子号和亚马逊号》一书中沃克夫人收到的来自丈夫的电报很感兴趣。孩子们请求驾着燕子号小船前往梦寐以求的湖中荒岛独自露营，那位远航的海军军官是这样回应的：“被淹死总比做个笨蛋强，如果你们不是笨蛋，那你们就不会被淹死。”我不想成为一个笨蛋。

父亲去世后，每逢学校假期，我继续和伙伴们过着《燕子号和亚马逊号》中的生活。我帮忙做家务，用轻木制作飞机模型，有些飞机还装有小型柴油发动机。我开始在学校寄宿了，只在假期才回家。当时并没有所谓的半学期，虽然我家离学校很近，但在我心里，家似乎很远。在那个年代的学校里，男孩子是不允许表露感情的。当遇到不公正对待，受到欺凌，或被人同情时，我都会抑制自己内心翻涌的情绪。那里的老师，和当时其他地方的老师一样，可能会残酷地挖苦学生，对于学生的情感需求毫无意识。一连 14 个星期，没有人能离开学校，也没有父母前来安慰或告诉我们不要担忧。我太期望放假了。

无论学校生活怎样起起落落，我都意识到周围的天地更加广阔。20 世纪 50 年代的英国可不容小觑。罗杰·班尼斯特（Roger

Bannister）成为首位 4 分钟内跑完 1 英里[①] 的人。埃德蒙·希拉里（Edmund Hillary）和丹增·诺盖（Tenzing Norgay）首次登顶珠穆朗玛峰，并插上了英国国旗。彼得·特威斯（Peter Twiss）驾驶超音速飞机费尔雷“德尔塔”2 号，成为世界上首位以超过每小时 1 000 英里速度飞行的人。捷豹 D 型车连续 3 次赢得勒芒 24 小时耐力赛冠军。弗朗西斯·克里克（Francis Crick）和詹姆斯·沃森（James Watson）共同发现了 DNA 双螺旋结构。社会失业率降低，紧缩时代阴霾消散，英国首相哈罗德·麦克米伦（Harold Macmillan）宣称：“人民的生活从未如此好过。”与此同时，大英帝国转变为英联邦，我们学校地图册上四分之一的区域都属于英联邦版图。

每周，一本发行量巨大、插图精致的男孩漫画《鹰》（*Eagle*）会刊登技术插图师莱斯利·阿什韦尔·伍德（Leslie Ashwell Wood）的作品，他很擅长绘制由中心展开的彩色剖面图。他画了一些新型喷气式飞机、涡轮机车或核电站，以及英国工厂、车间和实验室里出现的各种发明。现在，很多工厂、车间和实验室早已被推平，取而代之的是沉闷的新住宅区或便利超市。有趣的是，我 9 岁的时候，凭借一幅诺福克海景油画《布莱克尼一角》赢得了 1957 年的《鹰》绘画比赛。那是父亲去世后不久，它对我来说真的是一个好消息，安抚了我受伤的幼小心灵。我的绘画水平得到了认可。我后来了解到，大卫·霍克尼（David Hockney）和杰拉德·斯卡夫（Gerald Scarfe）都在皇家艺术学院学习过——就在我 20 世

① 1 英里约为 1 609.344 米。——编者注

纪 60 年代中期到那里之前，他们的处女作都是在《鹰》中亮相的。《鹰》带我走进了一个充满无限想象力的世界，让我一边享受惊心动魄的海陆空冒险，一边与艺术和工程不期而遇。

作为男生，我们深信英国人是最优秀的。毕竟，我们刚刚在第二次世界大战中赢得了德国和日本。很显然，即使我们没钱添置新衣服，买不起洗衣机和冰箱，只能从破旧的燃煤炉子获得少得可怜的热水，我们也有能力在和平时期创造新纪录和新发明，赢得胜利。

我们对本土汽车也很支持，我家就有两辆最好的：Morris Minor 旅行车和 Mini 汽车。它们都是由我崇拜的工程师亚历克·伊西戈尼斯（Alec Issigonis）设计的。我当时并不知道他的名字。我敢肯定，它们在转向、抓地力、悬架和全方位视野方面都比大众甲壳虫优越，而大众甲壳虫是它们当时唯一真正的外国竞争对手。为了向传统致敬，我们的两辆车都装饰了木条，尽管它们采用了现代工艺，但它们仿佛都是带轮子的微型农舍。

我们曾经把 13 个男生塞进了母亲的 Morris Minor 旅行车。这一定创下某种纪录了。我知道从工程学的角度来看，我们的车很有趣，但“设计”这个词在当时对我来说毫无意义。那辆车在现在看来，似乎有些奇怪，但在半个世纪前的北诺福克，乃至英国的任何地方，却一点也不，甚至可以说是漂亮。尽管在那些日子里，北诺福克相当贫穷，但对我来说，它仍然是世界上遥远又迷人的一角。

在学校里，我虽然学习不够努力，但过得还不错。我通过了艺术、数学、拉丁语、希腊语、法语、英语、英国文学和历史 O 级水平考试，相当于获得了今天的普通中等教育证书（GCSE），并且艺术、古代历史和通识学都通过了 A 级水平考试。在假期，我尝试了当地各种类型的工作，把一袋袋又冷又湿的土豆装上卡车；处理冰冷的芽甘蓝菜，将不可食用的部分摘掉；以每桶 10 便士的价格采摘黑加仑子；采摘欧芹并运输到当时位于金斯林的超现代化的金宝汤工厂，这是大西洋一带最大的汤品加工厂。

学校的日子也越来越让人兴奋了，我们和朗顿山学校六年级的女生一起在格瑞萨姆学校上课。朗顿山学校是我母亲曾经教书的学校。那些女孩们非常有学术抱负。我那时的女朋友卡罗琳·里卡比（Caroline Rickaby）以第一名的成绩考进了剑桥大学，后来又攻读了杜伦大学的博士学位，研究约翰国王与其法国顾问的关系。通过她，我才知晓，这个英国国王受到了多大的歪曲。我对历史一直有兴趣，但我的天赋不在这里，而是在其他地方。

INVENTION

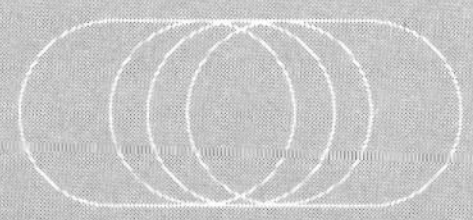

第 2 章

艺术学院

WHEN YOU DESIGN SOMETHING, EVERYTHING ABOUT IT HAS TO HAVE A PURPOSE.
THERE HAS TO BE A REASON.

每一项设计
都必须有一个
明确的目的。

我的朋友们在上大学前去体验间隔年，可我还不确定自己想做什么。事后我发现，我的间隔年是在艺术学校待的那年，看看自己是否适合学艺术。1965 年秋天，我骑着本田 50 摩托车前往肯辛顿，参加拜厄姆·肖绘画学院[①]的大学预科课程。这一切都非常令人兴奋，尤其是我那时已经能自力更生了。在伦敦，没有人能帮我，我需要自己闯出一条路，然后走下去。同时，我也没有什么限制，只有一辆摩托车和伦敦东南维多利亚郊区赫恩山的一间客卧两用出租屋。

或许当时我应该多花点心思在我的摩托车上。这款本田 50 摩托车推出于 1958 年，日本人称之为"本田幼兽"，是迄今为止生产量最高的机动车。2017 年，本田就在它的一家国际生产工厂里组装了第 1 亿辆本田幼兽，它共有 15 家国际工厂。工程师本田宗一郎和推销员藤泽武夫共同发明了它。我对于本田宗一郎持续改进产品的态度非常钦佩。这台车售价不贵，且非常好骑。它采用封闭

① 即英国中央圣马丁艺术与设计学院的前身。——译者注

传动链、塑料车身和护腿板设计，非常易于清洁。同时它非常灵巧，搭载小型 49cc 四冲程发动机，制动马力可达 4.5，每分钟转数为 9 500。

这是一个对已有产品成功改造的早期案例。在低成本摩托车的基础上，本田富有创造性地想出了一个比当时其他产品更好、更吸引人的方案。本田宗一郎和藤泽武夫的过人之处在于，他们在持续改进产品的同时，选择打破常规。他们还将基本组件分包出去，把主要精力放在发明和制造从其他途径无法获得的内部组件上。例如，本田自己制造了效率更高的变速箱。公司还将相当大一部分收入继续投入研发，不断地进行改进和创新。

我很幸运能在拜厄姆 · 肖绘画学院倾听欧普艺术家布里奇特 · 赖利（Bridget Riley）和彼得 · 塞吉利（Peter Sedgeley）讲课。他们教授色彩学，以及颜色与颜色之间的关系。在学习创新的同时，我们要学画画。对我来说，画画是一项基本的、必需的技能。对我真正重要的是，我有幸在校长莫里斯 · 德索马里兹（Maurice de Sausmarez）那里学习。那时莫里斯 · 德索马里兹已经五十出头了，是一名优秀的画家、一位充满智慧的知识分子。他总能用清晰、简明的语言表达复杂的思想，从不讲艺术术语或其他行话。他发表了一些极具洞察力的访谈，受访者包括彼得·塞吉利、瑙姆·加博（Naum Gabo）、布里奇特 · 赖利、本 · 尼科尔森和亨利 · 摩尔（Henry Moore）。访谈时，莫里斯 · 德索马里兹总是鼓励这些天才艺术家进行清晰地思考。

除了绘画，莫里斯·德索马里兹把热情都投入了教育中，而且他很擅长教书育人。他具备一种特殊的天赋，能够准确无误地知道一个学生擅长什么，即使他们自己都不知道。他鼓励我们相信，**只要打开正确的大门，加上热情，天赋就能闪闪发光**。这是我一直牢记的事情。

当我即将从拜厄姆·肖绘画学院结业时，莫里斯·德索马里兹和我坐下来聊了聊，他觉得我可能对设计感兴趣。“那是什么？”我问。拜厄姆·肖绘画学院只教授绘画。在 1965 年，杂志或报纸都没出现过“设计”这个词，商店里当然也没体现过这一概念。也许战后的人们对买到的商品感激还来不及，根本不考虑设计。干草市场的设计中心是当时唯一一个展示优秀设计的展览场所，但身在肯辛顿的我对它一无所知，因为我正全身心投入绘画中。

莫里斯·德索马里兹解释说：“设计的范畴很广，有时装设计、工业设计、家具设计……”他说到这里，我打断了他。我跟他说自己至少知道椅子是怎么做的。“你可以自己设计和制作椅子。”他建议道。做家具设计？我得好好想想。我曾想成为一名画家，我认为绘画就是艺术家所做的事。但我也深知我喜欢制作东西。我想到，椅子坏了我可以修好，或许我可以设计椅子。也许我能设计出一把更好的椅子？

战争爆发之前，莫里斯·德索马里兹在皇家艺术学院学习。那是一所完全的研究生学院。他告诉我，皇家艺术学院正在开展一个实验项目——招募 3 位没有拿到本科一等学位的学生来进行比较观察。我申请了，并参加了笔试和面试。我对家具和木材的了解并不多，但我很高兴自己被录取了，同时认识了两个和我一样中途改变学业的人：雕塑家理查德·温特沃思（Richard Wentworth）和查尔斯·狄龙（Charles Dillon）。狄龙致力于做原创设计，他设计了风筝灯——一种悬挂于天花板的布风筝中的灯。他的妻子简也是从皇家艺术学院毕业的，在他不幸早逝之前，他和简一起在做风筝灯的项目。

绕过一等学位有一个条件：我必须花费 4 年时间进行系统学习，而正常的话只需 3 年，这对我来说并不难接受。获得到皇家艺术学院学习的机会让我很兴奋，但相比之下，遇到一见钟情的挚爱更加让我激动。我很快坠入爱河中，至今已持续了 50 多年。20 世纪 60 年代，女孩子们往往身穿充满活力、浪漫和夸张风格的 Biba 牌衣服，而在这些女孩子们中，戴尔德丽最自然美丽。她很谦虚，也很有才华。在拜厄姆·肖绘画学院，她比我画得好得多。她是我见过的最温暖的人，对生活永远保持着好奇和热情。她的共情能力很强，为人处事的方式让人喜爱。我迫不及待地向她表示了爱意。这是怎么回事呢？

在拜厄姆·肖绘画学院学习绘画时，我们会到伦敦市中心各个有趣的景点进行写生，观察自然历史博物馆的恐龙化石、在伦敦公园里散步的人、兰伯特芭蕾舞团的舞者和贝斯沃特皇后区溜冰场的溜冰者。你尝试画过旋转的溜冰者吗？在一些户外写生活动中，我想方设法和戴尔德丽分到一组，在不作画时不停地找她聊天。幸运之神眷顾了我。我们都住在伦敦东南部郊区，所以有时会在伦敦地铁环线上碰面，这也许不是最浪漫的地方，但它给了我们交谈的机会。在伦敦动物园写生时，我们站在猴子笼外。对戴尔德丽的浓烈爱意冲上我的头脑，我鼓足勇气抓住了戴尔德丽的手。这感觉太美妙了！完全不同于我之前抓住那只猴子的手的感觉，她没有从我手中挣脱，尽管她说她真的很震惊。

我们第一次约会时，我没有驾驶本田 50 摩托车，而是开了一辆古老的没有起动机的莫里斯·牛津经典老车，一路直达诺丁山迷人的方舟餐厅。现在，它还在那里，看起来仍然像一个方舟，但它已改名为棚屋餐厅（The Shed）。那晚似乎很成功，我们在那之后又约会过很多次。戴尔德丽的感受是，她可以“忍受”一个比幼稚的校园男孩好不了多少的人。我母亲对我这么年轻就坠入爱河感到震惊，但她很快就喜欢上了戴尔德丽。

虽然我和戴尔德丽都靠补助金生活，但 1967 年我们毅然决定结婚。现在看来，那时结婚可能有点太早，但是 5 年大学生活实在是太漫长了，我们等不及！在 20 年纪 60 年代，每个人都没那么担心工作。我们俩确实都没有工作，也没有想过买房。我们当时太穷了，学校提供的补助金显然难以维持我们婚后的开销，我们俩靠着做兼职赚钱购买食物、支付房租。我们向银行借了很大一笔钱，后来债务越滚越大，直到上升为天文数字 10 000 英镑，相当于今天的 50 000 英镑。我 48 岁的时候才还清这笔钱，那时我们的债务已达到 650 000 英镑了。我喜欢这么想，巨额借贷是在把钱用好。

戴尔德丽在养育埃米莉、杰克和萨姆这 3 个充满爱心和才华的孩子的同时，将她的创造力发挥到了极致。幸运的是，3个孩子都继承了她非凡的情商和人格。他们都从事着艺术事业：埃米莉是时装设计师，杰克也是一名设计师，萨姆是音乐家（这项天赋是从戴尔德丽那里继承来的）。早些时候，戴尔德丽经常为《Vogue》杂志“探店猎犬”（Shophound）栏目页的服装或商品做插图。在我们的婚姻生活中，她从未停止过绘画和举办展览。她有一种独特的个人风格。她的绘画题材广泛，画工优良，色彩运用细腻。我只希望戴尔德丽能少出售而多保留一些作品。

戴尔德丽的第二份职业是私人定制地毯设计师和供应商。她在伦敦的国王路有一家画廊，在巴黎的圣日耳曼德佩区有一间展厅，这间展厅很好地诠释了她对色彩的运用，从她的著作《走在艺术的之路上》（*Walking on Art*）中，你也能看出她对颜色的驾驭能力。《室内世界》（*World of Interiors*）赞扬她是英国领先的地毯设计师。和这样一位极具创造力的伴侣生活在一起，赤脚走在她亲自设计的充满艺术元素的丝毯上，凝视着墙壁上她的画作，沉浸在妙不可言的墙壁色彩中，这一切让我成为最幸运的男人。而且，我还没提到她会唱歌剧呢！

直到最近，戴尔德丽也不得不忍受长期缺钱的问题。她给自己做衣服，有时也给孩子们做。为了省钱，我们在人们推崇“有机蔬菜”之前就自己种菜了。最疯狂的是，在我们结婚的头30年里，她无数次当着律师的面，无私地同意在银行担保表上签字抵押我们的所有财产，这太符合她的风格了。一旦我们拖欠银行贷款，我们马上就会被赶出家门。她面容和蔼，举止文雅，但不是一个会让步或放弃的人。

戴尔德丽的家庭背景与我的截然不同。她出生和成长于伦敦南部郊区下西德纳姆镇贝尔格林，她说那里放眼望去尽是整齐划一的双拼别墅，往来行走的人秩序井然。南部郊区的绿色电力火车奔驰在电轨上，一路咆哮着，火花四溅，沿途经停卡特福德桥和查林十字街车站。戴尔德丽的母亲是一名法务秘书。戴尔德丽的父亲在 1943 年至 1945 年于第八集团军服役，曾驾驶坦克随盟军攻入意大利。他还曾与当时收入颇丰的巨星乔治·福姆比（George Formby）一起表演，他演奏长号。

戴尔德丽通过了 11+ 考试[①]，但她上的学校被合并成了英国最早的综合性学校之一——西德纳姆女子学校。学校对所有女生开放，无论她们以前的学习成绩如何。这所学校在很大程度上说明了英国当时对待女性的立场，尽管一再宣扬包容和平等，但女性的首选工作依然是家政和秘书。戴尔德丽学习了缝纫、速记和家政。学校会自豪地向外来参观者展示一排排缝纫机和闪闪发光的电动打字机。

不过，戴尔德丽想要成为艺术家。心怀善意的女校长向她解释了绘画的风险。如果戴尔德丽继续学习打字和速记，她一离开学校就能找到速记、打字、缝纫和做饭的工作。在 20 世纪 60 年代之前，这些无疑是刚从西德纳姆女子学校毕业的年轻女孩最理想的工作。然而，戴尔德丽拒绝了，她将这些刻板的惯例和生活方式抛诸

① 即英国的小学升入初中的考试。——编者注

脑后，一心追求艺术。戴尔德丽赢得了学校的让步。她被允许参加艺术 O 级水平考试，以及参加皇家艺术学会的 8 场考试——她被告知这些考试相当于 O 级考试，因为皇家艺术学会没有专门的艺术认证考试。

也许碰巧是戴尔德丽的速记和打字能力，以及她所珍视的艺术 O 级水平，为她打开了艺术学校的大门。离开女子学校后，她的第二份工作是在备受推崇的钱伯林、鲍威尔与邦建筑工作室担任秘书，当时他们正忙于设计和建造伦敦金融城庞大而雄伟的巴比肯中心。那是一个高度现代化的办公室，处处体现着创意。利奥波德·鲁宾斯坦（Leopold Rubinstein）是巴比肯项目的主要建筑设计师之一，曾和勒·柯布西耶（Le Corbusier）一起在巴黎接受过培训。在巴比肯项目的优异表现让他获得了设计剑桥大学新学堂的机会。我母亲就曾在剑桥大学新学堂就读过。

戴尔德丽坚持不懈地画素描。她的老板注意到了她的作品，建议她去上艺术学校。这很合戴尔德丽的心意，但当她得知大学不承认皇家艺术学会的考试时，她感到震惊。只有一所学校可能会接纳她，那就是拜厄姆·肖绘画学院。即使可以入学，钱也是个问题。戴尔德丽努力攒了很多钱，但也远不及拜厄姆·肖绘画学院一年的学费。莫里斯·德索马里兹校长帮助了她。他说，他的秘书不会速记，如果戴尔德丽能每天下午 4 点到他们办公室做速记工作，她的学费就可以免去。于是，她每天要上夜校到很晚，以应战 O 级水平考试，这对她在拜厄姆·肖绘画学院之后继续前进至关重要。虽然她参加了皇家艺术学会的一整套考试，但要想参加温布尔登艺术学院的学位课程，她必须重新参加 O 级考试。

戴尔德丽的坚毅给我和莫里斯·德索马里兹留下了深刻的印象。这种品格是我们共同的特点。虽然我们没有大张旗鼓公开过，但我们一直在戴森公司雇用的许多有才华的年轻人中寻找这样的人，不管他们有着什么样的背景和生活方式。

皇家艺术学院在很多方面都令我大开眼界。我报了家具设计专业，但很快发现可以改学其他课程，在不同课程之间找到关联。在这个过程中，我结识了很多有魅力的人，一路上学到很多东西。皇家艺术学院的理念在当时非同一般。在那个时代，工程师要兼任设计师是不合常理的，你不能转换专业领域。在我的想象中，设计师大多被认为是顾问或者不会弄脏手的人，他们关心的是外表而不是功能。他们完全远离穿着白大褂的工程师。而设计产品内在结构，让它们工作的是工程师。我热爱在皇家艺术学院的时光，尤其怀念它充满活力和创造性的跨学科学习方式。在这里，随着知识和能力的累积，我意识到艺术和科学、发明和制造、思考和行动可以是一回事。我敢于梦想自己同时成为工程师、设计师和制造商。

1959 年，科学家兼小说家 C. P. 斯诺（C. P. Snow）做了一个著名的演讲，他提出了“两种文化”，用来代表他所看到的科学和人文之间日益扩大的、不健康的鸿沟。斯诺说出了他的观点。“有很多次，”他说道，“我参加一些人的聚会。按照传统的标准，他们被认为接受过高等教育。他们兴致高昂地谈论科学家是不是很无知。有一两次，我被激怒了，问在场有多少人能够描述热力学第二定律。他们的回应很冷淡：不知道。同样，我也会问科学界：‘你读过莎士比亚的作品吗？’”

斯诺认为英国的教育制度是有罪的。自维多利亚时代以来，科学在学校的人文学科，尤其是希腊语和拉丁语面前黯淡无光。德国和美国的学校重视科学技术，而我们英国人往往看不起这些学科，看不起工业，认为它们肮脏或者没文化，甚至是反智的。在今天，斯诺描述的事实恐怕丝毫没有改变。如果说有什么变化的话，那就是科学和工程更被人看不起了。

皇家艺术学院的人都很聪明，他们本能地知道如何将自己的渊博学识轻松地展现出来。从他们身上我学到的是，智慧的探索可以有趣又有用。我在遇见我的一年级导师伯纳德·迈尔斯（Bernard Myers）后才领悟到这一点。他教授设计学，堪称“行走的百科全书”。伯纳德特别热衷于将艺术、科学、工程和设计融合在一起，并看中技术的价值。事实上，他在皇家艺术学院和帝国理工学院教授工业设计。伯纳德是一个非常严肃的人。在对我进行第一次面对面指导时，他说：“每一项设计都必须有明确的目的。”我环顾了一下当时最好的设计，亚历克的 Mini 汽车、诺曼·福斯特（Norman Foster）和理查德·罗杰斯（Richard Rogers）的新建筑，以及美国发明家巴克敏斯特·富勒（Buckminster Fuller）的先进设计，我发现伯纳德是对的。从那时起，我的所有设计都基于这一点——要诚恳、有目的性，同时要反映技术和工程水准。

那是一个包罗万象的时代，一个让新艺术、设计、时尚、色彩和音乐百花齐放的时代。不合常规的风格也受到欢迎。我开始留长头发，穿在肯辛顿市场里量身定做的宽松衬衫和喇叭裤。肯辛顿市场里处处弥漫着熏香和广藿香的味道，遍地都是五颜六色的衣服。

当时，卡纳比街的一家名叫“盗窃狂”的精品店红极一时，人们很喜欢到那儿买衣服。它的繁荣与 20 世纪 60 年代中期伦敦各大艺术学院的毕业生有关，他们创造了当时的先锋审美。事实上，很多设计师都来自皇家艺术学院。在他们身上，你可以看到年轻人在受到鼓励后是如何发挥创造力的，无论他们是艺术家、设计师还是企业家，或者三者都是，他们都可以大放异彩。从那以后，原创设计、创新和创业精神一直吸引着我，并推动着我不断前进。20 世纪 60 年代早期，紧缩时代终于落幕，象征着新繁荣和新自由的时代登场，我有幸在皇家艺术学院追随大卫 · 霍克尼，时装设计师奥西 · 克拉克（Ossie Clark）和电影导演雷德利 · 斯科特（Ridley Scott）的脚步，并不断成长。那时候，摇滚乐队平克 · 弗洛伊德在学校演出，我们的教育是免费的，学生可以用抗议活动表达自己的力量，摩登派和摇滚乐迷聚集在海边胜地。与我们的父母不同，我们没有经历过第二次世界大战，我们感受到新的机遇降临。

我在皇家艺术学院学习的时候，遇见乔恩 · 韦伦斯（Jon Wealleans）使用干洗香波洗头发，这在后来给了我灵感。韦伦斯为汤米 · 罗伯茨（Tommy Roberts）设计了位于肯辛顿的多层 Mr Freedom 商店，在那里你可以买到简 · 希尔（Jane Hill）设计的纺织品、韦伦斯设计的 PVC 和人造皮牙科椅，以及吉姆·奥康纳（Jim O’Connor）设计的让顶级音乐艺术家埃尔顿 · 约翰（Elton John）

钟爱的野性男装。这些设计师都毕业于皇家艺术学院。楼下的 Mr Feed'em 餐厅以又一位皇家艺术学院高才生乔治·哈迪（George Hardie）设计的流行图案作为装饰。哈迪后来又与 Hipgnosis 团队一起，为齐柏林飞艇乐队和平克·弗洛伊德乐队设计专辑封面。

伦敦的国王路变得越来越时尚。到了 1967 年，街上满是琳琅满目的精品店——Aquarius、Bazaar、Chelsea Girl、Garbo、Granny Takes a Trip、Hung on You、I Was Lord Kitchener' s Thing、Just Looking、Kiki Byrne、Lord John、Mates、Quorum、The Squire Shop、Take 6、Top Gear、Topper，以及 Just Men——我理发的地方。有趣的是，皇家艺术学院的学生们喜欢这种梦幻般的创作，陶醉于纯粹的艺术乐趣之中。与此同时，他们还流连忘返于特伦斯·康兰（Terence Conran）经营的富勒姆街的哈比塔特（Habitat）商店，热爱勒·柯布西耶、查尔斯·埃姆斯（Charles Eames）和乔·科隆博（Joe Colombo）倾心打造的防倾倒家具。在设计肯辛顿“Mr Freedom”商店之前，韦伦斯曾为建筑大师诺曼·福斯特工作过。罗杰·迪安（Roger Dean），另一个当代的皇家艺术学院毕业生，设计了很多极具想象力的新家具，尽管他今天最为人知的是他为前卫摇滚乐队 YES 设计的专辑封套。

曾设计过情色家具的艾伦·琼斯（Allen Jones）和大卫·霍克尼是同学，他们毕业的年代较早。琼斯因拒绝提交通识学考试论文而被皇家艺术学院拒绝授予学位。他和霍克尼一起辩称，他们是艺术家，而不是作家，毕竟学者也不必画画。几年后，作为皇家艺术学院的教务长，我请求学院的学术委员会授予琼斯荣誉博士学位，但没有成功。尽管当时皇家艺术学院为他举办了一场大型回顾展，绘画系教授还是坚称他的作品仅仅是“波普艺术”，拒绝考虑授予他学位。错误没有得到纠正。

我欣然接受皇家艺术学院提供的一切。当然，我也受到同龄人所做的事情的吸引，并且非常了解越南战争以及学生抗议活动。我从来都不是一个反叛者。不过，我靠卖酒给教工和学生活动室来维持开销。我还在一家加油站工作。在黄线停车位实行之前，我把车停在海德公园。那里见证了我们的几辆二手车——一辆奥斯汀·希利 100/4 小跑车，它载着我和戴尔德丽去过法国和西班牙；一辆 Morris Minor 旅行车和一辆小型货车。在这期间，我从家具设计专业转向了室内设计专业。那时候和现在一样，室内设计和室内装饰根本不是一回事，室内设计更像是建筑设计。

当时，皇家艺术学院的学生使用有机玻璃、PVC 和聚酯纤维等新型材料进行实验，尝试制作出可折叠的纸板椅和一次性纸裙。而且，与当时开放的时代精神一致，他们和我一样从皇家艺术学院的一个专业转到另一个专业。艺术、设计、时尚甚至建筑被视为统一体。

我认为，在肯辛顿那些令人兴奋的日子里，我们都学到了一件事，那就是艺术和设计可以兼具创造性、功能性和激情，可以在不牺牲质量的前提下寻求新的发展。也许在潜意识里，我也了解到，许多在专业、学科以及生活种种方面中被视为经验的东西，往往代表了一种随着时间的推移而变得目光狭隘的态度。**戴森并不特别看**

重经验。经验告诉你应该做什么，最好避免什么。当我们对不该做的事情更感兴趣时，经验就变得无用武之地。如果你想开创和发明新技术，你需要踏入未知的领域，而在这个领域，经验可能是一个障碍。

再说回皇家艺术学院。鼓励我从家具设计专业转向室内设计和建筑领域的导师是休·卡森爵士（Sir Hugh Casson），他因担任 1951 年英国艺术节的建筑总监而闻名。休爵士能够在黑板上清晰地勾勒出建筑线条，他的手绘能力和迷人的神态令我着迷。他再一次让我觉得一切皆有可能。1951 年，他在南岸建造了像拉尔夫·塔布斯（Ralph Tubbs）的“发现穹顶”（Dome of Discovery）和鲍威尔与莫亚的“云霄塔”（Skylon）一样新奇大胆的建筑和建筑雕塑。当时，时间紧张，金钱和建筑材料都十分短缺，天气恶劣，劳工罢工，媒体也充满敌意，在这样棘手的情况下他仍完成了项目。他身居高位，又心系当代设计和建筑界，而且为人幽默，对生活充满热情。他时常开着一辆 Mini 车在小镇上转来转去，或是开着一辆老款劳斯莱斯从索伦特的乡间别墅出门。

他所在的室内设计系十分重视建筑。我在皇家艺术学院上学的时候还没有建筑系，但有一个由米沙·布莱克（Misha Black）领导的工业设计系，他的设计研究小组曾担任伦敦交通部新维多利亚线的设计顾问。这条地铁线既时尚又实用，是皮卡迪利线开通 50 年后的一条新地铁线，1968 年 9 月女王参加了开通仪式。车身为柔和的灰色，使用了拉丝不锈钢，与皇家艺术学院毕业生在卡纳比街和国王路上探索的风格截然不同。

休爵士系里的另一位老师——杰出的结构工程师托尼·亨特（Tony Hunt），是我的一门课程老师。他当时三十多岁。他给我做了大量思想工作，让我转入工程专业，并在设计、工程、艺术和科学之间建立联系。托尼·亨特对结构美学充满热情，对于结构如何发挥作用，以及如何设计也十分痴迷。事实上，美感与实用性是可以兼顾的。托尼·亨特是一位伟大的创新者，他和诺曼·福斯特、理查德·罗杰斯一起，合作设计了许多早期的高科技建筑，例如他们在斯温顿的先锋设计——Reliance Controls 工厂和办公室，充分体现了“概念先于计算”理念。他们在探索创造结构、设计建筑物的新方法时，首先想象，然后创造，最后用数学、对数表、计算尺进行计算。从20世纪60年代开始，人们越来越多地用计算机计算。

托尼·亨特教会我们“结构就是建筑”。过去 50 年来，大多数经久耐用的现代建筑，如巴黎蓬皮杜中心和伦敦劳埃德大厦，以及中世纪的大教堂、罗马万神殿等古代设计，都是由支撑它们的结构而非它们的保护层或风格来定义的。我也深深地被巴克敏斯特·富勒的作品吸引。1967 年，他和诺曼·福斯特共事，这在当时是伦敦的热点新闻。他用他的杰作网格球形穹顶证明了，建筑和结构是一回事。

在皇家艺术学院，我的同学安东·弗斯特（Anton Furst）是巴克敏斯特最热情的追随者之一。安东是一个冲动随性极具创造力的天才，他为电影设计布景，如给尼尔·乔丹（Neil Jordan）的《狼之一族》设计布景，为斯坦利·库布里克（Stanley Kubrick）的《全金属外壳》在伦敦东部贝克顿天然气厂旧址上重现了越南战争的人间炼狱。他因在蒂姆·伯顿（Tim Burton）的《蝙蝠侠》中的布景设计获得了奥斯卡奖。安东的父亲精神不太稳定，长期酗酒，在安东还在皇家艺术学院学习时就离世了。安东从那时起开始依赖镇定药。1991 年，他在洛杉矶一个多层停车场的屋顶跳楼自杀了。

巴克敏斯特一直是个乐观主义者，他甚至想永远活下去。他思考问题的方式既奇妙又独特。他的目标是颠覆人们对建筑、住宅、汽车、土地使用，以及我们可能的生活方式的传统认知。他从飞机工业中汲取了大量灵感，并将“轻便”的理念运用于他的设计。“让设计轻便”成了巴克敏斯特的口头禅。这促使他设计了网格球形穹顶。1954 年，这种由三角形元素组成的半球形网格结构获得了专利，它能以最小的表面积提供了最大的覆盖空间。这种结构很坚固，能够防风、防雪，受到军队、极地研究基地和展览组织者的青睐，但它们从未像巴克敏斯特希望的那样被大规模生产应用。我怀疑这主要是因为大多数人，包括抵押贷款公司，更喜欢传统的房子。

通过托尼·亨特的课，我从巴克敏斯特的作品中看到了结构上的种种可能，以及纯粹的结构和设计工程是多么令人兴奋。我预见到了结构工程主宰建筑的前景，明白产品也将由结构主导，**技术和工程内核将变得比工业设计外壳更重要**。

我在皇家艺术学院学习室内设计课程时，一次意外的愉快经历使我更加倾向于转而学习工程。因为一个偶然的机会，我在伦敦的克勒肯威尔参加活动时被介绍给琼·利特尔伍德（Joan

Littlewood），当时克勒肯威尔一点儿也不时尚。琼·利特尔伍德当时被誉为“现代戏剧之母”，是“戏剧工厂”的创始董事。20 世纪 50 年代初，戏剧工厂在伦敦东部斯特拉特福德破旧的皇家剧院落户，而不是在埃文。她凭借执导和主演贝托尔·布莱希特（Bertolt Brecht）创作的《大胆妈妈和她的孩子们》（*Mother Courage and Her Children*），首次亮相伦敦就获得了巨大的成功，并凭借两部 20 世纪 60 年代早期的音乐剧《不曾发现曾经》（*Fings Ain't Wot They Use d T' Be*）和《多可爱的战争》（*Oh！ What a Lovely War*），赢得了大众和评论界的赞誉！

我见到琼·利特尔伍德时，她很想在斯特拉福建造一座新的儿童剧院。受巴克敏斯特的网格球形穹顶启发，我的脑海中浮现出了一个蘑菇状的结构（见图 2-1），其球形表面由三角形的铝管构成。这个想法很有意思，也获得了规划许可，但没有付诸实施。不过，我却因为它结识了发明家和工程师杰里米·弗莱（Jeremy Fry），他比其他任何人都更鼓励我，让我独立思考并“尽管去做”。

我的设计是基于威格士工程集团的专利技术——三层结构体系。它在伦敦的总部位于维克斯大厦。维克斯大厦是一座广受赞誉的钢铁玻璃摩天大楼，位于泰特美术馆附近的米尔班克，由罗纳德·沃德（Ronald Ward）和他的合伙人设计，于 1963 年投入使用。我在维克斯大厦看了一部黑白影片，影片中出现了一个三层结构体系的工厂屋顶。影片中的人只用一套滑轮就把新工厂的整个铝管屋顶抬起来了。我问影片中的人是谁，得知是罗托克工程有限公司的老板杰里米。

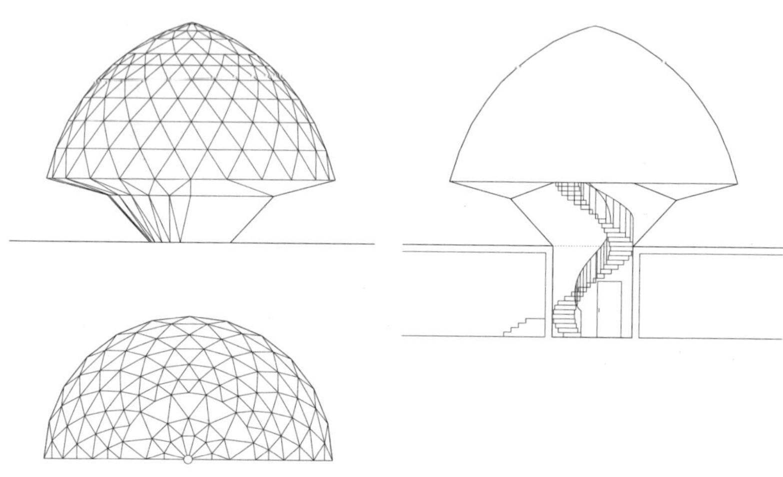

图 2–1 儿童剧院初步设计方案[①]

1967 年，我通过杰里米的一个朋友策划了一次会面。我驾驶着奥斯汀·希利 100/4 小跑车，带着我制作的剧院模型来到维德科姆庄园。那座庄园富有辉煌的早期格鲁吉亚风格，是杰里米在巴斯的房子。几杯威士忌下肚，杰里米告诉我他不愿资助我的儿童剧院，但建议我和他一起做一些项目。我们合作的第一个大型项目就是为乔克农场的伦敦圆屋剧场设计座位和礼堂，它将在戏剧兼电影导演托尼·理查森（Tony Richardson）执导、尼科尔·威廉姆森（Nichol Williamson）主演的《哈姆雷特》的首映中露面。我为琼·利特尔伍德设计的蘑菇剧院虽未成功，但我设计了另一个备受瞩目的圆形礼堂。

① 除特别注明以外，本书图片均来自作者詹姆斯·戴森。——编者注

圆屋剧场于 1966 年开放，它在建造时并没有采用超现代的轻钢结构。它的前身是伦敦和伯明翰铁路委托建造的一个机车库。“伟大的圆形机车库”是那个年代高明的先锋设计。它采用实用性高并且未加雕琢的圆形结构，将分布在中央转台周围的 24 条机车轨道包围起来。转台被 24 根铁柱组成的圆环环绕，这个圆环实际上是多边形，上方支撑着一个圆锥形屋顶。屋顶上有一个开口的天窗，用来散发蒸汽和烟雾。从逻辑和工程设计的角度来讲，这座建筑无可挑剔，但它很快就被弃用了。一个多世纪以来，它只不过是一个储藏杰彼斯金酒的仓库。一位乐观的企业家托奎尔·诺曼（Torquil Norman）后来买下了这座建筑，并将它妥善修复，让它成为一个艺术表演场所。

继续说回杰里米。他让我做的第一个小项目是给他 8 岁的女儿设计一对可以漂浮的滑雪板，这样她就可以在水上滑行了。这比你想象得难，因为水上滑行需要迈开双腿。只要你的双脚稍微分开，重心向下的力就会朝外。如果不能抓住水面，你的脚就会侧滑。我用橡皮绳把滑雪板连接起来，解决了这个问题。

下一个项目是设计一个圆形脚踏游船。它由自行车改造而成，我们先将自行车踏板焊接到后轮辐条上，然后卸下前轮，换上方向舵。船身用轻木打造，戴尔德丽在船底画了一只五彩斑斓的海龟。我们在圣特罗佩的潘佩隆海滩上试验过很多次，都非常成功。

潘佩隆海滩是一个迷人的地方，尽管在 1968 年那里只有一家咖啡馆。那里的房屋几乎都没有屋顶。于是，我又利用格洛斯特郡制造的一种胶合板箱断面做了一个屋顶，用螺栓把它们固定在一起。然后我又和戴尔德丽驱车前往普罗旺斯，改造一个长谷仓。

一天晚上，杰里米问我是否愿意设计他的一项发明——一种高速的平底登陆艇，或者叫海上卡车，可以借由一层气泡在水面上行驶。我们称之为“气滑船”。杰里米制造了一些胶合板材质的海上卡车，但它们被甲虫蛀掉而腐烂了。杰里米想尝试用玻璃纤维——它是一种更合适的船体材料。但问题是，胶合板不会断裂，更适用于作为大型浮式平台如海上卡车的材料。船体通常是弯曲的，呈蛋形，从这种形式上获得强度，玻璃纤维更合适作为这种结构的材料。事实上，它在概念上与蛋壳并无不同。要想达到高速，船体必须轻便，问题是如何在保持轻便的同时，为大型浮式海上卡车提供必要的扭转刚度。我们通过在船体和甲板之间装上一个轻便的十字形底盘解决了这个问题。

杰里米让我设计、制造并销售这种玻璃纤维材质的海上卡车。我是一名艺术专业的学生，还有两年才毕业，但我得到了一份工作，担任杰里米执掌的罗托克工程有限公司新海事部门的负责人。我欣然接受了这个机会。然而，杰里米坚持要我完成学业，这就是为什么我在皇家艺术学院第三年完成的项目是设计海上卡车。对于一个本该学习建筑和室内设计的学生来说，这个项目也许很奇怪。然而，休爵士一如既往地开明，让我顺利地完成了海上卡车的设计。

在我毕业的最后一年，海上卡车的原型在建造中，我又为杰里米做了一个新项目，而休爵士对这个新项目非常满意。新项目是设计一种带有鼓形轮子而非螺旋桨的水陆两用轮型船，轮子要能够同时提供推力和浮力，使船以一种与科克雷尔爵士的气垫船截然不同的方式穿越陆地和海洋。

这一想法的起源是，传统的船艇（包括海上卡车）只能在水上航行，不能在陆地上航行。这使得它们容易被水，特别是盐水持续腐蚀而磨损。然而，如果一艘船能够存放在陆地上，只有在必要时才下水，那么腐蚀就会受到减轻，甚至根本不会被腐蚀。虽然人们很容易想到两栖车辆的概念，但它们的性能一直不好，在陆地上和水中都行驶缓慢。

众所周知，海上最有效的推进方式是桨轮。在风平浪静的日子里，桨轮的效率要比螺旋桨高。但考虑速度时，情况就不同了，桨轮速度较慢，而且在波涛汹涌的海面上，桨轮会定期排水，失去推力。杰里米想知道我们能否制造出一种有吉普车车轮那么大轮子的车，既能漂浮在轮子上，又能受轮子推动而前进。这是设计的出发点。我把它作为我毕业那一年的项目，虽然我本应该设计建筑。敬爱的休爵士给了我莫大的宽容和鼓舞。

杰里米和我设想了一种高性能吉普车式车身，车身通过悬挂臂与 4 个非常大的车轮相连，并依靠桨叶旋转以提供推进力。我们的首要任务是考虑能够浮起来的车轮的尺寸，然后在微缩模型上研究推动这些车轮的方法。测试池选在了维德科姆庄园的花园“池塘”。它实际上更像一个小湖而不是池塘。我做了关于旋转的计算，确定了发动机的重量、推进系统、车身和载荷，发现车轮直径必须在 3 米左右。然后我建立了一个微缩模型进行测试。

测试台是一个三脚架，以湖底为基础。围绕三脚架中心有一个可旋转的吊臂。它的一端连接车轮，另一端连接驱动电机。驱动电机通过驱动轴与车轮相连，吊臂支撑着驱动轴和驱动电机。马达采用百力通割草机发动机，配备“V”字形减速带，连接在驱动轴上。车轮侧面由船用胶合板制成，撞击水面的车轮圆周表面由塑料制成。桨叶被固定在车轮圆周上。

我把钢制三脚架固定在湖底，用石头把它压住。每天我都会从一艘小塑料船上取出吊臂，给发动机加满汽油，并为当天的测试确定桨叶配置。然而，我不得不把船划回岸边停靠，否则它在绕着三脚架旋转时会妨碍到吊臂。于是我不得不游回到三脚架，拉开驱动马达并用秒表进行测试。我小心翼翼地绕过吊臂后面的三脚架，否则吊臂旋转时会把我撞倒。幸运的是，当时已经是 4 月了，我们在水里测试还不算太冷。

实验是在木箱底轮上施加不同的荷载，配备不同深度和宽度以及不同数量的桨叶，以此确定固定速度和马达功率下的速度。在这个阶段，桨叶是呈放射状的，尽管 13 年后我们继续开发时，这一点发生了戏剧性的改变。项目结果很滑稽，首先，我攻读了错误的专业，获得了研究生学位；其次，我们在 1983 年又启动了这个项目。

1969 年从皇家艺术学院毕业后，我的同学们开始从事设计师的工作。虽然天赋异禀并且很成功的游艇设计师乔恩 · 班南伯格（Jon Bannenburg）为我提供了一份令人兴奋的设计工作，但我有其他的想法。我不想当设计师了。我上大学时设计了海上卡车，现在我毕业了，我要去制造和销售它。

INVENTION

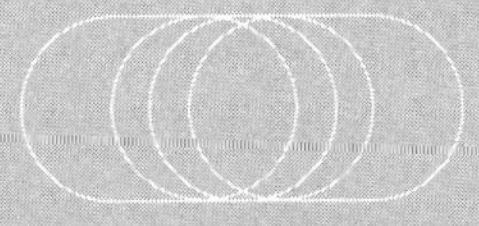

第3章

海上卡车

MANUFACTURING
CREATES
REAL PRODUCTS EVERY
DAY.
THAT IS CREATIVE AND
IT IS INDUSTRY.

制造业每天
都在制造
真正的产品。
这是创意，
也是产业。

杰里米把开发和销售海上卡车的任务交付给我，时至今日都令人难以置信。作为一名设计师和工程师，我的能力究竟如何呢？杰里米教给我“每天都可以学习”。事实上，我的教育经历，一方面归功于像杰里米这样的人生导师，以及像皇家艺术学院休爵士一般开明的老师，另一方面缘于机遇。当我在二十几岁自己创业的时候，我不得不在双气旋吸尘器获得成功之前让自己学很多东西。你可能会说，如果我在格瑞萨姆学校和大学里学的是科学和工程的话，可能早就成功了，我小时候喜欢在家制作飞机模型就证明了我的工程天赋。但是，尽管我上的是一所好学校——在科学、工程、数学和技术方面都很优秀，但我的家族传统决定了我的学习方向是艺术，更确切地说是古典文学。从来没有人想到我可能擅长工科。

从皇家艺术学院毕业的那一天，我沿着新开通的 M4 高速公路驱车从伦敦赶往巴斯。我要开始工作了。我现在是罗托克海事部门的总经理，年薪 2 500 英镑，还配备一辆伊西戈尼斯 · 莫里斯 1100 汽车。我的任务是制造并销售海上卡车。我知道如何制造东西，但我对销售一无所知。不过，杰里米尽了最大的努力让我相信我适合这份工作。“你对海上卡车了如指掌，细到每个螺母和螺栓。你已经把它制造出来了，你是销售它的最佳人选。”这就是我在未来5年大部分时间里所做的事情。

当时我觉得自己很了不起，穿着碎花衬衫、喇叭裤和理发店的紫色雨衣，竟然制造海上卡车，并向陆军准将、经验丰富的建筑业高管、老练的石油公司经理售卖。那时，“高管”（executive）一词风靡一时，在商界人士的铭牌上，以及M4高速公路上奔驰而过带着假真皮座椅的新车徽章上，这个单词随处可见。

你可能会问，我是做什么的。我也问过自己，答案是我做的是制造和销售，而不是设计，虽然我花了5年时间学习做一名设计师。我自己的观点是，如果我经历了制造业的沉浮，得到了真实的销售反馈，我将成为一名更加优秀的设计师。然而，我收获的远不止这些。在皇家艺术学院求学的后两年，我已下定决心，我真正想做的是制造商。我想做一些新奇的东西，而不是为了能卖出去就做一些大家都在做的东西。我认为，**最终的挑战是如何设计、制造和销售有创意的全新产品。要做到这一点，你不仅仅是当好一名设计师或工程师，无论你接受过多么好的教育，你需要控制整个过程，**就像我的榜样本田宗一郎、安德烈·雪铁龙，以及索尼随身听创始人盛田昭夫所做的那样。

我决定接受罗托克海事部门“总经理”职位，这在当时看来可能是对我学位的浪费，我也可能因此失去在设计界可能的光明前途。但我注意到，设计师只能按照制造商和客户要求的设计，这没什么吸引力。我非常自豪地决定，我要成为一个开发产品技术、主导工程和设计的人，亲自制造并销售产品。

我非常幸运能和杰里米这样的天才导师一起探讨我们共同的英雄，例如安德烈·雪铁龙一般的人物，他们是如何设计出革命性的新产品并大获成功的。我们讨论了设计在成功中的重要性，也讨论了杰里米的朋友亚历克以及他的革命性 Mini 汽车。亚历克还发明过一款赢得拉力赛冠军的超炫赛车，这款车无明显风格，但它的设计永不过时。这些讨论给我留下了深刻的印象，让我的内心燃起了熊熊斗志，我要以自己的方式效仿亚历克和雪铁龙这样的设计工程师。我甚至大胆地向杰里米宣布，我将与他共事 5 年，然后自己独立创业。

即便如此，我也清楚地意识到，在英国，制造业和销售业一直被视为肮脏的行业，后者或许更甚。人们对制造业的印象停留在"敲敲打打""油腻的抹布"上，而对销售业的普遍理解是驾驶着福特科迪纳老爷车，穿着时髦，花言巧语招摇撞骗的江湖贩子。这种下等工作显然不适合喜好冷嘲热讽的中产阶级毕业生。20 世纪 70 年代初我开始工作的时候，人们对"制造东西是脏兮兮的，出售东西是不体面的"的认知暴露了英国经济的许多问题。

在某些方面，对这两个行业的轻视已经导致了一些变化。当人们问起为什么包括戴森在内的英国公司要把工厂设在国外时，答案可能很复杂，但可以归结为这样一个事实：从德国到新加坡，世界各地很多地方和国家都大力鼓励制造业，认为它既有价值又振奋人心。几年后，我将戴森工厂迁往马来西亚，并最终将总部设在新加坡，这其中就有相关原因。马来西亚政府及企业家对在当地制造产品怀有纯粹的热情，相比之下英国人看不起工厂和制造业——该如何选择，答案很明显。

然而，**无论发明本身是多么美妙的、令人兴奋的事情，如果不能通过工程和设计转化为能够刺激或满足社会需求的、可售卖的产品，它将一文不值**。书本上的一些发明和设计的想法可能很有趣，其中不乏引人入胜，甚至神秘莫测、不切实际、相当疯狂的产品设想，但它们从来都没有被制造出来。但是，即便是最有价值的、能够改变世界的发明——从圆珠笔到鹞式战斗机，都需要经由制造和销售的过程才能成功。

我确信，工厂和生产线是浪漫的地方，它们真的很让人兴奋。当我们在切本哈姆开设吸尘器工厂时，我在生产线上工作了两个星期，一方面是为了了解整个生产流程，从技术角度检查流程的合理性，另一方面则是因为我真的很享受在工厂的感觉。我喜欢制造东西。要想成为优秀的制造商，你必须真的喜欢制造。不过，在 20 世纪 70 年代，英国主流制造业几乎没有任何浪漫的地方，那个时代的商店店员目空一切，制造业管理不善，产品质量也十分低下。

事实上，在第二次世界大战期间，面临生死攸关的压力，英国很善于制造富有创造力的机器和产品。但不知何故，和平时期的英国对制造业失去了兴趣。也许它正退回战争前的状态，那些年英国轻轻松松就能将普通的制成品出售给覆盖全球四分之一地区的大英帝国属地，独享垄断福利。这造成了创新动力严重不足。

随着英国在海外影响力逐渐下降，提高创新力、生产高质量的产品变得尤为重要。然而，社会对此依然不够重视。为什么会这样呢？一个原因是，工业革命带来一系列创新之后，大部分工匠或中下层阶级、第一代实业家囤积了巨额财富，他们的儿子渴望成为绅士。工业巨头的后代被送到公立学校，沉浸在古典文化中，学习打猎、捕鱼和射击，看不起这个让他们从制造者变成乡绅的世界。

在他们看来，任何与政治、军事、法律、教会、艺术有关的，以及投入少、回报高的工作，都是好工作。手工制造东西是非常糟糕的工作，而用工厂里的机器制造东西更糟糕。像奈杰尔·格雷斯利爵士（Sir Nigel Gresley）这样出身军官阶层、就读于公立学校的人，竟成为极具创造力并十分成功的工程师，设计发明了打破当时世界纪录的“苏格兰飞人”和“野鸭”蒸汽机，这与20世纪70年代没有摔成碎片的英国汽车一样罕见。想象一下，当格雷斯利选择在克鲁工厂做学徒，在伦敦和西北部铁路公司实习，而不是在剑桥大学攻读理科学位时，他的同龄人和母校马尔伯勒中学的老师们会怎么看待这个态度坚定的年轻人。我上学的时候，老师对学习退步的学生说过的最糟糕的话就是，“你最终只能到工厂里上班了”，我就被这么说过。成绩不好的学生会被“流放”到技术绘图室。这就是当时的文化。

但是想想保罗·马热（Paul Magès）发明油气悬架自动调平系统的故事。有了它，1955 年革命性的雪铁龙 DS 才被设计并制造出来。在第二次世界大战纳粹攻占法国时期，保罗·马热秘密地为雪铁龙设计了油气悬架自动调平系统，这一发明直接促成了飞机的油液空气减震器以及充气式减震器的问世，这两项默默无闻的发明让我们的生活比以前更安全、更舒适，却完全没有受到重视。

保罗·马热于 1925 年加入雪铁龙，当时他才 17 岁，担任初级助理。经过不懈努力，12 年后，他成为一名技术制图员。正是在这一岗位上学到的技能，加上他的好问精神，使他发明了新的悬架技术，改善了人们的生活，也提升了雪铁龙的销量。DS 在问世后的 20 年里，大部分时间依然保持着生产状态，销售量在投产 15 年后的 1970 年达到顶峰。1970 年，保罗·马热开创了雪铁龙 SM 速度感应转向系统，性能表现绝佳。

保罗·马热当时在雪铁龙巴黎旧工厂工作。即便是 1970 年，工厂在舒适度和清洁度方面也明显很落后。然而，有的人除了挣钱之外什么都不做，尽可能少地付出努力，还能得到社会的尊重。还有比这更不体面、更肮脏的吗？几百年来，英国一直是一个充斥着劫掠者、海盗和投机取巧者的国家。我们靠着诗歌、歌曲、电影和浪漫的历史赚得盆满钵满，却长期在故事中编排制造业是迟钝、费力又肮脏的生意，即使在今天也还在嘲笑和羞辱它。

2012 年伦敦奥运会的开幕式深受英国人的喜爱，但同时反映了英国制造业风气的消沉。开幕式的主旨是庆祝英国从工业革命中劳动密集型的“恶魔工厂”走向整洁的 21 世纪“创意产业”新世界。我们擅长做这些，我们应该庆祝，但不能以牺牲其他事物为代价，比如制造业。这种沾沾自喜的感觉强化了工业——工程和制造缺乏创意的观念。然而，工业革命使数百万人脱离农奴制，为他们提供住房，为他们的子孙后代创造财富。我们不应该像开幕式暗示的那样对工厂感到羞耻，我们应该自豪和欣慰，因为我们的工业实力能够开发和生产出抵御 20 世纪两次世界大战威胁的技术和设备。

颇具讽刺意味的是，宝马在慕尼黑被参观最多的工厂就坐落在慕尼黑奥林匹克公园的隔壁，距离市中心 15 分钟车程。德国各地的人们来到这里，从宝马世界（BMW Welt）提走他们的新车。宝马世界是解构主义先锋团队蓝天组工作室设计的一座极具创意的建筑。当它 2007 年开张时，外国媒体记者被炫目的开幕式震撼了。慕尼黑红衣主教在开幕式上为这座建筑送上祝福，好像它是一座大教堂。与 2012 年伦敦奥运会将制造业描绘成“地狱的最底层”相比，宝马将其看成是“对上帝敬畏”。当然了，在一些德国大公司，有人可能会隆重地向你介绍一位衣着整洁的生产工程师，他被尊称为“教授先生”。而在英国，工程师只会被称呼“巴里”或“戴夫”，他们甚至不会被邀请出席正式场合。

我记得，1997 年精力充沛的“新工党”首相托尼·布莱尔（Tony Blair）在威斯敏斯特上台。上任不久，他谈论了关于“创意产业”的议题。他指的是出版业、广告业、建筑业和设计业等职业和行业，似乎制造业在某种程度上没有创意。顺便说一句，那些受人尊敬的职业和行业不是“产业”。制造业每天都在制造真正的产品。这是创意，也是产业。

也许这种对制造业缺乏兴趣的现象与这样的事实有关：新闻传播速度很快，而相比之下，制造业的创新速度却极其缓慢。推出一款新的戴森产品可能需要 5 年的时间，而在新闻业，当然也包括银行业或经纪业，5 年是一段非常长的时间。同样，整个英国没有一份让人尊敬的制造业工作，也没有一个像英国皇家建筑师学会或土木工程师学会这样久负盛名的游说团体。土木工程师学会和机械工程师学会在维多利亚时代的伦敦总部距离威斯敏斯特宫只有几分钟的步行路程，这并非巧合。制造商在议会附近没有机构或宏伟的建筑。由于没有有组织的代表，他们各自为战。

很长一段时间以来，英国的领导者对制造业几乎没有兴趣。部长和国会议员很少有工业或工程背景。他们一方面对长期主义思维方式和制造业要求的纪律性有些反感，另一方面对 20 世纪 70 年代工业动荡时期英国大型制造商的无能表现仍然记忆犹新。

如果说制造业长期以来（至少在英国）一直被视为一种卑微的追求，那么销售业肯定被视为不入流的行当，尽管表面上银行家等看似体面的金融服务业工作者与销售业毫不沾边，但他们不过是换了个名字的销售员。然而，销售是伴随着制造业而来的，它与制造业的关系就像车轮与自行车的关系一样。**销售远不止是出售二手车或违禁手表，产品不会自己离开货架走进人们的家。当一个全新产品推出时，人们需要使用销售艺术来解释它——它是什么，它如何**

工作，以及你为什么需要它。

在我心目中，Morris Minor 比大众甲壳虫更好，但大众甲壳虫销售到美国市场的方式是极其聪明的。恒美广告公司（DDB）利用了这样一个事实：这辆由费迪南德·保时捷（Ferdinand Porsche）为阿道夫·希特勒设计的奇特汽车体积小、样子古怪，在美国人眼中十分丑陋。而从 1955 年开始，大多数美国汽车变得越来越大、越来越快、越来越豪华。“想想还是小的好”和“柠檬”等系列广告在那个时代发挥了作用。1949 年，大众在美国市场上市时，只卖出了两辆车。在 DDB 令人难忘的广告宣传活动之后，销售额猛增。到 1970 年，美国人购买了 57 万辆大众甲壳虫，而 DDB 的收入增长了 10 倍。

与美国人不同，英国人相当鄙视推销员和销售艺术。这太可惜了，它可以是一份高尚且令人兴奋的工作。**杰里米教会我不要强迫人们购买，而要询问他们很多问题，比如他们的工作是什么、他们如何工作、他们对新产品的期望是什么**。同样，我了解到，大多数人并不真正知道他们想要什么，或者如果他们知道的话，也只是道听途说。正如亨利·福特所说的，如果他问美国农民他们需要一个什么样的更好的交通工具，他们会回答“一匹更快的马”。**你需要向他们展示新的可能性、新的想法和新的产品，并尽可能清晰地解释。戴森的广告专注于介绍产品是如何设计的以及它们是如何工作的，而不是强调华丽的噱头说辞。**

制造业本身具有高度的创造性。它可以把出乎意料的发明变成可靠的、令人满意的产品来销售。杰里米喜欢思考新的做事方式，这就是他在 1968 年创建海事部门之前管理罗托克工程有限公司的方式。杰里米是杰里米巧克力制造家族的一员，他把微薄的遗产花在了罗托克上。罗托克是他在 20 世纪 50 年代初和哥哥大卫一起买下的一家英国小型工程公司。罗托克很快就开始生产由杰里米本人设计并获得专利的电动阀门执行器，它可以用于石油管道中。这个发明十分巧妙，实现了阀门的自动化控制，对石油公司很有吸引力，壳牌、英国石油公司和埃索（ESSO）都是他们的主要客户。从 1962 年开始，它在核能业也大受欢迎，法国一座新的铀浓缩工厂就从罗托克订购了 1 000 个密封的、防风雨防爆的电动阀门执行器。

我发现，我在戴森所说和所做的一些事情，和我半个世纪前为杰里米工作时他所说和所做的一样。作为一个发明家、工程师和企业家，杰里米认为应该雇用没有经验的年轻人，把那些有好奇心、不受传统观念污染、思想开放的人才招揽在身边，前提是他们不留胡子或抽烟斗。他认为胡须代表着守旧，我想，这可以追溯到乔治五世和沙皇尼古拉二世的时代。无论如何，20 世纪 60 年代和 70 年代是吉列和私人男性美容的时代，胡子被普遍认为是不卫生的。而抽烟斗，或许在杰里米看来，是自满的表现。烟斗早已绝迹，而留胡子的人和因此诞生的胡须设计师越来越多。也许杰里米会随着时代发展改变这一观点。

杰里米尤其相信热情的力量。他向人们推销新颖的、智能的东西，不采用那套流畅的、精心排练的销售模式。除了发挥个人感召力和魅力外，他喜欢与潜在的客户谈论工程。他的热情高昂，很有感染力。作为一个天生的发明家和工程师，杰里米一直在寻找“更好的做事方式”。他与员工面对面地谈论新思想。他从不给员工发送备忘录。在机遇面前，他从不瞻前顾后。同时，他是个天生的老师。当我告诉他我不知道怎么焊接时，他点燃了一个气焊喷嘴，花了十多分钟教我基础知识。他头脑敏捷，对他所雇用的人也抱有同样的期望。

杰里米还谈到，非常有必要倾听客户的意见，并在必要的时候改进产品。**要成为一个发明家，你就要始终关注如何改进**。这并不是说我们在戴森会问客户想要什么，然后把它做出来。这种“焦点小组主导”的设计可能在短期内奏效，但不会长久。就在 Mini 汽车上市之前，奥斯汀 · 莫里斯咨询了一个焦点访谈小组，收到的反馈是没有人想要这种带小轮子的微型车。所以他们把生产线减少到一条。然而，当公众在大街上看到 Mini 汽车时，对它表现出了极大的热情。莫里斯从未充分满足公众的需求，错过了巨额利润。

在我看来，杰里米特立独行的风格是多么珍贵和重要啊！在他的领导下，罗托克最初设立在维德科姆庄园，这是他在 1954 年结婚时购买的一幢格鲁吉亚风格的住宅，在一星级建筑名单上榜上有名。一条生机盎然的小路将维德科姆庄园分成了两个区域，一边是传统的住宅区，另一边是公司试验田。杰里米在卧室里安装了一个浴缸，用皮革覆盖了书房、地板，用铜线装饰了墙壁。他是玛格丽特公主和斯诺登伯爵的密友，他们经常待在那里。维德科姆庄园的生活骄奢淫逸，小报媒体总是津津乐道，批评它“有伤风化”。我不太了解杰里米这部分私人生活，尽管我确实钦佩他的一些好友并因他结识，比如安迪·加尼特（Andy Garnett），他成为戴森的非执行董事，还有他才华横溢的妻子——作家波莉·德夫林（Polly Devlin），以及歌剧导演罗伯特·卡森（Robert Carsen），他成为我终生的朋友。

杰里米是一位伟大的工程师和鼓舞人心的企业家。比起坐在会议桌旁或与上流社会打交道，他总是更喜欢在机器车间里做东西。他对年轻人或任何有学习热情的人感兴趣。他讨厌自命不凡的人和专家，也就是那些想让你相信他们知道某个主题的所有方面的人。富有创造性头脑的人本能地知道，总有更多的问题要去问，总有新的发现要去探索。

海上卡车是杰里米设计的，我们第一次讨论它时，我还在皇家艺术学院读大二。他说：“这是我设计的船。木头材质不太适合它，你能用玻璃纤维做吗？”尽管我对这种材质和工艺知之甚少，但我还是同意了。

为什么这种玻璃纤维材质的海上卡车与众不同呢？它轻巧，结实，速度快。它的底部也有侧尾鳍。尾鳍是雪橇式的，从船身的前部到后部，深约 50 毫米。当船被放在地面上时，它们起到了滑行作用，更重要的是，它们将气泡困在船下面，这样当海上卡车以 19.3 千米 / 小时以上的速度滑行时，水的摩擦阻力大幅降低，它可以以 74 千米 / 小时或更高的速度在水面“飞行”，比传统的船体使用更少的动力。海上卡车是唯一一种一旦起航就可以收油门的船只，证实了它所产生的气泡层的效率。由于底面很平，它可以通过浅层吃水，直接行驶到海滩上（见图 3–1）。它也不需要停靠在防波堤和码头。

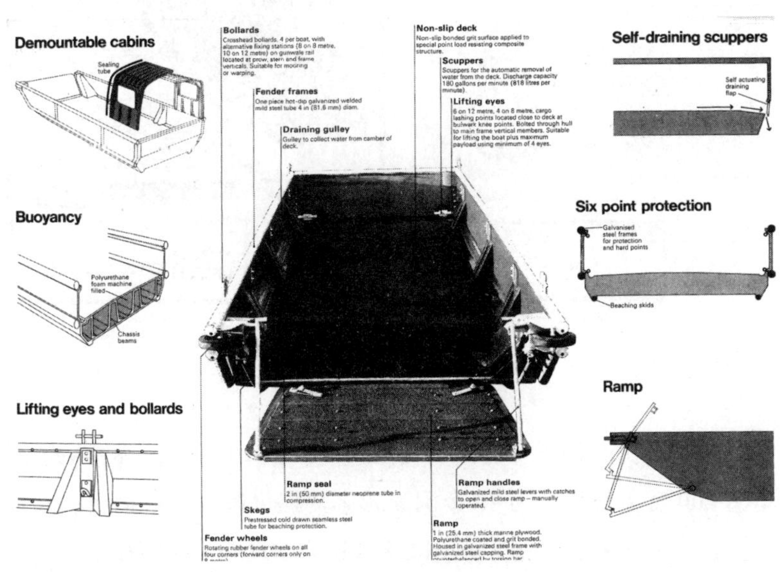

图 3–1　海上卡车结构示意图

海上卡车是一个低成本的模块化作业船，船舱和其他配件可以添加到基础框架上（见图 3–2）。海上卡车没有龙骨，在海面上非常稳定，在浅水也能安全航行。它比双层巴士短一点、宽一点，可以装下两辆 Mini 汽车，或者两辆路虎。船上可以装载很多设备，经验告诉我，用户一般会装载机床、电缆和枪支弹药。

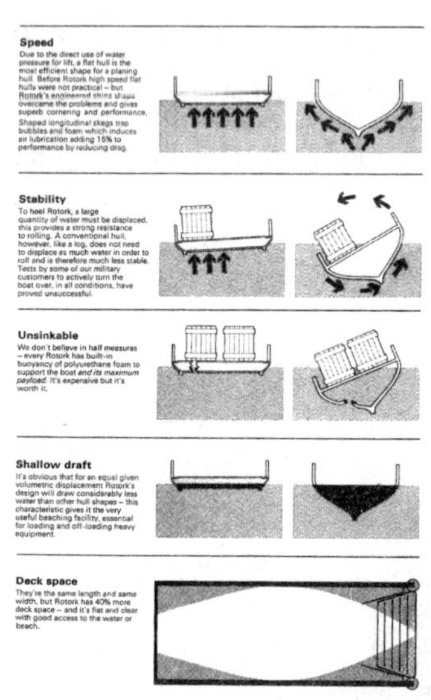

图 3–2 海上卡车宣传资料

最初，我们每个月卖出一艘敞篷艇。到 1974 年，我们一年能卖出 200 艘盖舱艇，为 40 个国家的客户提供服务。这是一项能够根据客户不同需求，随时做出改变和适应的发明，我们在制造和销售海上卡车上不断提出更好的方法。通过海上卡车这次冒险，我学到了一个经验：海上卡车既能在海上航行，也能在陆地上行驶，这一特点在销售和制造中都是攻坚要点。**在很大程度上，销售和制造就是同一个硬币的两面。**

我走遍全世界售卖海上卡车（见图 3–3）。我把它卖给了挪威人，他们用它来铺设水下电话线。我还把它卖给了许多外国军队和海军，他们拿它当作载客渡轮。此外，我把它卖给了埃及特种船旅，他们非常喜欢它的低调设计，这种设计使它难以被炮火击中。他们在第四次中东战争期间用它袭击了西奈半岛。我还向以色列人出售海上卡车。它的襟翼在几秒钟内就能降落下来，突击队可以因此快速冲向着陆场。英国皇家海军表示，如果能够为海上卡车安上装甲，他们将会购买它。但这会使它的重量增加，失去隐形和速度优势。不过，我们满足了英国皇家海军的要求，他们拿它运送物资和人员，以及回收鱼雷。

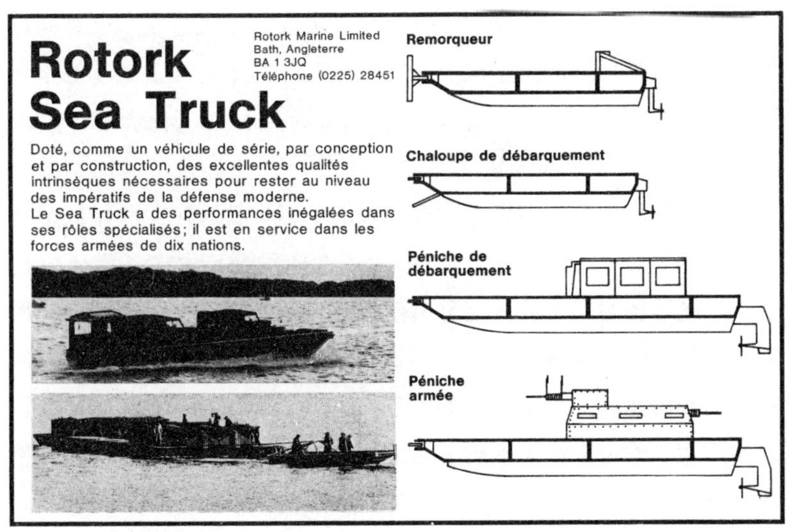

图 3–3　海上卡车销售广告

我们为伦敦消防队建造了一艘海上卡车。这是一艘快速响应的补给船，配有消防泵和辅助设备，它在泰晤士河里速度比河警船还快。在一定的重量范围内，它在浅水中的机动性很强，可作为拖船。除了拉，它还擅长推。在向陆军部队演示后，海上卡车被证明具备推动 45 吨重桥梁的能力。我们还卖给南佛罗里达大学一艘海上卡车，它被当作海洋实验室使用。此外，南非也购入了一艘海上卡车，用于处理入侵的水葫芦。皇家游艇“不列颠尼亚”号定制了一辆皇家蓝色的海上卡车，车上铺着红地毯，能够在舷梯上展开。女王在访问西太平洋的吉尔伯特群岛和图瓦卢等英联邦偏远地区时乘坐了它。

1970 年 11 月，席卷孟加拉湾的“博拉”旋风造成东巴基斯坦大部分地区被可怕的洪水淹没。之后的几个月里，海上卡车处于全盛时期。据说，“博拉”造成了多达 50 万人死亡。社会上下广泛批评西巴基斯坦政府未能对灾难做出反应，这导致了孟加拉国内战（又称解放战争）爆发。在成为独立的孟加拉人民共和国的道路上，东巴基斯坦饱受西巴基斯坦武装部队的暴行之苦。洪水、饥饿、难民潮和对局势的极度恐慌使得西方发起了多个筹款活动，最著名的是摇滚音乐家乔治·哈里森（George Harrison）在纽约麦迪逊广场花园组织“孟加拉音乐会”。罗托克派出 100 艘海上卡车到孟加拉国。杰里米在那里待了几个月，管理我们的服务站，监督物资分配。

功能灵活的海上卡车是一个私人主导的工程，采用低调的设计。从这些角度来说，它与路虎、瑞士陆军小刀、雪铁龙 2CV、贝尔 47 直升机和亚历克的 Mini 类似。我非常喜欢这些机器，对它们的喜爱至今丝毫未减。它们的独创性以及凝结它们身上的发明力量，使得设计可以重新被构思，市场被改变，甚至创造全新的市场。就其所有功能而言，每一款都是高度个性化的产品，具有自己的特色和魅力。

同样有趣的是，这些设计激进的机器充分利用了现有的创意和组件。以 Mini 为例，让它变得如此具有革命性的功能，在之前的不同时期都被人开发过。在 Mini 于 1959 年首次亮相之前，配备横向发动机的汽车已经出现了，值得一提的是 1947 年的 Saab 92，这是一款风靡一时、赢得拉力赛的轿车，由热衷航海的航空工程师贡纳·容格斯特罗姆（Gunnar Ljungström），以及曾经是瑞典空军飞行员、设计了萨博军用飞机的造型师希克斯顿·沙逊领导的一个小团队设计。事实上，横向汽车发动机的历史可以追溯到 1899 年戴姆勒在考文垂制造的克里奇利轻型汽车。20 世纪 30 年代中期曾出现过像雪铁龙开路先锋这样的前轮驱动汽车，它由安德烈·莱夫布雷（André Lefèbvre）和弗拉米尼奥·贝托尼（Flaminio Bertoni）设计，他后来又设计了雪铁龙 2CV。此外，能为司机和乘客提供尽可能多空间的方形汽车以及橡胶悬架也都出现过。亚历克把这些想法集中在一辆微型车上，尽管它的尺寸非常适中，只有约 3 米长、1.37 米宽，但它可以容纳 4 个成年人和他们的行李，并且可以像卡丁车那样驾驶。整个 Mini 80% 的空间都给了乘客。亚历克对大的、像垃圾桶一样的门袋特别满意。他说，这些门袋能够装下 27 瓶戈登杜松子酒和一瓶苦艾酒——他喜欢这些酒。

与海上卡车一样，Mini 在它 40 年的生命期里扮演着多重角色。它既是一辆家庭轿车，也是一辆舞台、荧幕以及录音室明星的座驾。它是一辆小型房车，我在格瑞萨姆学校上学的时候我母亲也拥有一辆；也是一辆蒙特卡洛拉力赛的冠军车，它在雪地里冲上冰冷的阿尔卑斯山口，让法国裁判们大吃一惊，之后他们非常努力地寻找理由禁止这些英国车参赛；还是一辆能够在 20 世纪 60 年代初期在古德伍德挑战并击败可怕的双凸轮 3.8 升 Mark 2 捷豹的赛车。Mini 车可以作为送货车、皮卡车、邮车、博人眼球的靓车，甚至可以作为警察巡逻车。

我希望自己能见到亚历克，但从未如愿。他是杰里米的密友，他俩与约翰・库珀（John Cooper）一起参加了微型、轻型爬坡车的比赛。约翰・库珀以将 Mini 打造成快车和拉力赛车而闻名。20 世纪 30 年代，亚历克与工程师乔治・道森（John Dowson）合作开发了一款小型整体式车身，或者说是有应力蒙皮、铝制胶合板框架的 750cc 爬山赛车，并最终成为一款轻盈、简约的汽车。它的车轮在地面上的重量轻如水面上的苍蝇，而且采用橡胶悬架而非传统的钢悬架。这款赛车大获成功。

对于 Mini，亚历克希望使用一种相互连接的悬架，以改进软簧雪铁龙 2CV 的悬架，后者在转弯处如果保持安全的话就倾斜得很厉害。出于技术和经济上的考虑，第一批 Mini 车配备了橡胶锥而不是相互连接的悬架。亚历克的朋友亚历克斯・莫尔顿（Alex Moulton）是一位创新工程师，也住在巴斯附近，同时也是杰里米的朋友，他设计了 Mini 的橡胶悬架。橡胶锥安装在车身和靠近车轮的车轴之间。在负载之下，橡胶锥部分塌陷，就像弹簧受到压缩一样，减轻了崎岖道路的影响。更重要的是，亚历克斯发明了液压悬架系统，使罗托克公司 Morris 1100 成为一款非常舒适和令人放心的汽车，尽管尺寸不大，但它可以奔驰在 M4 高速公路上往返巴斯。这是一种类似于雪铁龙在 1955 年推出的 DS 车型中使用的互联悬架。其理念是，车轮之间的互联悬架允许其他车轮的悬架在一个车轮偏转时提供辅助。该系统还通过将负载分散到所有车轮来辅助转弯。

亚历克斯的家人从事橡胶生意。他的父亲约翰・科尼・亚历克斯（John Coney Moulton）是一名陆军军官，第一次世界大战期间曾在印度和新加坡服役，后来成为新加坡莱佛士博物馆的馆长。他是研究东南亚蝉的专家，曾担任砂拉越最后一位白人拉者（国王）查尔斯・维纳・布鲁克（Charles Vyner Brooke）的首席秘书，在埃文河畔布拉德福德的家中休假时因阑尾炎病逝。那时亚历克斯 6 岁。我通过杰里米认识的他。我经历过父亲过早离世，奇怪的是，亚历克的情况和我一样，他的父亲也很早就去世了，当时他 15 岁；杰里米的父亲也早逝，当时他在戈登斯顿。亚历克斯、亚历克和杰里米三人的性格迥然不同，但他们的职业道路相重叠，他们都思想独立、工作勤恳并渴望成功。

亚历克斯在机械方面颇有天赋，在马尔伯勒中学上学时曾制造过一辆蒸汽车。在剑桥大学读完机械科学后，他在布里斯托飞机公司当学徒。像亚历克、杰里米和巴克敏斯特一样，他制作每一样东西时都追求轻便，同时有效地利用材料。正如杰里米制造了更好的阀门执行器，亚历克制造了更好的小型家庭轿车，亚历克斯想要制造更好的自行车。

亚历克斯一如既往地穿着考究，整日在他詹姆斯一世风格宅邸的马厩院子里研究如何制造一辆让人满意的自行车。他著名的 Moulton 自行车于 1962 年推出，其紧凑轻巧的车架、约 40 厘米的小车轮和橡胶悬架被证明是真正的革命性产品。它让自行车在城里重新流行起来。作为自行车界的迷你车，它是时尚编辑的宠儿，在 20 世纪 60 年代的《Vogue》等杂志和周日增刊上占据了大量篇幅。它转变了关于自行车以及其他产品究竟应该如何设计的想法。正如评论家雷纳·班纳姆（Reyner Banham）在《建筑评论》(*Architectural Review*）中写到的，“自行车思维再也不会一成不变了，不能再胡说八道地谈论永久性和确定性的形式，因为即使是 Moulton 也有可改进的地方。”Moulton 确实是一款很好骑的自行车，它至今仍在生产。我有一辆很棒的超轻“塔柱”框架的 Moulton 自行车。

尽管有几家公司模仿了 Moulton 的车轮尺寸和可折叠功能，但没有一家公司能够和它纯粹且精致的设计工艺相媲美。悬架应如何设计才能消除小车轮产生的颠簸，或者增加轮胎压力才能减少滚动阻力，这些事他们统统不会考虑。Moulton 配套工具是一把内六角扳手，可流畅地滑入舒适的鞍座的下方插槽。

不过，在罗托克工作期间，我从亚历克斯那里学到了一些东西，例如他最初是如何考虑让一家老牌自行车公司来制造他先进的新设计的。1966 年，兰令（Raleigh）自行车推出了一款拙劣的复制品，影响了 Moulton 原版的销量。第二年，Moulton 被转卖给兰令，亚历克斯继续担任顾问。这不是一个容易合作的伙伴关系。当 20 世纪 70 年代初 Moulton 销量下滑时，亚历克斯重新获得了它的设计权，开始在埃文河畔布拉德福德的家中自己制造它。亚历克斯的故事让我明白，**对发明家来说，拥有专利和设计权多么重要，如果可能的话，还要举办自己的展览**。

我学到的另一件事是，**一项发明可能想法十分绝妙，即使它不适合当下市场，或与当下市场完全无关**。一个设计可能被认为是超前的，有时确实如此，但有时这种判断是荒谬的。非常成功的索尼随身听在第一次推出时被人们放弃了，他们认为谁会想要一台不能录音的录音机呢！在大众甲壳虫以及后来的本田雅阁横渡大西洋之前，人们还以为美国人只喜欢大型汽车。

亚历克是一个天才，他知道如何将小型车的生意做大。他也是一个思想独立的人，永远无法舒适地融入庞大、古板和高度官僚化的英国利兰（Leyland）集团。1968 年，利兰集团吞并了英国汽车公司（BMC），将奥斯汀（Austin）和莫里斯（Morris）等品牌纳入麾下，后者生产了第一批 Mini 汽车。除此之外，亚历克认为“市场调查是胡说八道”以及“永远不要模仿对手”的观点很难吸引他的新老板——顽固的卡车销售员唐纳德·斯托克斯（Donald Stokes），他将备受喜爱的 Morris Minor 换成了倒霉的、经过市场调查的 Morris Marina，并用乙烯基塑料封住了轻盈的捷豹顶棚。有史以来最畅销的英国汽车是 Mini。如果市场研究限制了亚历克在 BMC 的地位的话，那么 Mini 就不可能出现。不可避免地，亚历克被边缘化了。他是扎在英国利兰集团坚硬皮毛下的一根刺。然而，他受到工程师同行的欢迎。1967 年，他成为英国皇家学会会员。

在我 60 岁生日时，戴森工程师送给我一辆原版 Morris Mini Minor。它被保存在戴森的马姆斯伯里园区。它被纵向剖开，所以它的内部结构和运作方式，从横向发动机、橡胶悬架、减轻重量的滑动窗到大门袋，都能看得一清二楚。它每天都在提醒我们，工程设计是多么巧妙。

Mini 还提醒人们，先进的产品是如何进入一家老牌公司的制造中心，并在 40 年的生产周期内成功实现 500 万辆销量的。这种不合常规的设计，成为人们日常生活的一部分。索尼随身听是另一个引人入胜的成功故事，因为起初，它的设计似乎违背了常识。这款个人盒式播放机于 1979 年 7 月 1 日推出，当时正好赶上学校和大学假期，它让人们能够通过耳机听音乐，一经推出就大受欢迎。

售价 150 美元的小巧银蓝色随身听并不便宜。而在索尼内部，由于无法录音，这款随身听颇受争议。但也有人认为它是一个勇敢的发明，以前从没有人制造过不会录音的“录音机”。尽管如此，索尼的创始人之一——井深大，希望每月能够销售 5 000 台随身听，但头两个月就卖出了 50 000 台。到 2010 年在日本停产时，索尼随身听已在全球售出超过 4 亿台。

索尼在合适的时间推出了合适的产品。这款小巧的音乐播放器，适合慢跑、想在家学习或放松的人，也适用于旅行时不打扰别人、听自己喜爱的音乐。井深大的聪明之处在于，他让副手大贺典雄在现有盒式录音机索尼 Pressman 的基础上设计一个仅限立体声播放的版本。大贺典雄是一位物理学家和音乐家，曾在慕尼黑接受过著名音乐指挥家赫伯特·冯·卡拉扬（Herbert von Karajan）的培训。1978 年，大贺典雄和他的团队尽可能使用现成的组件生产了 TC-45，但定价为 1 000 美元，而且井深大在他的商务航班上用它试听了歌剧，觉得它太笨重了。一切又回到绘图板，重新设计。

Walkman 诞生了，配备轻巧的泡沫耳机，除了播放之外没有其他功能。新闻界对此嗤之以鼻，甚至认为“Walkman”这个名字非常可笑。日本媒体错了，当时市场还不知道它想要的就是一款小型的个人立体声音响。当人们看到这款博人眼球的小型设备，听到它发出的声音后，立马被征服了。到 20 世纪 80 年代中期，“Walkman”这个词已经被收入《牛津英语词典》。随身听是一种文化现象，而对索尼来说，它制造起来并不难。

然后是雪铁龙公司和它发明的一系列别具一格的汽车的故事——从 20 世纪 30 年代前轮驱动的 Traction Avant、20 世纪 40 年代极简主义的 2CV 到 20 世纪 50 年代技术先进的 DS。米其林董事皮埃尔·朱尔斯·布朗格（Pierre-Jules Boulanger）曾是功勋彪炳的军事飞行员，在他的指导下，雪铁龙积极推动工程和设计部门走向先进的设计。皮埃尔·朱尔斯·布朗格培养了一支杰出的团队，其中包括负责工程设计的前赛车设计师兼车手安德烈·莱夫布雷，以及赋予这些高卢汽车独特造型的意大利雕塑家弗拉米尼奥·贝托尼。自 1934 年第一次破产后，雪铁龙成了米其林的一部分。在米其林的经营下，雪铁龙开发了子午线轮胎，并与马热发明的自动调平悬架搭配用于 DS 中。

雪铁龙用这些汽车证明了一点，正如亚历克用 Mini 证明的那样，广大公众并不害怕购买高度先进的产品。最知名的是，DS 在 1955 年巴黎车展亮相的当天，雪铁龙就收到了 12 000 份订单。

即便如此，雪铁龙还是犯了一个关键的商业错误。1955—1970 年，雪铁龙没有推出任何一款新车型，它一直在吃老本。当意识到消费者的目光转向了新式样的汽车时，它似乎恐慌了，立马投资并推出了大量新车。这笔费用直接导致公司破产。1974 年被标致接手后，它再也不一样了，虽然还在盈利，但失去了自己的特色，失去了对创新设计、工程和造型的追求。

这是一个典型的教训。**就像一些鲨鱼为了生存必须不断地游动一样，以工程为主导的创新型制造商需要不断创新以保持竞争力。**追求新的和更好的产品通常是这些公司对自己的定义。在戴森，我们从不停滞不前。25 年的时间里，我们已经从制造革命性的吸尘器变成了开发先进的电动汽车原型。发明往往会催生新的发明，为此我们需要建立公司保护它们。它们可能会有高光时刻，用作家罗兰·巴特（Roland Barthes）的话来说就是“天降之物”，但荣耀总会褪去。

在英国，最具革命性的技术发明之一——喷气发动机，就经历了相当艰难和痛苦缓慢的孕育过程。它是我心中的另一位英雄弗兰克·惠特尔（Frank Whittle）发明的，他的决心和毅力甚至在我独自创业之前就激励了我。在戴森马姆斯伯里园区工作的人每天都会瞻仰他的伟绩，我们的工作区有一台世界上最古老的喷气发动机，它也是最早投入生产的发动机之一。我们可以在停车场启动它。

这台特殊的发动机——劳斯莱斯 RB.23 韦兰发动机，于 1943 年 12 月先后在巴诺兹维克和约克郡西区组装。我们后来发现了它的劳斯莱斯“血统”。当时我想把它带到古德伍德老式赛车会，但因为发现了燃料泄漏，所以没能这么做。我们对比了惠特尔的一组燃油系统图纸，发现我们的发动机不是惠特尔的原装发动机，而是劳斯莱斯版本。我们的工程师根据惠特尔的原图重建了它，它现在运行完美。

不过重点在于，它是如今每年为全球 30 多亿乘客提供动力的发动机的先驱。韦兰发动机如此特别的部分原因在于，作为涡轮喷气发动机，它与之前的劳斯莱斯 Merlin 活塞发动机（应用于喷火式战斗机和兰卡斯特战斗机）相比，运动部件更少。事实上，在 1929 年惠特尔 22 岁时，他就在一本学生练习本上演算出了第一个喷气发动机公式，它就和 ABC 一样简单。他想要一种能够推动客机在 15 000 多米高度、以 800 千米 / 小时的速度横跨大西洋的发动机。

如果惠特尔喷气式飞机能够迅速发展，到 1939 年，英国皇家空军很可能拥有一系列喷气式战斗机和轰炸机，这不仅仅对德国空军，对希特勒的军事野心也都是一个非常严峻的挑战。悲剧是众所周知的，德国人赶在英国人之前投入生产了喷气式飞机。第二重悲剧是德国工程师能够自由地研究惠特尔的设计。1935 年，英国空军部拒绝支付惠特尔续展专利所需的 5 英镑。甚至在那之前，任何人都可以自由研究惠特尔的设计，因为空军部认为它无关紧要，也没有把它列入“最高机密”名单。

尽管困难重重，惠特尔还是成功了。作为一个来自考文垂的工人阶级男孩，惠特尔怀揣着对飞行和制造飞机模型的热情，在1923年成为英国皇家空军的金属飞机装配工学徒。仅有5名英国皇家空军学徒被选为可以飞行的军官学员，他是其中之一。惠特尔是一位出色的飞行员，也的确是一位大胆的飞行员。英国皇家空军认识到他才智非凡，把他送到剑桥大学学习机械科学，他在两年内获得了一等学位，同时，他成立了动力喷气机公司（Power Jets），并生产了世界上第一台喷气发动机。动力喷气机公司得到了演员海伦娜·伯翰·卡特（Helena Bonham Carter）的祖父莫里斯·伯翰·卡特（Maurice Bonham Carter）慷慨无畏的资助。然而，政府从他的公司偷走了惠特尔喷气式飞机，没有任何补偿，甚至不允许动力喷气机公司参与制造，这真是一件可耻的事情。

空军部及其专家和制造公司都对惠特尔的喷气式飞机持怀疑态度。1937年3月，一笔资金的注入让他的发动机在拉格比的一座简陋的工厂里焕发了生机。空军部终于对这一项目表示了赞同，尽管这发生在德国入侵波兰前几天试飞他们的第一架喷气式飞机“海因克尔178”的时候。直到这时，人们才充分认识到惠特尔工作的重要性。

1941年5月，采用罗孚（Rover）发动机和格罗斯特（Gloster）飞机机身的惠特尔原型喷气机飞上了天空。当被问及没有螺旋桨的

E.28/39 战斗机如何飞行时，一名英国皇家空军飞行员对另一名飞行员说："它就像胡佛吸尘器一样把自己吸起来。""给我 1 000 架惠特尔喷气式飞机！"温斯顿·丘吉尔大声说。但惠特尔与格罗斯特合作的、配备劳斯莱斯制造的发动机的生产型飞机，并不是 E.28/39 原型战斗机，而是 1944 年 7 月投入使用的双引擎"流星"战斗机。

喷气式飞机的时代真正来临了，尤其是惠特尔发动机被运到美国后，催生了美国第一架涡轮喷气式飞机通用电气的 GE J31。然后，在战争结束两年后，英国工党政府将 55 辆基于惠特尔第一代喷气式飞机开发研制的劳斯莱斯 Nene 出售给它在苏联的朋友，用于"非军事用途"。"哪个傻瓜会把他的秘密卖给我们？"斯大林问道。Nene 很快被弗拉基米尔·雅科夫列维奇·克里莫夫（Vladimir Yakovlevich Klimov）逆向设计成 VK-5A，成为美国飞行员在朝鲜战争中遇到的高效后掠翼 Mig-15 战斗机。今天，我们需要高度的保密性和安全性来保护我们的研究与发明。所有现代发明中最重要的一项竟然被放在盘子里交给了我们在冷战时期的敌人，这似乎让人匪夷所思。但这就是我们的政客。这件事还表明，他们对国产技术以及实现这一技术所需投资的重视程度多么低。

如果惠特尔从一开始就是劳斯莱斯的工程师，而不是一个在制造业边缘工作的特立独行的英国皇家空军军官，他的喷气发动机是否会在开发和生产过程中获得更平稳、更快的发展呢？也许吧。无论如何，当我在经历了一系列的失败，尤其是试图让现有的制造商接受无袋双气旋吸尘器而不得时，我明白了，**对我来说最好的办法就是走自己的路，建立自己的工厂**。

正如你所料，这并不容易。我创业那时，英国的工厂只有 21 年的租赁期，而当时的通货膨胀和利率很高。即使你已经建好工厂并需要快速提高生产能力，规划许可等的程序和政策也可能会拖累你，或者，这自然会促使你在世界其他地方建立工厂，并能让你在那里快速有效地做出决策。

有了工厂后，你将如何制造你的创新产品呢？你打算自己制造塑料部件还是购买？那些你无论如何都要用到的马达、垫圈和其他 100 个零件呢？经验告诉我，理想情况下，像戴森这样的制造商应该尽可能少地从公司外部采购。我们这些驾驶过 20 世纪 70 年代英国制造的汽车的人几乎都清楚原因。抛开糟糕的装配不谈，让这些汽车频繁出现故障的往往是从劣质外部供应商购入的零部件。那些汽车的电气故障非常多。

以惊人速度可靠运转的马达是我们产品的核心。就算我们什么都不自己生产，也得生产马达。因此，我们自己开发了制造马达的全新技术。做这件事成本很高，但它让我们彻底革新了吸尘器。显然，在戴森，我们不能自己制造一切，于是我们与供应商合作，使他们按照我们的制造标准和价值观来工作。由于我们所做的事情是特别而与众不同的，我们不能像富士康那样，在世界不同地区雇用 80 多万人。富士康成立于 1974 年，生产美国、加拿大、中国、芬兰和日本的知名品牌电子产品，它的产品大多是由现成的组件制成的。而我们自己设计组件，不买现成的。

1974 年，我正处于人生的十字路口，生活确实令人兴奋。虽然我忙于为罗托克工作，但我还是一名父亲。我们的女儿埃米莉1971 年出生，我们的大儿子杰克在两年后出生。戴尔德丽和我在科茨沃尔德买下了一幢石头农舍，这意味着我结束了长途通勤的生活，开始了充满大量艰苦的体力工作的日子。这些工作激发了我的灵感，促使我发明能够改善日常生活的产品。对我来说，修缮房屋时，不得不用一辆独轮车通过泥泞小路，而独轮车满载时很难转向，且有侧翻的危险。我应该可以发明一辆更好的独轮车吧？

杰里米和罗托克让我想到了在户外大地大展拳脚的各种产品，如海上卡车，巨额资本持有者购买的飞机、挖掘机或作业船等资本商品，但家庭生活帮助我把注意力集中在那些能使日常家庭生活变得简单，甚至让人愉快的东西上。这并不是说我对为石油公司和军队设计产品不感兴趣，而是现在我开始对设计日常使用的产品产生兴趣，它们源于我自己的经验。对于资本商品，你必须从它们服务的情况来领会行业想要什么，这与我们在家自己作为使用者的感受截然不同。这一点很重要，因为作为潜在客户，你可以判断自己是否愿意冒险购买这种具有革命性的奇怪产品。资本商品的情况有所不同，也就是说，为其他人或你不了解其业务的人设计一款革命性的新产品，也许是奇怪的产品，风险要大得多。你依赖于领会他们所说的以及他们可能需要什么，但你有可能理解错。然而，如果你正在设计一个自己使用的产品，你就会了解自己需要什么。如果你的新产品是完全不同的，并能以不同的方式工作，你可以根据自己的感觉和对产品的诠释来决定它是否足以吸引你购买。如果产品是你自己使用的，那么冒更大的风险会更容易、更安全。

不过，我当时正在筹备发明另一艘船。在罗托克的几年里，我曾在杰里米的研究中心勒格兰德班克度过了富有创意和非常愉快的几个月。这是一个偏远的普罗旺斯小村庄，在第一次世界大战期间被遗弃，杰里米在 20 世纪 60 年代初买下并在建筑协会学生的帮助下对它进行了修复。它位于吕贝隆山谷薰衣草田上方，远处是地中海，无论是过去还是现在，那儿的风景都很精致。它还是克劳德·贝里（Claude Berri）在20世纪80年代中期拍摄的《男人的野心》和《甘泉玛侬》的取景地，这两部电影都很好看。这里是适合思考的好地方。

关于新船，我的想法是，采用聚乙烯管打造船身（见图 3–4）。在安装海上卡车的总气管时我们在当地马路上见到过这样的船。聚乙烯管不易损坏，不像海上卡车的玻璃纤维船体那样，在热情高涨的买主以高速登陆岩石海岸时会有破损。而且，即使船上的管子损坏，也可以更换。我们将 8 个或 10 个管子绑在一起，就像挪威探险家托尔 · 海尔达尔（Thor Heyerdahl）的木筏康提基（Kon Tiki）一样。1947 年，海尔达尔驾驶着它从南美洲穿越太平洋到达波利尼西亚群岛，让所有人大吃一惊。不过，海尔达尔使用的是产于南美洲的巴尔沙原木，而我用的是热塑性塑料。这两种材料，一个是天然的，一个是人造的，共同点是都很轻很耐用。

管船比海上卡车便宜得多。我开始制作模型，并在下阿尔卑斯的一个水库里进行测试。遗憾的是，管船从未投入生产。1975 年，杰里米退出了这项业务，罗托克也开始对海上卡车项目失去兴趣，但至少管船设计的一个方面没有白费。为了封住聚乙烯管的末端，我在制作原型时使用了足球。实际生产时，这些足球将换成模制的球体。当我对暴躁无常的独轮车感到沮丧时，管船的管子末端的球体启发了我，于是球轮手推车诞生了。

我之前还没有想到球轮手推车这个名字，但当我坐在勒格兰德班克的一堵石墙上，俯瞰着普罗旺斯乡村诗情画意般的景色时，我感到不管我多么喜欢和尊敬杰里米，多么喜欢和他一起工作，我都有必要走自己的路。不出所料，杰里米慷慨地提出支持我的新事业。我多么希望我能早些开始这份事业。1974 年，带着两个年幼的孩子，背负着巨额透支和房产抵押贷款，我离开了令人兴奋的工作、公司的董事职位和薪水，进入了未知领域。

戴尔德丽和我在心里做了赌注。她的支持和指导对我一如既往地非常重要。她说我们可以拿我的创造力赌明天。我们做到了。不过对我来说，风险能治愈惰性，我当时就这么觉得。作为一名艺术家，戴尔德丽很欣赏一个“项目”或想法是关于什么的，它是你陷入其中、投入精力去做的理由。你必须去做，去相信它，相信一个成功的结果。我很幸运，戴尔德丽理解并允许我踏入未知的领域，一个充满债务、风险和潜在贫困的世界。用现在的眼光看，假如没有风险投资的话，人们肯定没有自己创业的动力。那是硅谷创业潮之前的很多年。事实上，情况恰恰相反，当时的投资者从资本利息中赚了大钱，但不愿意在制造业中冒险。

尽管如此，我还是打算成为一个制造商。我也将成为另外一种人，我相信这是成功发明的关键——我要成为一名企业家。

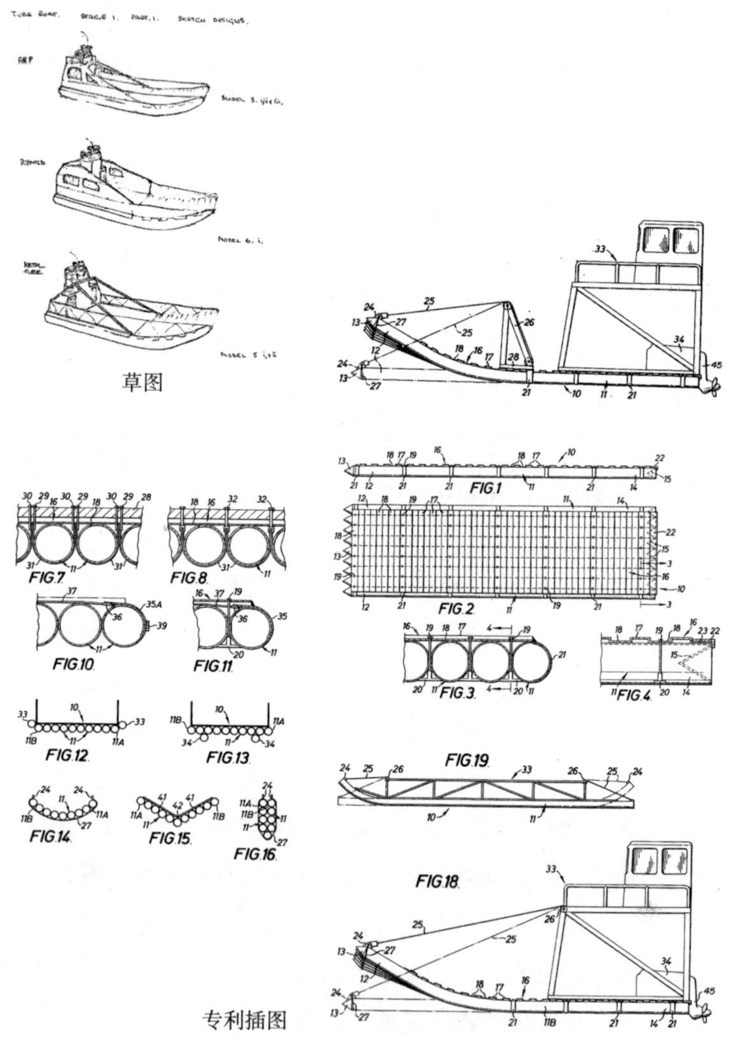

草图

专利插图

图 3–4　管船

INVENTION

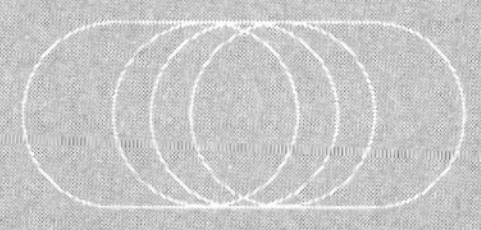

第 4 章

球轮手推车

FAR FROM
BEING PIRATES,
ENTREPRENEURS COULD
BE CREATORS AND
MAKERS OF BETTER
PRODUCTS, HOWEVER
ODD OR OUTRÉ.

企业家绝不是盗窃者，
他们可以成为
更好产品的
创作者和制造者，
不管这些产品
多么古怪或离奇。

我在 1974 年选择独自创业是不是有些不够理智？与杰里米共事是一段令人振奋的经历。我们一起经历了很多次冒险，以至于我完全没注意到罗托克之外的现实世界。又或许是因为我太年轻了，没有意识到英国那时充满政治冲突，社会动荡，经济也不稳定，形势不太乐观。

1970 年，披头士乐队分崩离析，吉米·亨德里克斯（Jimi Hendrix）在夏天的怀特岛流行音乐节后去世。那场音乐节有 50 万年轻人参加。事后看来，从这些事情开始，有些东西在无形中开始走下坡路了。世界仿佛从一个漫长而富有创意的“爱的夏天”，就像我在皇家艺术学院度过的那种温暖岁月，突然步入冬天。冷战和越南战争还在继续，北爱尔兰的麻烦越来越大。爱尔兰共和军在议会大厦、伦敦塔、M62 号公路上的一辆客车中、伯明翰的一家酒吧，以及肯辛顿大街上的 Biba 时装店都安装了炸弹。英国无政府主义组织愤怒旅团（Angry Brigade）炸毁了邮政大楼——就像 Biba 时装店一样，邮政大楼也曾是 20 世纪 60 年代文明进步的象征。

伴随着这些暴力事件，英国各大工会的罢工呼声越来越高。1972 年 2 月矿工罢工时，保守党首相爱德华·希斯（Edward Heath）宣布英国进入紧急状态。第二年的晚些时候，一项禁止矿工加班的禁令促使希斯在英国实行“每周三天”工作制。这意味着从 1974 年元旦开始严格限制用电，戴尔德丽和我因此学会了用油灯煎咸肉和鸡蛋。但英国经济进一步下滑。人们家里的电视只有 3 个频道，晚上 10 点 30 分以后就没什么可看的了。这些奇怪又黑暗的日子与“石油危机”重叠了，石油输出国组织（OPEC）成员国决定限制向第四次中东战争期间支持以色列的国家供应石油，之后英国高速公路不得不执行严格的汽油配给制度，并限速 80 千米/小时。

失业人口已经突破 100 万，创下了 20 世纪 30 年代以来的最高水平。1974 年 1 月，英国正式陷入第二次世界大战结束以来的首次经济衰退。除此之外，在那些充满不确定性的岁月里，英国人的生活中也出现了一些重大变化：货币体系改为了十进制换算体系；经过多年的努力，最终下议院以 356 票对 224 票的投票结果决议通过，英国得以加入欧洲经济共同体；1974 年 3 月举行的一次大选中，参会者围绕着政府与工会“谁统治英国”的问题进行了激烈博弈，最终导致了自 1929 年以来首次出现无党派议会。

哈罗德·威尔逊（Harold Wilson）在少数党工党政府的支持下重新掌权。那时，其他汽车公司已经从英国制造业中消失了，英国利兰公司一家独大的时代来临。利兰公司是一家大型汽车公司，以管理层反对工会和生产质量糟糕的汽车而闻名。一方面，这个时代有德里克·罗宾逊（Derek Robinson），他是一个工会召集人，被媒体称为“红色罗布”（Red Robbo），曾领导利兰公司伯明翰工厂举行了 523 次罢工。工人们在工厂里摆好床铺，以便在轮班时睡觉。另一方面，工厂的管理者均由总部空降而来，没有一位是汽车工人出身。

这些管理者没有一个知道怎样制造一辆好车。他们对设计毫无兴趣，对汽车毫无热情。工程师们如果设计出一款前景可观的汽车并设法投入生产，工会和管理层之间因此而产生的僵持会让生产质量极为糟糕。我更多地责怪管理层而不是工会，因为如果他们制造出的汽车大获成功，公众就会认同英国利兰这个品牌。这家公司本可以财运亨通，并与工会好好打交道的。

但事实恰好相反，利兰公司失去了公众支持，资金链断裂，宣布破产，后被国有化。公司需依靠国家救济才能够存活，使得它与工会打交道变得更加困难，因为工作变成了工人们的义务，而不能因此赚钱。有一点似乎很清楚，即不管是在威斯敏斯特的英国议会、白厅的英国政府还是大公司的董事会，英国的管理者们都不喜欢工业，也不喜欢通过制造东西来赚钱。

与此同时，通货膨胀率在 1974 年上升到 16%，次年达到 24% 的峰值。利率也达到了 24% 的峰值，这使得偿还贷款利息变得更加困难。这并不是适合贷款或在制造业创业的时期。在这段艰难的岁月里，小企业得不到任何帮助，什么都没有。甚至都没有人想到制造业，也没有人看到它的必要性。

如果没有企业家精神，发明家可能无法将先进的或革命性的产品推向市场，或者他们无法自己控制这一过程。如果不能成为一名企业家，发明家就必须将技术授权给其他公司，任由其他公司摆布。这些公司往往无法确定自己能否长期坚持一个特定的新想法，或保持面向未来的思考方式。有时，公司董事或副总裁出现人事变动，就可能会阻碍新产品的发布，这听起来可能是小事，但可能会毁掉企业。有时，公司只是改变主意，放弃了这个想法。有时，获得授权的公司被接管，这个投资项目就被放弃了。我经历过所有这些糟糕的事情。

对于我们这些有艺术学校背景的人来说，如果我们完全理解“企业家”这个词的话，那么它可以被描述成这么一个概念：他们中的有些人被认为是狡猾的骗子，有些人是房地产开发商，还有些人则是爱冒险的花花公子。在我们的刻板印象里，他们的所作所为都是为了谋取最大的利益。在我们天真而不准确的认知中，我们认为“企业家”（entrepreneur）是剥削他人的人。然而这个单词真正的法语含义是“建筑者”和“建筑师”的结合体，我比较喜欢这个表述。

不过，这是一个大企业时代，不管是私营企业还是国有企业，据我所知很少有人着手制造新的、有趣的东西。杰里米告诉我，**如果你对新产品有好的想法，你就要设计、制造、营销和售卖它，这样你就能成为一个企业家**。杰里米说，**企业家绝不是盗窃者，他们可以成为更好产品的创作者和制造者，不管这些产品多么古怪或离奇**。

20 世纪 70 年代中期，经济确实很不景气，但杰里米给了我信心，让我放弃了他这艘快乐的小船，像企业家那样扬帆远航驶向未知的水域。而且，尽管 20 世纪 70 年代普遍处于厄运和阴霾之中，你还是有很多理由保持乐观，特别是如果你正沉浸于创新和工程领域，并为之兴奋的话。

毕竟，那时有波音公司的大型喷气式飞机、协和式飞机、美国宇航局的太空计划、英国铁路公司的高速列车（HST）、第一批可编程微处理器、柯达公司的数码相机（当时还没有使用）和第一封电子邮件。当时，英国对发明的需求很迫切。在那几年，日本制造商开始向英国出口汽车，公众欣然接受。我在罗托克公司的时候，英国确实推出了一些真正成功的汽车，比如路虎揽胜，但是 Morris Marina 和奥斯汀快板（Austin Allegro）这些车型，与新本田思域、雷诺 5 或大众高尔夫相比，显得非常尴尬。

讲到汽车并不是说当时我只关注像汽车设计和制造这样大胆的事情。我有一个更朴素、更务实的想法：做一种用于花园和建筑工地的改进版独轮车。

戴尔德丽和我在格洛斯特郡的巴德明顿庄园附近买了一座旧农舍。房子需要装修，我们需要建一个花园。我的周末集中在筑墙和搬运东西上。使用运土手推车的经历使我格外愤怒，因为在使用过程中它的局限性越来越明显：水泥从里面溢出，管状腿陷入地下，车子的平衡很难控制，锋利的边缘划坏了门框。我使用得越久，就越意识到它的局限性。在很长一段时间里，没有人真正想过这些问题，也没有人费心去解决。事实上，自从罗马人设计出手推车后，它就几乎没有变化过。现在的手推车仍然沿用了原始的样式，从把手到轮轴都使用直木轴，木轴上安装了木板来装东西。我想改变这一切，从零开始重新思考和设计独轮手推车。

我一开始用玻璃纤维做手推车箱体。使用这种材料能够做出我所设计的箱体形状，但它无法作为常规材料用于生产。不过，问题出在球轮上，一开始我也是用玻璃纤维做的，当时我不清楚能否做出或如何做塑料风动球轮。为了完成组装，我焊接了一个管状钢架，在家门口谷仓里的简陋车间里完成。我现在有了一个原型，可以在花园里试用。它似乎工作得很好：球轮没有陷入松软的地面，而自卸车形状的手推车箱体可以很好地盛放水泥，不会溢出。

下一项工作是研究如何制作可用于生产的手推车箱体和球轮。我去拜访了当时英国首屈一指的塑料公司英国帝国化学工业集团（简称 ICI）的实验室。看完后，我们决定用低密度聚乙烯制作手推车箱体，因为水泥不会粘在上面，而且这种材料易弯曲且坚韧，箱体会变得很难被打破。球轮则更难制作。ICI 有一种叫作 EVA（乙烯 – 醋酸乙烯酯）的材料，一种类似于汽车轮胎的人造橡胶。这种材料看起来很有希望成为制作球轮的原材料，尽管 ICI 对此很怀疑。我冒了很大的风险，决定使用 EVA 制造球轮。

ICI 的担心的确有道理，这种革新并不像我希望的那般容易。以前没有人试过用无内胎的 EVA 球轮代替橡胶轮胎。不过，如果我能让这种新球轮正常工作，它会比橡胶轮胎更容易制造，也能用点燃的蜡烛或打火机来修补穿孔。为了赋予它气动特性，我会给它安装了一个美式气门嘴。这种气门嘴又称施克拉德阀，1891 年由奥古斯特·舒瑞德（August Schrader）发明。安装效果就像汽车轮胎上那样。

下一个问题是如何将手推车箱体和球轮投入生产。塑料有各种原料形式：塑料板可以真空成型；塑料颗粒可以加热到熔点，然后注入模腔，这叫作注射模塑；或者将塑料粉末倒入热模中，直到其熔化并均匀地排列在模具上，这叫作旋转模塑或吹塑成型。但对我而言，我其实别无选择。塑料板无法形成我想要的形状。尽管注射模塑生产在大批量生产中能够达到很高的生产精度，但 10 万英镑的模具成本高得令人望而却步。这样就只剩下旋转模塑这一种选择了。它的模具成本低得多，但由于生产过程较慢，它的单位生产成本较高。

我参观了南威尔士一家专门从事旋转模塑的公司，他们能制作手推车箱体和球轮的模具。结果证明，在圆形模具中塑造成型球轮是最经济有效的方法。我委托该公司安装模塑车床时，其实仍不清楚我的球轮用起来是否会像充气轮胎一般。

车床安装完成后，我们做了一些模具试验。最后，我做出了一个聚氨酯箱体和一个 EVA 球轮。我在球轮上装了一个美式气门嘴，往里打气使球轮膨胀，然后把它装到手推车上。它似乎起作用了！还有许多细节，如球轮的轴承是一种注塑尼龙帽，它插入球轮中心插孔后在钢框架短轴上运行，不需要油或油脂润滑（见图 4–1）。至于钢管框架，我去了伯明翰，那里的公司生产钢管，可以为我制造框架。

我现在需要筹集一些资金来建立公司，把我的球轮手推车投入生产。我去找我的律师安德鲁·菲利普斯（Andrew Phillips），现在他已经是菲利普斯勋爵了。他非常热情，建议我去找我的姐夫斯图尔特·柯克伍德（Stuart Kirkwood），他也同样建议斯图尔特来找我。只要我做出抵押，斯图尔特就会为我的透支款项提供担保。戴尔德丽慷慨地允许我这样做。用抵押房子的贷款，用从劳埃德银行借来的钱，还有我无法想象的债务，我建立了第一家工厂。这家工厂位于我们格洛斯特郡农舍的一个推车谷仓和一排猪圈里。

我曾销售过海上卡车，但关于销售，我仍有很多东西要学。我们该怎么卖球轮手推车？该在哪里卖？该卖多少钱？这些问题都不像看上去那么明显。当时没有全国性的手工连锁店、超级棚屋或花园中心园艺商店。花园中心园艺商店和五金店都是独立经营的，所以一开始，我们不得不一个一个地拜访。一个商店每次只买一两辆球轮手推车，而我们一天只能拜访一两家商店。之后我们必须把商店购买的数量增加到 50 辆，以便让批发商愿意购买这些产品，然后将它们分销给我们在销售途中花费了大量时间的各级零售商。批发商从中拿到了一大笔钱。因为我们仅仅提供这一种产品，而不是一份产品清单，所以留给我们的钱并不多。这是一种无望的商业模式。当买家嘲笑我的设计时，我也觉得相当丢脸。

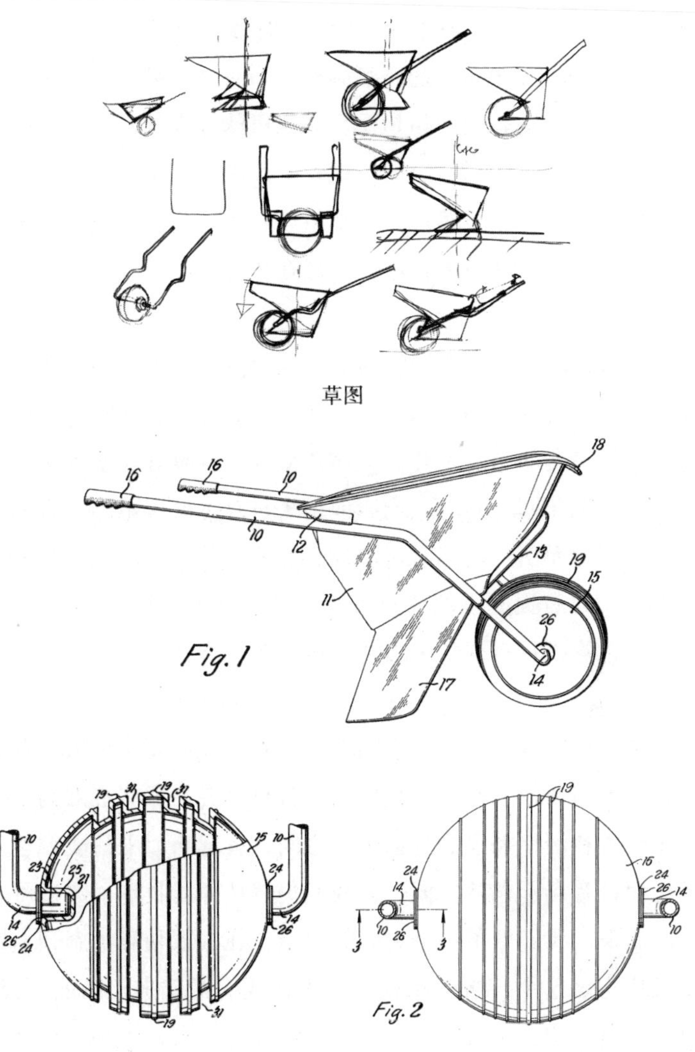

草图

专利插图

图 4-1　球轮手推车

然而，这款球轮手推车的的确确赢得了英国设计委员会（British Design Council）的风筝商标。当时，产品上附着风筝商标的三角形黑白徽章表明产品是受官方认可的好设计。即便如此，设计委员会还是给我发了一封信，说我的产品才刚刚够格获得这一标识。在信中，委员会显然很关心塑料球轮的颜色。红色塑料球轮对绿色的花园来说似乎不太合适，当然在玫瑰花园除外。

也许对于那些习惯于销售传统金属手推车的人来说，颜色鲜艳的球轮手推车确实显得太有趣了。不过，20 世纪 60 年代的色彩爆炸对新一代消费品的发展和普及非常重要。这款球轮手推车如此设计，是为了在花园中心园艺商店或销售目录页面展示的一系列老式手推车中脱颖而出。虽然时过境迁，但我还是喜欢增加色彩来突出技术特色，或者提醒人们注意戴森产品的开关和释放锁扣的位置，这样使得色彩既具有视觉吸引力，也具有功能性。

除了出售给各个花园中心园艺商店外，我们还在报纸上登了小广告，来推销球轮手推车。我们的广告总是夹在那些荒谬的个人医疗器械广告和治疗秃顶的药物广告之间，看起来似乎只能触达低端市场，而且有点不靠谱。但是，我们仍然从邮局收到了数目可观的支票。后来，我们做了一个大胆的决定，在报纸和彩色副刊上做一个整版广告。这个广告效果很好，也让我们看起来比以前更强大、更自信、更成功。

通过球轮手推车的销售实践，我们还学会通过杂志和报纸塑造自己的公众形象。我们没有钱做展示广告，但我想我们可以争取社论报道。口口相传和报刊社论仍然是告诉人们你做了什么的最好方式。当聪明的记者私下里还热衷于谈论你的产品时，这远比广告和恭维更可信。**如果你有新技术和新产品，记者的意见及评论远比广告重要和可信。**

一天，我们在布里斯托附近的多丁顿庄园拍了一张照片。多丁顿庄园是一栋 18 世纪晚期的房子，由詹姆斯·怀亚特（James Wyatt）设计，是为科德林顿家族建造的。科德林顿家族在 16 世纪时第一次来到这里，从那时起就拥有了这个庄园。一次偶然的机会，我和科德林顿家族共用了一位银行经理，通过他的安排，我们在多丁顿庄园拍摄了一系列球轮手推车特辑。戴尔德丽推着一辆球轮手推车在地上转来转去，准备拍照。我们永远也想不到，大约 25 年后，多丁顿庄园会成为我们的家。

卖海上卡车的经历教我明白了社论报道的价值。海上卡车曾经上过电视，所以我给 BBC 打了个电话，告诉它关于球轮手推车的消息，使这项新发明在推出之前，适时地出现在了《明日世界》（*Tomorrow's World*）上。

《明日世界》是 BBC 的一档热门电视节目，关注科技新发展。从 1965 年开始，它已经持续播出了 38 年，固定观众高达 1 000 万人。节目的主要主持人是风度翩翩、口齿清晰的雷蒙德·巴克斯特（Raymond Baxter），他曾是英国皇家空军喷火式战斗机飞行员。不过，雷蒙德·巴克斯特和《明日世界》的制作团队不允许发明家或制造商靠近摄像机，因为这档节目的焦点实际上更多的是主持人，而不是所展示的内容。

球轮手推车可能不是最高精尖的科技新装备，但公平地说，BBC 确实帮助我们吸引了全国的关注。随着销量的上升，我们在手推车上添加了一个草箱延展配件。这是一个大型的一体式模塑件，安装在球轮手推车箱体的顶部，并将侧面向上延伸 30 厘米（见图 4–2）。这使手推车增加了承载轻型负荷的能力，如剪草或树叶。它很受欢迎，增加了球轮手推车的销售量。这是关于配件的有用一课。

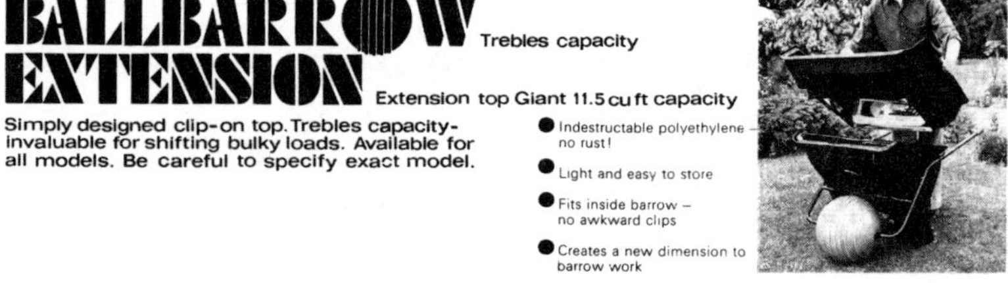

图 4–2 球轮手推车平面广告

在以我们自己的方式取得成功，特别是当我们受到了广泛关注后，董事会一致决定我们应该搬出猪圈，租一个合适的工厂。我们也应该开始通过批发和零售商店进行销售，以接触更广泛的公众。这意味着要雇一名销售经理和一支销售队伍。我在威尔特郡科舍姆的一个工业区发现了一个新工厂。这些新增加的管理费用意味着，在英国利率升至 22% 之际，我们需要从银行贷款。

与此同时，我们也遇到了一系列塑料模具的问题，被迫自己做手推车箱体和球轮模塑。出于同样的原因，我们也开始在工厂制造金属框架，弯曲和焊接管状钢。我学会了如何用带电的环氧粉末喷涂球轮手推车的钢架，这种干涂层工艺是一个叫丹尼尔·古斯廷（Daniel Gustin）的人于第二次世界大战结束时在美国发明的。它不使用湿漆，但喷涂的过程存在一个问题，即过度喷涂。你肯定不希望工厂里到处都是干粉涂料，这太混乱和浪费了。我的解决办法是，用一个大电风扇把喷雾吸到一块约两米见方的棉布上。但风扇声很吵，当我们打开它时，它的声音听起来像协和式飞机起飞。它的效率也非常低，而且很麻烦，每隔一小时，棉布过滤器就会被堵塞。生产线不得不停下来，以便把布料取下来抖掉干粉涂料。在这个过程中，整个工厂就像是被黑火药覆盖了。

我四处打听，那些做得好的同行怎么处理这些问题？“用气旋分离器。”他们回答。气旋分离器通过离心力收集灰尘和颗粒，而不需要像我们的棉布那样的膜状过滤器。我在巴斯的一个叫希尔·利（Hill Leigh）的木材商那儿看到过气旋分离器的应用实例。他们所有的机器都由抽气管道通向气旋分离器。气旋分离器一整天都在收集灰尘，没有一点漏出来，最关键的是，它从不堵塞。晚上我拿着手电筒和笔记本去看这个东西是怎么工作的，然后画出来。我无法进行实际测量，因为它太大了，但我能够勾勒出建造的重要细节，并估计大小和比例。

我发现气旋分离器的离心除尘原理非常迷人。利用巧妙的定向气流，通过离心力将灰尘颗粒旋转出来的想法似乎很神奇，尽管这项技术本身并不新鲜。事实上，气旋分离器最早是由一位名叫约翰·M. 芬奇（John M. Finch）的人在 1885 年为密歇根州杰克逊市的尼克博克公司而申请的专利，该公司的其中一项业务是生产木制橱柜。它给了我灵感，让我产生了设计一种具有革命性的吸尘器的想法。不过首先，我需要制造和销售球轮手推车。

为了降低生产成本，我们开始自己动手做每件事。我从小就手工制作东西，所以至少对我来说，制作东西、思考如何制作东西以及如何把它们做得更好，都是一种享受。所以很自然地，我们制造了自己的气旋分离器。如果要从别人那里购买，一个现成的模型要花费高达 75 000 英镑，这个价格在当时可以买 25 台新型 12 缸 E 型捷豹汽车。

正是通过修理和维护二手车的运转，以及通过自己制造东西，我学到了很多工程学知识。在 20 世纪 50 年代和 60 年代，了解汽车的工作原理以及如何让它在路上行驶对收入捉襟见肘的人来说尤为重要。那时你根本不敢开一辆普通的汽车走很远，即使是一辆新车，因为它们总是出故障。你需要一个汽车协会（AA①）职员随时待命。

作为学生，我当时没钱去修车厂，就得自己修理汽车。在皇家艺术学院求学期间，我拥有一辆 20 世纪 50 年代早期出产的奥斯汀·希利 100/4。它的工程设计令人惊骇。它采用了赛车风格，所

① 英国一个为车主提供服务的组织，简称 AA。——译者注

以车轮安装在锥形传动轴上，只有一个大的翼形螺母来支撑车轮。车轮经常变松，我用烟盒里的箔纸垫进去，效果不错。这辆车有一台四缸发动机，却只有 3 个曲轴轴承，曲轴的弹性令人担忧。一天深夜，我开车去诺福克，路过赫特福德郡的罗伊斯顿附近时，曲轴突然从发动机外壳飞了出去。我从一辆撞坏的希利车上取材，重制了一台引擎。修理过程中，我还顺手重制了汽车变速箱，也安装了一个新的散热器和燃油泵，所有这些工作都是在没有豪华液压坡道的前提下完成的。

虽然故障和临时维修可能会令人沮丧，特别是在路边处理时更甚，但这让我学会了很多关于部件的工程、强度和适用性的知识。修理希利这样的汽车是学习基础工程和装配知识的好机会。我过去常常在后备厢里放一个完整的工具箱和可能需要的备件，这些经常需要用到。车主们现在不需要做这些事情，除非他们是老式或经典汽车爱好者，维修汽车是出于兴趣或纯粹的实际需要。汽车频繁发生故障的时代已经过去，很少有人对此感到遗憾，但让汽车继续行驶曾经是机械电子工程专业的重要课程。

有了气旋分离器的样本实例，我和两个非常聪明的金属工人合作，花了几个周末的时间一起制造了这台 9 米高的钢制气旋分离器，从而复制了我在希尔·利那里所看到的东西。我们没有工程图纸可供参考，所以我自己画了一张，我们用这张图纸成功造出了气旋分离器。对我来说，这是另一个转折点，让我从坐在绘图板前拿着杯子的设计师变成制造商和企业家。这种转变的核心点是，**知道如何做事情和做决定，当然，还得知道怎么卖你设计和努力做出来**

的东西。

当我们的球轮手推车在园丁群体中火爆售卖的时候，我想也许可以把它提供给建筑商，以取代传统的手推车。球轮手推车最受欢迎的特色之一是它的模制自卸车形状、聚乙烯材质的手推车箱体，它可以将水输送到花园的不同位置。运输过程中水被留存在箱体里，不会洒出来。对于湿水泥也是如此，即使水泥长时间留在箱体中凝结为固体，它也不会粘在聚乙烯箱体上，只是要把整块水泥从手推车上倒掉。聚乙烯是不粘东西的，事实上没有任何黏合剂可以粘在聚乙烯上。

我们为建筑工人使用的球轮手推车准备了一个专用版本，即给手推车安装一个 350 毫米直径大小的球轮，而不是 250 毫米直径大小的。这种设计使得球轮手推车能更好地适应装载量较大和地面粗糙的情况。这个版本的手推车箱体更大，因为我们原以为建筑商乐意让手推车拥有更大的装载量。箱体位置与下方球轮的中心对齐，这意味着，当提起手推车手柄时，使用者手臂上感受到的实际负重很轻。

我们以为建筑工人会很感激这种设计，但我们都错了！建筑工人没有兴趣推更多的货物，所以更大尺寸的箱体不受欢迎。他们也不喜欢把手推车的大部分重量放在球轮上，而不是放在手推车的把手上，原因在于：当你把满载的手推车推到跳板上时，最好把大部分重量放在把手而不是球轮上，因为把重物推上坡比把重物抬上坡要困难得多。事实上，同样的逻辑也适用于将重物推过不平整的路面。最好把作用于球轮的负重减半，把剩下的重量放在手柄上。搬运是相对容易的，而推动比较困难。

经历了一些波折，我们针对建筑工人的需求，重新设计了手推车。我们把球轮放得更靠前，这样球轮和把手之间的负重就被平均分配了。我们在球轮上装了一个小一点的箱子，减轻他们的负担。我很感激建筑工人的批评，因为这个重新设计的版本是最好的球轮手推车。

出乎意料的是，英国航空航天公司找到了我们。这是一家小型导弹制造商，他们想要一艘带有球轮的导弹运输车，这样可以让车在松软的沙子上行驶时不会陷入其中。不过问题是，一些军用炮弹发生爆炸后，会散落一些相当锋利的针状碎屑，刺破球轮。英国航空航天公司想要具有防刺穿功能的球轮。

我开发了一个球轮原型，这个球轮没有充气膨胀，却表现得好像充气了一样，而且不受那些致命的针状碎屑影响。这个 EVA 球轮在其最大直径圆周上有一圈很深的凹槽，它提供了一个环状受力分布，阻止球轮变形，也给了它一定程度的弹性。最终，我们拥有了一款防刺穿的球轮，或者叫轮子。

在这个时候，我又有了一项发明，设计初衷是对球轮手推车类产品进行补充和优化。它就是沃特奥拉（Waterolla），一款花园压路机（见图 4–3）。它的特色是有一个装满水的塑料桶，而不是历史悠久、在我看来有些过时的那种装满混凝土的金属桶。事实证明，沃特奥拉的市场规模比我想象得小，这可能主要因为它的重量很轻，当它里面的水排干后，它就变得太便携了，很容易拿起来放在车后座。人们会把它借给其他人，所以销量很低。

图 4–3 沃特奥拉平面广告

1978 年，也就是我们的第三个孩子萨姆出生的那一年，我们开始销售球轮手拉车（Trolleyball），这是一种安装球轮的手拉拖车。由于装有充气球轮，它可以把船拖离水面。充气球轮在陆地上不会陷入沙子里，在水面上可以保持漂浮。而其他的手拉车则会沉入水中，因此你无法将船与手拉车对齐。我的手拉车能够浮在水面上，你就可以把它滑到船底下。船体被安全带紧紧固定在手拉车上，这样的话手拉车可以装载任何形状的船体。我与父亲在北诺福克曾经一起用手拉车拖动船，共同完成过这项艰巨的任务，这段回忆让我印象十分深刻。

球轮手拉车也是一种二次创新的发明，虽然它乍看起来那么不起眼，但有趣的是，这项特别的发明将在许多年后重新发挥作用。

这就是我创业的起步阶段，我从中学到了很多。这些有益的经验让我 15 年后在马姆斯伯里建立了更大规模的戴森公司。我还把直接从杰里米、间接从亚历克那里学到的想法付诸实践。他们曾说过，不要模仿对手，别担心市场调查。杰里米和亚历克或许都说过“追随你自己的那颗星星”，这正是成功企业家所做的。但问题是，我没有追随自己的星星，这也正是我的第一家公司柯克 – 戴森（Kirk-Dyson）未能取得成功的原因。

1974 年，当我想做球轮手推车的时候，我的姐夫非常慷慨地提供了部分资金，我相当愚蠢地把手推车的专利权转让给了公司，而不是留给我自己。我们借了 20 万英镑，但是是以 24% 的利率，这在现在看来也是非常惊人的。我们引进了新的投资者，借了很多钱，所以我在公司的股权份额就下降了。这项业务的年营业额达到 60 万英镑，占据了英国花园中心园艺商店里独轮车市场的一半以上，但即便如此，我们也没有从中赚到钱。

更糟糕的是，一位前雇员离职加入了一家美国公司，我们曾与他讨论过生产许可事宜。那家公司也推出了一款手推车与我们竞争，甚至用我们的手推车拍照，印在他们的宣传册上。与我的个人意愿相反，柯克 – 戴森公司选择启动昂贵的法律程序。这给公司带来了进一步的财务压力，因此需要获得更多的投资。在公司的发展方向上我们内部有不少分歧，但我现在真正想做的是制造我心目中的吸尘器，而不是像董事会热衷的那样，在芝加哥与抄袭者抗争。

1979 年 2 月，我的股东把我赶下了台，我感到无比惊讶。这件事并没有明显的起因，后来我发现另一个大股东的儿子接管了公司的经营。由于不重视自己的发明创作，我失去了做了 5 年的工作。我没能保护对我来说最有价值的东西。如果我能控制住局面，我就能做我想做的事，并且避免一大笔利息账单。我以这种无比苦涩的方式学到，我本应该自己持有球轮手推车专利并把它授权给公司使用的。结果，我失去了生产许可、专利和公司。更糟糕的是，因为菲利普斯是公司的律师，而他解雇了我，因此我现在也没有律师。我对失去职位的赔偿一无所知，我的股票也一文不值。

从这个意义上说，我的第一个商业产品、我的第一个个人作品——球轮手推车是一个失败的作品，但我从中吸取了宝贵的教训。一个是关于转让专利的教训，另一个则是不要有股东存在的教训。我明白了对公司拥有绝对控制权，以及不低估公司价值的重要性。我知道如何生产和销售，但不知道如何保护自己。因为传统的镀锡手推车没有设计投入，没有新增费用，制造费用低，所以要与它竞争，我们不得不给产品定一个极低的价格。回想起来，我们的产品销售想法本身就是一个错误，所有产品都是向个人零售店销售，分销效率低下；而出口球轮手推车的成本又高得让人望而却步。我们的产品很好，但商业计划很糟糕。

不过从现在起，我决心不放弃自己的发明、专利和公司。如今，戴森是一家全球性公司，拥有它对我来说真的很重要。它仍然是一家私人公司。没有股东的阻挠，我们可以自由地做出长期和激进的决定。我没有兴趣让戴森上市，因为我知道公司目前这种自由创新的运行模式会因上市而终结。**我想思考未来，继续推进发明、工程、设计、技术和产品，这意味着我将驶入那些艰难而又十分诱人的未知水域。**

还有另外一个原因。在柯克–戴森公司工作的日子里，因为有其他股东存在，我不得不考虑他们的观点和他们想要做的事情。这合乎常理，因为这家公司也属于他们，而不是只属于我。这导致许多决定是他们做出的，而不是我。当你拥有整个公司，特别是如果你没有债务的话，从一开始，无论好坏，所有的决定都由你自己独立做出，所以你会非常认真地对待这些决定，以你自己对于风险的看法进行评估，并希望有所回报。这无疑使人头脑敏锐。我从这件事中学到的教训深植我心，不可动摇。不过，今天我们拥有一批杰出的管理者和一个由最优秀的专业人士组成的董事会，我们共同做出决策。

在这段关于球轮手推车的经历结束时，我又一次身无分文，没有工作，没有收入。我有 3 个可爱的孩子，有一大笔房贷要付，在过去 5 年的辛劳中什么也没有得到。我也失去了我的发明。这是一个非常低落的时刻，我和戴尔德丽对此深感忧虑和不安。我的信心受到了很大的打击，需要几年才能恢复。我的教母对我深表同情，然而正如她所说的那样，球轮手推车的阴影中还隐藏着一线希望。一个革命性吸尘器的想法已经成熟了。我从过去的错误和失败中吸取了教训，我要自己出击了，这是一个真正的转折点。

INVENTION

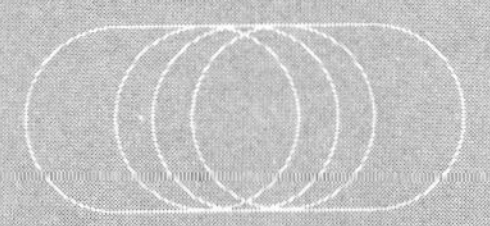

第5章

马 库

WE DO, OR CERTAINLY SHOULD, LEARN FROM OUR MISTAKES AND WE SHOULD BE FREE TO MAKE THEM.

我们确实应该从错误中吸取教训，但我们也应该自由地犯错误。

1979 年 2 月，我可以自由地走自己的路了。从某种意义上说，这真是一场灾难，因为我没有工作，没有收入，还有一大笔抵押贷款要支付。我们的财务状况很糟糕。在这一时期，戴尔德丽和我搬到了巴斯福德一栋 19 世纪初建造的半成品房子里，在巴斯以东 4.8 千米的位置。那时，我们已有 3 个孩子，最小的萨姆仅 6 个月大。事实上，在接下来的 5 年里，我不但没有实际收入，透支还不断在增加。直到将吸尘器的经营授权卖给总部在密歇根州的美国安利公司，我才有了收入。

1979 年，英国经济并不乐观。这一年始于极度寒冷的“不满之冬”，当时英国 1 月和 2 月的平均气温都在零度以下，卡车司机、救护车司机、铁路工人、垃圾收集员甚至掘墓人都举行了罢工。在爱尔兰共和军爆炸行动的背景下，有人认为这是又一次经济衰退。詹姆斯·卡拉汉（James Callaghan）的工党政府似乎失去了控制。那年春天，保守党以多数票当选执政党，令人敬畏的撒切尔夫人就任首相。

尽管钱对我们来说一直是个烦恼，但很奇怪，生活似乎并没有想象的那么艰难。戴尔德丽和我有一所漂亮的房子，虽然它还需要多加修缮。我们也有 3 个可爱的孩子，最大的 9 岁，最小的不到 1 岁，家里还有猎犬。我们自己种蔬菜，也有一个大花园，孩子们很喜欢它，经常在里面玩耍。戴尔德丽忙于做衣服，上美术课，卖画。我们没法享受迷人的假期，但在许多方面，这段时光犹如一首田园诗。我们获得了巨大的能量，我知道我想做什么，并且正在为之努力。

我想做的就是气旋吸尘器。自从为球轮手推车工厂焊接巨型金属气旋分离器后，这个想法就一直萦绕在我的脑海里。现在我越来越意识到它的价值。吸尘器领域多年来一直没有创新，所以市场应该已经成熟，可以推出新产品了。而且，因为房子一年四季都需要打扫，所以吸尘器不像我的球轮手推车那样是季节性产品。它也不受经济衰退的影响，因为每个家庭都需要一台吸尘器。关于吸尘器的想法似乎恰到好处。不管怎样，我小时候就用过一台吸尘器，经验告诉我，吸尘器需要革新。

在接下来的 15 年里，我一直负债累累。对于有创业精神的年轻发明者来说，这听起来可能让人不太振奋，**但如果你相信自己能够取得一些成就——无论是作为一名长跑运动员，还是一种全新吸尘器的制造商，那么你就必须将你 100% 的创造力投入这个项目。你必须相信你最终会到达终点。你需要决心、耐心和毅力。**

虽然我曾经想过有一天我会开一家生产和销售吸尘器的公司，但如果要花 15 年的时间才能盈利的话，那也值得去做，那就做吧。

事实上，在我为球轮手推车工厂制造气旋分离器后不久，还在制造球轮手推车时，我买了一台新的吸尘器。我们家原本有一台经过翻新的胡佛初级吸尘器，它是由美国著名工业设计师亨利·德雷夫斯（Henry Dreyfuss）设计的经典直立式吸尘器，在伦敦郊区佩里韦尔西部大道的胡佛艺术装饰工厂制造。但我认为我们应该买一台更现代化的吸尘器。胡佛公司有一个看起来像飞碟的新型吸尘器，据说它是当时世界上功能最强大的吸尘器。

在一个星期六，当我开始用新款胡佛吸尘器除尘时，它发出了刺耳的响声，但似乎没有什么吸力。我知道吸尘器的袋子肯定满了，但因为家里没有备用的，我就把旧的拿出来，打开袋子的末端，把里面的东西倒进垃圾桶，用透明胶带把空袋子的末端封好，再放回到“飞碟”吸尘器里。然而吸尘器还是没有吸力，我不得不开车出去买了些新尘袋。装上新尘袋后，吸尘器的吸力恢复了。我想弄明白新尘袋和旧尘袋的区别，而当我再次打开旧的空尘袋时，里面掉出了一枚硬币。

我之前没有意识到，吸尘器中的尘袋不仅仅是灰尘的存放处。作为工程师，我本应该想到这一点。尘袋还起着过滤器的作用，将灰尘截留在袋子里，而让空气通过袋子的排气孔排出。“尘袋已满”的指示器根本不代表尘袋已满，它实际上代表了“尘袋堵塞”。当尘袋排气孔堵塞时，指示器把这时袋内的压力记录下来，并提示尘袋已满，而实际上仅仅是尘袋排气孔堵塞了。袋子里只有少量灰尘时，这种情况就会发生。非常重要的一点是：因为气流必须穿过尘袋，所以从灰尘第一次进入尘袋的那一刻起，排气孔堵塞问题就开始了，能够穿过的气流量越来越少，吸尘器的吸力和清洁能力也会急剧下降。作为一名工程师，我觉得这很有趣。但作为一个消费者，我感到自己受骗了，甚至很愤怒。这种愤怒持续了好几个月。

我记得在球轮手推车工厂里，用棉布作为过滤层来过滤粉末时也存在同样的堵塞情况，那时我们制造出巨大的气旋分离器来解决这个问题。如果我能开发一个小得多的气旋分离器，是否能够解决吸尘器中的尘袋堵塞的问题呢？我曾试图让球轮手推车公司中的其他董事和股东们对气旋式无袋吸尘器的概念感兴趣，因为它能确保不堵塞，以及保持吸力。然而我的运气不太好。他们说："如果这是个好主意的话，胡佛公司或伊莱克斯公司早就进行研发了。哦，顺便说一句，你被解雇了。"由于球轮手推车公司为了维持经营，对外筹集了资金并发行了股票，所以我在公司的股份减少了，失去了话语权。

回到 1979 年，在我自己的家里，我急切地想试试气旋分离器微缩化后的效果。我很快用纸板做了一个气旋分离器，形状和我们在球轮手推车工厂用金属板做的相似，但只有 30 厘米，而不是 10 米高，用胶带固定。我把挂在直立式吸尘器手柄上的布袋换成了这个简单的气旋分离器，推着吸尘器在房子里走了好几圈。这个装置似乎起作用了，它通过气旋收集灰尘、毛团和我们猎犬的毛发。当时我还不知道它的工程学原理是什么。

我去见杰里米，向他展示我的想法。他非常热心地支持我，我们为吸尘器的发展做了商业计划和预算。杰里米会拿出 25 000 英镑，持有49%的股权，把剩余的51%股权留给我，并让我筹集自己那部分资金。如果可以，我就能控制自己的公司。杰里米说他没兴趣把我赶出去。他还说，因为我们是工程师和设计师，我们不应该自己开发这个吸尘器项目，而应该把想法推销出去让别人去制造。为了筹集我那51%股权所需的26 000英镑，戴尔德丽和我把我们珍贵的菜园作为建筑用地卖了，并从奇平索德伯里的劳埃德银行经理那里借到了其余的钱。这个银行经理就是安排我们在多丁顿庄园拍摄球轮手推车照片的那位经理。

幸运的是，我家里有一座18世纪的老式马库，可以作为制造作坊。我来解释一下它的构造，马库的一半用来放置两辆马车，另一半用来放马，上面有一个干草阁楼。一开始它又臭又破，但自从我造了一个装有老虎钳的木凳开始，它很快就像模像样了。我买了一套老式金属板辊，这样我就可以在焊接或铆接之前用黄铜辊出气旋分离器的原型机。我可以每天制造一个气旋分离器，当然不总是制作全新的，有时只是对原有气旋分离器进行改进。

我学到的一个非常重要的原则就是，一次只改变一件事，看看会带来什么不同。人们认为，重大突破是灵光乍现而来，或是由洗澡时的“尤里卡”时刻带来的。我希望我也能这样，但尤里卡时刻非常罕见。更常见的情况是，你从测试一个特定的设置开始，一次做一个改变，慢慢了解什么是有效的、什么是无效的。通过经验积累，你终将实现突破，而且是以一种意想不到的方式。你的确需要有聪明的想法，或者不断尝试一些让人意想不到的做法，但试图以脑中空想而不是实践测试为依据来匆忙行事的话，往往很难实现突破。

伊桑巴德·金德姆·布鲁内尔（Isambard Kingdom Brunel）是我心目中的伟大英雄，被称为现代研发之父。他在潜心研发船舶螺旋桨时，就一次只做一个改变。幸运的是，他的工作簿保存在了布里斯托大学。尽管研发十分艰难，但这段旅程令人兴奋。在接下来的5年里，我经历了很多挫折，一路上有很多起伏、波折和失败，但这是我作为一个朝圣者无畏向前的历程。

我的第一个实验，也就是将我家的胡佛初级吸尘器与自制纸板气旋分离器配对，显示我做的简易气旋分离吸尘器确实收集到了一些灰尘。接下来，我将正式开始开发气旋分离器技术的工作。一旦完成了吸尘器的核心部分，我就可以开发吸尘器的其余部分了。

当我开始制作气旋分离吸尘器原型机时，我发现有两个明显难以解决的问题。第一，目前的技术状况是明确的，并得到了文献的证实：气旋分离吸尘器只能吸取20微米直径大小的灰尘颗粒，而家庭常见灰尘非常细微，直径通常是0.5微米或更小，大小类似于香烟烟雾。第二，传统形状的气旋分离器不会吸取或分离地毯绒毛及人的头发，只会将它们混杂在废气中，从排气口喷出。

在这个阶段，任何一个观察我工作的人都可能想知道，为什么伊莱克斯公司和胡佛公司没有生产和销售我做的这种吸尘器。如果他们利用所拥有的资源，肯定能轻而易举地超过我的研发进度，继续在吸尘器市场上保持垄断地位。因为在某种程度上，我所拥有的资源只是一个人、一条狗，以及乡村的马库作坊。

不过，至少有 3 个很好的理由说明它们根本没有想过研发气旋分离吸尘器。首先，一个不言而喻的事实就是，吸力不减弱的吸尘器当时还没有发明。其次，尘袋更换业务利润丰厚。最后，令我相当惊讶的是，老牌电器公司似乎对新技术非常不感兴趣。没有外界的挑战，它们可以躺在功劳簿上睡大觉，至少当时是这样的。

我把自己埋进开发设计吸尘器原型机的世界里。这是戴森品牌故事的一部分，我做了 5 127 个原型机，最终找到一个可用于生产授权的模型。这个数字是真实且确切的。不停地测试并做出一个又一个改变极其费时，不过这是必要的，因为我需要跟进并证明或反驳我的每一个理论。不管多么令人沮丧，我都拒绝被失败打倒。我抛弃的那 5 126 个原型机，也就是那 5 126 个所谓的失败，都是发现和改进过程的一部分。因为它们，我在第 5 127 次设计中得到正确的结果。正如我在球轮手推车公司的经历中学到的那样，失败是非常重要的。我觉得有必要重申，**我们确实应该从错误中吸取教训，我们也应该自由地犯错**。

当然，如果你像我一样幸运，有人愿意像戴尔德丽那样五年如一日地支持你，你也不太可能放弃。这是我们全家人的事业。孩子们经常到马库和我一起工作。此外，我们还设计制造了滑板坡道、真空成型机和台灯。制造东西是我们生活中非常愉快的一部分，也是不得已的选择，因为很多东西我们买不起。杰克做了一个雪橇，他可以坐在里面操纵前面的滑雪板调转方向。萨姆做了一个熨衣板，折叠起来非常容易，而且不需要烦人的拉钩。这个熨衣板中还使用了用来支撑汽车后备厢盖的气压柱。埃米莉为我在花园里建的游泳池做了一块弹簧跳板。

原型机的研发过程要求苛刻，但十分有趣，让人乐在其中。我研制了数以千计的原型机，学到了很多关于气旋分离技术的知识。然而，我和杰里米一样，对专家的意见持谨慎态度。在研制双气旋吸尘器时，我前往索尔兹伯里附近臭名昭著的生化武器实验室波顿唐（Porton Down）政府研究站，拜访了一位名叫 R. G. 多尔曼（R. G. Dorman）的科学家。多尔曼写了一本书——《灰尘控制和空气净化》(*Dust Control and Air Cleaning*)，在 1974 年由罗伯特·马克斯韦尔（Robert Maxwell）的培格曼出版公司出版。他被认为是气旋分离萃取领域的权威专家。他人很好，告诉我现有工艺可以将气旋分离器可分离的灰尘最小直径降至 20 微米。但我知道，对于家用吸尘器来说，这个数字要达到 0.3 微米。

当然，这被认为是不可能的，所以我打算自己动手去实现它。我需要这样做，同时也想证明权威专家是错的。我在格瑞萨姆学校的数学老师兼舍监保罗·科洛比（Paul Colombe）帮助我推导气旋分离的数学原理。他也是我教母的丈夫。他们原本要去德文郡，中途停留了一下。在多尔曼的书中，有 5 种不同的数学计算方法来确定不同尺寸的气旋分离器在不同气流和颗粒大小下的效率。保罗让我做数学运算，而当我研究数学方程时，果不其然，我发现每个科学家都有不同的定理和不同的答案！这些对我没有什么帮助，我也没找到什么捷径，不得不通过实证测试来自己寻找答案，同时要把工艺水平提高到新的高度。最后，在测试了 5 127 个原型机之后，我们做到了专家认为不可能的事情。

专家们往往认为他们掌握了所有答案，而且基于这点，他们会扼杀新想法。但是，如果你试图开拓新天地，你就会对沉浸在工程惯例或知识的泥潭中停滞不前毫无兴趣。正如出生于波兰的英国数学家和历史学家雅各布·布罗诺夫斯基（Jacob Bronowksi）在 1973 年 BBC 电视系列节目《人类的攀升》（*The Ascent of Man*）中所说："科学是一种非常人性化的知识形式。我们总是站在已知的边缘，朝着希望的方向前进。科学中的每一个判断都站在错误的边缘，是针对个人的。科学是对我们所能知道的东西的颂扬，尽管我们容易犯错。"

这就是为什么我长期以来一直非常钦佩像亚历克这样的工程师，还有雪铁龙的安德烈·莱夫布雷，他给我们带来了雪铁龙开路先锋、2CV、DS 和 HY 瓦楞板式货车等先进的工程设计，深受公众欢迎。他们质疑正统观念，用实验去验证自己的想法，精心计算需要承担的风险，站在错误的边缘，把事情做好。即使走上了高峰，他们也依旧会继续提问题。

雪铁龙公司副总裁皮埃尔·朱尔斯·布朗格是一位杰出的工程师，他为安德烈·莱夫布雷团队设计的雪铁龙 2CV 撰写了简介：它就像一辆机动马车，可以载着农民与他的妻子沿着车辙印和泥泞的小路去市场，汽车穿过犁过的田地，车上放着一筐筐鸡蛋，鸡蛋一个也不会摔坏。设计师们在每个轻型车轮上安装一个很长的悬架臂，这样车轮就可以在又长又软的路面上行驶，因此解决了在泥地行驶的问题。与强劲的性能比起来，外观似乎并不重要，但事实上雪铁龙的造型师弗拉米尼奥·贝托尼在转向工业设计之前是一位雕塑家，他确保了这款车拥有非常独特和可爱的外观。而在 2CV 漫长的生产寿命中，其外观线条也越来越柔和。所有这些设计都需要真正独到的思考。2CV 已经生产了 42 年，和亚历克的 Mini 一样，它从未失去过吸引力。这些工程师自由独立地思考，并且有能力将激进的设计生产出来，即使被载入史册不是他们的本意，但他们必将被历史铭记。

在拜访波顿唐政府研究站的 R. G. 多尔曼的同一时间段，我读了 1978 年出版的一本书《祖鲁法则》(*The Zulu Principle*)，作者是吉姆·斯莱特 (Jim Slater)。吉姆·斯莱特是一位英国会计师和投资者，他在金融投资的浪潮中取得了许多巨大的成功，当然也经历了许多起起伏伏。他在书中写道，他投资成功的方法是成为“被明确界定的狭窄领域的知识”的权威。遵循祖鲁法则，可以很快成为这样的权威。吉姆·斯莱特的儿子马克帮助父亲研究祖鲁法则。我认识马克，钦佩他所建立的投资事业，并于 2014 年邀请他加入戴森控股公司 Weybourne 的董事会。

当吉姆·斯莱特的妻子在《读者文摘》(*Reader's Digest*) 上读到一篇关于祖鲁人的文章后，对祖鲁人的了解远远超过了他，吉姆·斯莱特对此很感兴趣。他估计，如果她读了所有她能找到的关于祖鲁人的书，并迅速前往南非会见祖鲁人，她很快就会被认为是该领域的权威人物。我想我在气旋分离技术领域就是这么做的。在 4 年的时间里，我建造和测试的气旋分离器可能比大多数气旋分离技术专家都多。我的目标是增强气旋分离器捕集更小颗粒的能力。在对 5 000 多台气旋分离器样机进行测试的过程中，我确定了锥形截面的正确角度、气旋分离器的最佳直径、进出口的最佳直径、理想的入口管道形状和气旋分离器出口的最佳长度。

到1982年年底，对于吸尘器的关键部分——气旋分离器，我已经做出一个可以正常工作的原型。这时我把思路转向了整个吸尘器的研发。当时有直立式和筒式两种吸尘器。直立式吸尘器的吸尘头上有一个旋转刷头，你可以推着它走，但它除了地毯外没有办法清洁任何东西，也无法清洁墙边的踢脚线，吸力也不够大。而使用筒式吸尘器时，你可以手持杆子和软管来清洁地板。每次换上新尘袋后，它的吸力会很强，但它通常只是一个被动的地板除尘工具，对地毯除尘的效果不太好，而对地板以上的空间清洁效果很好。

我决定把一个筒式吸尘器的马达接到带有旋转刷头的直立式吸尘器上，来提高吸力。为了便于清洁地板边缘和地板上方的墙体，这款吸尘器配备一根固定连接的拉伸软管，就像筒式吸尘器那样。这样一来，与任意一款吸尘器相比，我的吸尘器都不落下风。这款吸尘器的手柄可以从机身上拆下来，伸缩软管伸出的最大长度超过4米，机身带有自动转换阀，可以将吸尘器头的吸力转移到软管上，反之亦然。用一句西方的俗语来说就是，万事俱备，速战速决吧！

我在设计和制造出吸尘器之后，开始为吸尘器新功能以及气旋分离器的发明申请专利，这是最重要的。虽然专利权法案在亨利四世统治时期就出台执行，但从那以后几乎没有变化，它最令人不满意的一点就是对发明者保护不足。尽管如此，申请专利是我后续工作的先决条件。下一步，我就要尝试在英国、欧洲其他国家和美国所有主要的吸尘器制造商中寻找代理生产商，授权它们按设计方案生产气旋吸尘器了。胡佛公司要我在一张纸上签字，说任何和他们讨论过的东西都是他们的。我没有签字，于是我和胡佛的合作终止结束。不过，在 1995 年，胡佛派他们的欧洲副总裁迈克·拉特（Mike Rutter）登上 BBC 的财经节目《金钱》，说胡佛公司后悔没有买我的发明，他们本该买下来“把它束之高阁”，确保它永远见不到曙光。这可真是太棒了①。

我去拜访了很多公司，如伊莱克斯、Hotpoint、美尔、西门子、博世、AEG、飞利浦，但它们都拒绝生产这款产品。这虽然令人沮丧，但我心里明白，他们之中没有人对于做新的和不同的事感兴趣。据我所知，他们对保卫吸尘器的尘袋市场更感兴趣，当时仅在欧洲，这一市场就价值 5 亿多美元。不过，这是一个机会。顺便说一句，尘袋是由纺丝塑料制成的，不可生物降解。消费者会不会被说服不在尘袋上花这么多钱，转而选择一种能够提供恒定吸力的无袋吸尘器呢？如果是这样的话，我可能就有机会与这些老牌公司相抗衡了。

罗托克公司明白我在做什么，故而申请了我的设计许可证。我们让意大利波代诺内的扎努西公司制造这款产品，在英国委托克里尼兹（Kleeneze）公司销售，它的产品销售代表携带产品目录进行上门推销。我们还在 1983 年和 1984 年的理想家居展览会上展销产

① Charming，代表一种反讽。——译者注

品。这就是粉色的克里尼兹 · 罗托克气旋吸尘器。我们选择这个颜色是为了强调它与市场上其他吸尘器的区别。它的价格大约相当于 2021 年的 1 000 英镑，产量约为 550 个。

我相信，罗托克之所以选择克里尼兹作为合作伙伴，是因为它不想参与销售，也因为挨家挨户销售吸尘器是一种经过考验的方法。长期以来，这种营销方法在美国柯比（Kirby）和德国福维克（Vorwerk）等知名公司都发挥着良好效果。克里尼兹在战后英国无疑是一家非常知名的公司，它是基于美国富勒毛刷（Fuller Brush）公司所使用的营销方法建立的。1982 年以前，销售人员在客户家门前打开的商品手提箱进行销售，之后手提箱换成了商品目录。在那之后的几年里，克里尼兹仍然是一家成功的公司。

在将吸尘器设计授权给了罗托克公司，并寻找其他设计代理商的同时，我和杰里米成立了原型机设计有限责任公司（Prototypes Ltd），公司业务是与斯诺登勋爵合作设计松鼠式四轮驱动和电动轮椅。我们还重新启动了水陆两用轮型船项目，这一项目与罗托克海事部门的管船项目几乎是同时进行的。那时，我们已经有 13 年的海上卡车销售经验，并且知道许多海上卡车被用作巡逻艇，而不是货运艇或突击艇。我们认为装有轮子的快速水上吉普车在陆军、海军、警察以及任何可能在水上使用吉普车的人群中，都是具有广泛市场前景的。

到目前为止，我们已经搬出了家里的马库作坊，转而花费 45 000 英镑在巴斯著名的皇家新月楼后面买了一座马车屋，这是与罗托克签订的设计授权许可协议中的一部分，由罗托克提供资金。这是一座 L 形的格鲁吉亚建筑，被一个巨大的鹅卵石庭院围绕着。这一次，我建造了一个更像测试池的东西，不用像原来那样依靠维德科姆庄园的池塘来进行试验了。我的三脚架和臂架的设计与 13 年前的一样，但水箱是一个用胶合板做的甜甜圈形状的水槽，内衬一块大塑料板，使它具备防水功能。马达是一个大电钻，电源线一直连到一楼的窗户。我能够测量马达的功率、车轮的速度、车轮上的负载和行驶速度。车轮是全尺寸 3 米版本的六分之一比例模型。

我在测试池里重复了 13 年前所做的测试，效率有所提升。然而，我们的水上吉普车模型仍然行驶缓慢。我试过许多不同的桨叶形状，但它的速度远远低于海上卡车。有一天，我在吃午饭的时候，实验又失败了。我回忆起吸尘器的风扇叶片，其并未使用桨叶式的划动动作和流线形状来捕集及加速空气，而是使用向后弯曲的叶片，就好像它们想把移动时遇到的空气都喷洒出去似的。然而，这种设计很有效，并能够高速工作。我在想，如果我们让叶片向后倾斜，与划水方向相反，会发生什么呢？我按这个想法进行了设置，然后开始测试。在把叶片向后倾斜之后，我惊讶地看到轮子从水里抬了出来，水上吉普模型以极快速度掠过水面！现在它的速度可以与海上卡车匹敌了，而且可能更快。我做了进一步的测试，以提高它的效率和速度，并申请了专利。

专利局对此迅速做出反应：所有与本发明有关的文件都应放在保险箱，再锁进保险柜。专利局不允许我们商用，因为它具有军事意义。同样的事情也发生在科克雷尔爵士发明的气垫船上，这是他以及后来他的遗孀与国防部争论的焦点。

为了在院子里开发水上吉普车，我设计并制造了一个尺寸比例 1∶1 的车轮。车轮直径达到 3.3 米，其中有一个巨大的“内胎”环绕着轻铝轮毂，它由柔软的凯夫拉[①]增强聚氨酯外壳制成。三脚架和臂架安装在停泊在普勒港的海上卡车上。悬挂在吊杆下的驱动轴的发动机采用福特 1 600cc 汽油发动机，驱动轴带有链条减速装置。我通过这套装置让水上吉普车的轮子环绕着锚定的海上卡车一圈又一圈地行驶，以测试试验效果最好的桨叶，但这一次试验使用的是全比例尺寸的轮子。结果是，直径 3.3 米的车轮可以以 48 千米 / 小时的速度行驶，仅需 11 千瓦就能承载 250 千克的负载。这个发现令人兴奋，说明我们可以造一辆全比例尺寸的水上吉普车，重 1 000 千克，装有 44 千瓦的发动机，在水面上以 48 千米 / 小时的速度行驶。但是，罗托克公司此时已经卖掉了海事部门，对此不再感兴趣了。这个项目就此结束。

随着轮型船项目的结束，一个新项目开始了。杰里米的朋友斯诺登勋爵经常抱怨电动轮椅的设计，尤其是在室内使用不方便。电动轮椅会把室外的泥土和一些说不清是什么的东西带到室内，而且它在室内移动时笨手笨脚的，外观也很古怪。斯诺登小时候患有小儿麻痹症，长期以来一直支持残疾人事业。他是一位著名的摄影师，也是一位发明家。他曾发起设计一款电动平台，并与一家工程公司合作设计。

---

① 凯夫拉（Kevlar）是一种较便宜的碳纤维材料。

我们的想法是把电动平台留在室内，使用者可以把自己最喜欢的椅子固定在平台上。平台控制和转向通过一根简单的直立臂来完成。这次与斯诺登合作，我们的任务是设计一款出色的室内轮椅，在室外的道路和人行道上也能方便地使用，而且外观不像传统电动轮椅那样笨拙又古怪。

这个项目从确定轮子的大小开始。轮子直径越大，可以攀爬的台阶就越高。不过，大轮子在室内太笨重了。我们知道，如果你把一个轮子向一侧倾斜，比如说倾斜 45 度，那么相比于完全直立时，它可以登上更高的台阶。这是因为车轮在倾斜 45 度时所形成的直径比实际直径大得多，你可以很容易地通过以下方法证明这一点：拿出一个盘子，在地板上垂直朝着前面的书滚去，你会发现盘子很难滚上这本书；如果你让盘子倾斜 45 度侧向转动，你会发现盘子会很容易滚到书上面。所以，我们把轮子装在与垂直方向保持 60 度夹角的位置。这使得轮子可以安装在电动平台下面，几乎没有人能够注意到。

我们还注意到电动轮椅一般使用 2 个大马达作为驱动。这种马达是特制的，又贵又重。我们选择了更便宜和更小的挡风玻璃雨刷马达，在 4 个轮子上各安装一个。用 4 个小马达而不是常规的 2 个大马达，电动轮椅的体积可以做得更小，还可以享受到四轮驱动的好处（见图 5–1）。

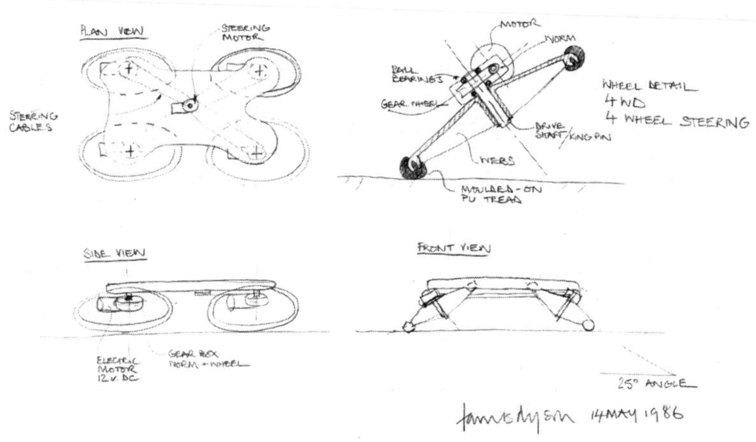

图 5–1　电动轮椅初稿

注：詹姆斯·戴森绘制。

传统的轮椅有 2 个固定驱动轮和 2 个脚轮，使得转向不够灵便，就像超市或机场的手推车那样。我们让 4 个轮子都可以转向，这样轮椅转弯时不易失控，且转弯半径很小。轮子可以绕自己的轴心旋转。内侧车轮的转动速度要比外侧车轮低，这个事实已经在汽车上得到证实，需小心控制，因此我们也会对全四轮转向的额外复杂性做出与汽车转向同样的处理。为此需安装的电子设备和斜轮转向的几何结构都很复杂，但也是有趣的具有开拓性的一步。

电池安装在平台的顶部，椅子安装在电池的上面。椅子可以折叠起来，方便运输，它是整套装置的第一部分。配有斜轮的平台是第二部分，沉重的电池是第三部分。这些都很容易放在汽车的后备厢里。我乘英国航空公司的飞机到法国尼斯，然后从那里乘雷诺 5

号出租汽车到阿尔卑斯山上的普罗旺斯村，一路上我都带着我设计的室内轮椅。我去那里找杰里米。在那里，我们使用杰里米朋友的轮椅来进行测试。一切都很顺利，直到他想开车上落基山脉——他需要一辆路虎，而不是室内轮椅！虽然它无法登山，但我仍然相信斯诺登勋爵最初关于室内轮椅的设想是正确的。我们做出了一个几乎看不见轮子的轮椅，将一把看起来像查尔斯·伊姆斯[①]风格的椅子安装在一个高度很低的电动平台上，还配备非凡的可以灵活调节方向的方向盘。它当然与普通的电动轮椅没有任何相似之处，但完美解决了普通电动轮椅的缺点。

当杰里米和其他人专注于轮椅的时候，我离开了这个项目，专心于吸尘器。后来，他们把轮子改回了传统的轮子，我想这会使它和其他轮椅差不多。虽然它后来投入生产，装配松鼠式四轮驱动，但从商业角度而言，这个项目失败了。

商业上，气旋直立式吸尘器也不成功。很遗憾，罗托克公司选择了错误的人来运营这个项目，那人是公司的财务总监。作为一个发明家，将自己的发明授权其他公司使用时可能出现这样的问题，尽管他们在和你签授权书时很热心，但之后可能会因为各种原因决定放弃这个项目。对于授权方来说，这是最令人沮丧的经历了。我需要找其他愿意获得授权的代理人。百得公司最先表示有兴趣，其他几家美国公司也表达了意向，包括来自密歇根州亚达市的营销公司安利。安利公司在 1959 年由杰·温安洛（Jay Van Andel）和理

---

① 查尔斯·伊姆斯（Charles Eames）：美国著名的家具设计师、室内设计师。

查·狄维士（Richard Devos）创立，它的名字 Amway 是“美国方式”的缩写。他们派了一位非常好的澳大利亚副总裁来巴斯拜访我们。

他是个很有魅力的人，我们建立了良好的关系。他在澳大利亚退休后，我们仍保持通信。1984 年 4 月，我们给安利公司发放了生产许可，他们找了一家在密歇根州大急流城附近的名叫比塞尔（Bissell）的公司生产吸尘器。在我与安利公司及其制造商比塞尔公司合作一段时间后，他们交还了所有图纸、原型机、专利技术和机密信息，决定终止协议，并发起一场欺诈诉讼，想要收回他们付给我们的钱。

从财务角度考虑，在美国法庭上与安利公司抗争是非常困难的，而且可能是灾难性的，因为在诉讼期间，我们无法将生产许可授权给其他人。安利公司有一个非常强硬的律师，他接受过高等教育，能力强悍。1984 年，杰里米说：“算了吧，我不想打官司。”我们把所有的钱都退还给了安利公司，还付了律师费。这使我负债累累。与此同时，杰里米的财务总监认为做吸尘器完全是在浪费时间和金钱，他鼓励杰里米卖掉这一块业务。我把皇家新月楼后面的马车屋卖给了巴斯的保守党议员彭定康（Chris Patten），并从奇平索德伯里的劳埃德银行借了更多的钱，从而筹集到足够多的资金，买下了杰里米手里的股份。虽然我现在拥有 100% 的股份，但杰里米决定停止参与，这让我感到非常难过。我明白这场官司的可怕，尤其是他比我损失更多。毕竟，这是我的发明，也是我应该头痛的事。我非常感谢他的支持，后来我们仍然是非常好的朋友。

然后，偶然的无心插柳发挥了重要作用。环球航空公司的飞行杂志在其封底内侧放了一张有粉色和薰衣草色气旋吸尘器的照片，以配合杂志中的一篇专题文章，照片很生动。这款吸尘器就这样在美国引起了人们的关注。出于类似的原因，一家名叫 Apex 的日本小公司在一本光鲜亮丽的产品设计书上看到了气旋吸尘器的照片。这家日本公司曾经从意大利和瑞士引进过高端设计，也从英国进口过斐来仕（Filofax）记事本。他们对我说，来日本看看吧。1985 年 1 月，我买了一张飞往东京的廉价机票，乘坐当时苏联航空公司的航班，经停莫斯科飞往那里。

那时，日本真的是另一个世界。当我第一次去 Apex 公司的办公室时，女孩们指着我的鼻子说："你有一个像埃菲尔铁塔一样的鼻子。"我知道，这是一种恭维，但即使我的英国鼻子确实比日本人的鼻子要突出得多，第一次见面就被这样说也仍然很奇怪。几个星期后，其中一个女孩问我是否愿意晚上出来和她们一起喝啤酒，这在当时似乎也是一件不寻常的事情。我很期待，但就在该出发的时候，他们公司的董事长把我叫住，让我不要去喝酒，而是在办公室和他一起玩轨道赛车（Scalextric）游戏。这次社交经历对我来说不太有趣。

让我感觉最耳目一新的是 Apex 公司对待吸尘器的方式。他们喜欢它，欣赏它每一个组成部分以及与众不同之处。他们把它拆开，研究它，了解它的构造和原理。他们真正热爱科技，热爱制造。我很高兴能被他们赏识。

我在日本花了很多时间重新设计了吸尘器的清洁吸头，并在第一个气旋分离器后增加了一个导流罩，以收集毛发而不误伤地毯的绒毛，从而改进了吸尘器的分离系统。Apex 想保留粉色和薰衣草色的外观，因为这将使我们的产品从现有的吸尘器中脱颖而出，而且日本人恰好喜欢这两种颜色。日本银精工有限公司负责这款吸尘器的生产。这家公司生产过著名的银簧片打字机和针织机。Apex 公司把这款吸尘器称为 G-Force（见图 5–2）。它于 1986 年上市，售价 25 万日元，相当于今天的 2 000 英镑。

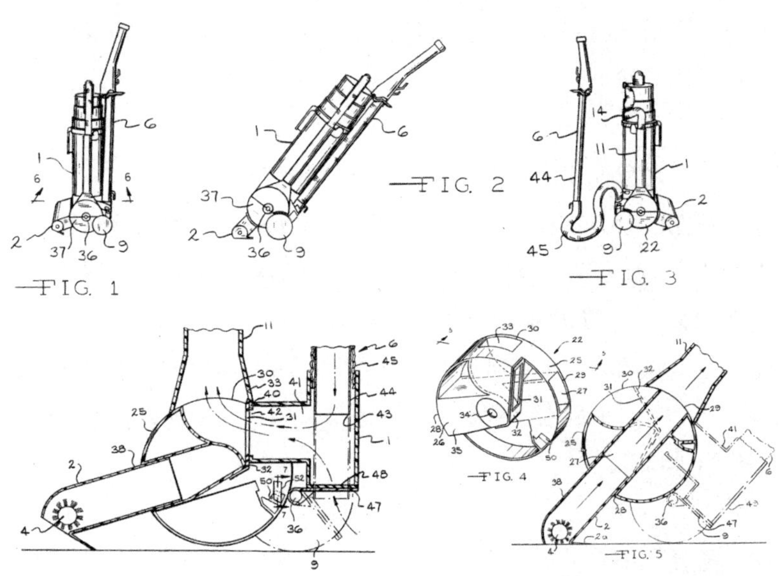

图 5–2　G-Force 专利图

在日本，它是一种身份的象征，一经推出就成为设计经典。因为它是在日本获得专利许可的，而且那里的会计规则很复杂，所以我们从来不知道卖出了多少，但它显然很受欢迎，一直到 1998 年才停产。

我在日本的时候，一只松鼠啃破了英国家里屋顶上的水箱水管。水如瀑布般流过整个房子，天花板也塌了。戴尔德丽和孩子们不得不在艰苦的条件下生活。我回家时还没有拿到日本公司专利许可协议，却发现自己的房子出事了。付出了所有努力，四处奔波许久，却没有一点经济收入，我对这种情况感到恐惧，常常彻夜难眠。协议最终还是通过了，而且日本公司预付了款项，把我们从破产边缘拉了回来。

不久之后，我第一次见到了保罗·史密斯（Paul Smith），见面地点在他的考文特花园商店里。他想售卖 G-Force 吸尘器。我从日本为他进口了机器，这样他就可以在英国的商店里卖了。保罗·史密斯在商店橱窗里那长长的一排衣服中间，展示了 G-Force 吸尘器。他是我的第一个英国客户。那批货很快就卖掉了。当时我只进口了 200 台，事后看来我们应该多进口一些。这是我的错，当时我不想当进口商。

随着日本 G-Force 吸尘器投入生产，我去了美国，花了一些时间试图向美国和加拿大的公司出售生产许可。一方面，了解其他国家真空吸尘器和地毯吸尘器市场的不同状况非常有趣；另一方面，交易之前棘手的谈判过程和法律问题往往让人饱受折磨。

从美国回程的一次航班上，我坐在一个叫杰夫·派克（Jeff Pike）的商人旁边，我们发现彼此有共同的兴趣，尤其是我们都在读费伊·韦尔登（Fay Weldon）的最新小说。派克的主要业务是在加拿大勘探石油，他还是爱欧纳电器（Iona Appliances）公司的董事长，该公司总部位于安大略省韦兰市。我到派克的多伦多办公室拜访了他，促成了我们与爱欧纳公司（后来的幻影公司）就我们开发的干粉地毯清洁器的第一份生产许可协议。它使用了美利肯公司的“捕获”系列湿粉产品。使用方法是，首先将干粉（实际上是轻微潮湿的粉末）装入清洁吸头顶部的料斗中，以沉积粉末——这不像听起来那么容易，你必须把块状粉末抖碎，使它变得均匀；其次切换到“刷入”模式；最后切换到吸入或真空模式。所有这些都通过鲍登电缆从手柄顶部进行机械控制。

爱欧纳公司把这款产品出售给西尔斯公司。我和西尔斯公司的采购开了一次有趣的会，他们只买全灰色的型号，我花了一天时间来说服他们，设法在靠近机器顶部的地方画了一条蓝色的粗线！这款产品运作得很好，并且通过克莱夫·比哈雷尔（Clive Beharrel）经营的新产品目录，我们在英国也销售了一些产品。除了从韦伦斯的洗发经历得到的启发外，我们在无水清洁方面有丰富经验，所以我们敢于把戴森 Zorb-It-Up 干粉地毯清洁剂和 Dysolve 去污剂同吸尘器并列放置进行出售。

我们继续与爱欧纳公司就吸尘器的生产许可协议进行谈判，协议即将签署时，安利公司推出了我的吸尘器的盗版产品。爱欧纳公司早在盗版气旋吸尘器面世之前就听说了这件事，因为安利公司曾拜访当时美国最大的零售商西尔斯公司，试图把这款盗版产品卖给他们。当爱欧纳公司前往西尔斯公司推销这款产品时，西尔斯公司的人说他们已经看过相同的产品了。我被这个令人震惊的消息惊呆了。安利公司终止生产许可协议后抄袭了我的技术。这真让人恼火，甚至爱欧纳公司因此参照安利公司的盗版产品，在谈判中压低了吸尘器生产许可协议的成交价格。我们同意分担费用，通过法庭向安利公司抗争。

当你开发了一项新技术或创造了一种截然不同的产品，努力打破了人们的怀疑，树立了消费意识，并努力为它创造市场时，发现一家已终止合作的公司在生产类似的产品简直令人作呕，就好像有人对着你的太阳穴打了一拳一样。你会对这种盗窃行为感到愤慨和无助。

到了 1987 年，彼得·甘马克（Peter Gammack）和西米恩·贾普（Simeon Jupp）加入了我的马库工厂。他们都是皇家艺术学院和帝国理工学院的创新设计工程双学位课程毕业生。我一直与皇家艺术学院保持联系，并在每学年末去看他们的毕业设计展。对我来说，找到有创意的年轻设计工程师是一件很自然的事情。彼得·甘马克曾在帝国理工学院获得工程学学位，随后在皇家艺术学院学习了两年设计。在他的毕业设计展上，他展示了一台有趣的、用于分发报纸的投币自动售货机，设计思路很精巧。他并没有选择一个明显是为了炫耀的项目，而选择了一个不同寻常且精心设计的项目。我喜欢这种不追求时尚，而是去完成一个深思熟虑的项目的态度。而通过日本 Apex 公司支付的特许权使用费和各种咨询费，我拥有足够的资金为彼得·甘马克和西米恩·贾普支付薪酬。令人兴奋的是，尽管我们主要关注的是吸尘器，但我们想做一家科技公司。我们还能怎样发展气旋分离技术呢？我们还能用它做什么呢？

1987 年，我们与爱欧纳公司达成了一项生产许可协议，这样爱欧纳公司就可以在加拿大与美国以幻影公司的名义生产和销售双气旋直立式吸尘器。事实证明“幻影”这个名字起得很有先见之明。庄臣公司派了讨人喜欢的斯科特·约翰逊（Scott Johnson）来找我。他们对我们的气旋系统在工业清洁中的应用很感兴趣。我给他们的高层管理人员做了一个演示：我一脚踩碎了一只装满水的玻璃杯，制造了许多玻璃碎片和小水洼，然后用我的气旋吸尘器把它们吸了起来。气旋吸尘器不像袋式吸尘器，它不受水或玻璃的影响。

精力充沛的澳大利亚人罗斯·卡梅伦（Ross Cameron）是其中一位高管，他跃过一张桌子，也试了一遍。他曾是悉尼奥斯汀·莫里斯公司的工程师，后来成为庄臣公司的销售冠军。我们与庄臣公司达成了一项协议，允许他们在工业领域销售我们的吸尘器产品。可悲的是，由于负责这个项目的副总裁是研究化学出身，不太理解机械，于是放弃了合作。不过事后证明，这个结果更好。后来，我邀请罗斯·卡梅伦在澳大利亚建立戴森分公司，他做得非常出色。他现在退休了，我们是最好的朋友。

与此同时，尽管我向幻影公司提供了我们最新的设计和技术，但他们想按照自己的想法来做。而事实证明结果不太成功，我提出要买下幻影公司。它破产时，我们正处于谈判的最后阶段。根据我们双方的协议，我只许可他们使用专利，这些专利本该归还我们，但根据加拿大的法律规定，（破产公司的）财产管理人要把我们的专利卖给出价最高的人。我们把主要的专利技术买回来了，但对于其他专利，竞争对手的出价比我们高。虽然这一切都令人无比沮丧，但戴森获得了进入北美市场的黄金机会。北美将是世界上最大的吸尘器市场，而我们也将投入最新技术。

因为爱欧纳公司仅获得了在加拿大生产和销售我们吸尘器的许可，而不包括美国，所以我去拜访了康涅狄格州斯坦福的大型吹风机公司康尼尔（Conair）公司。康尼尔公司是 1959 年在纽约的一个车库里成立的，现在已经非常成功了。老板是西西里岛移民的儿子李・里祖托（Lee Rizzuto），他看起来很不错，他的公司也是。当他们问我们可否看一下专利时，我们几乎对吸尘器的相关条款达成一致了。但这时进来了一个令人讨厌、吹毛求疵的主管，他曾在百得公司诋毁过我们的专利。我去找李・里祖托，跟他说："如果那位主管就是审查我们专利的人，那么我们可能就无法达成交易了。他认为我们的专利无足轻重，但他是错的。"即便如此，这个吹毛求疵的主管还是给这次交易判了死刑。

在 1991 年的这个时候，Vax 公司出现在我们的视野。这是一家英国公司，总部位于伍斯特郡的德罗伊特威奇，1977 年由施乐公司前销售员艾伦・布雷齐尔（Alan Brazier）创立。艾伦・布雷齐尔在获得高速公路服务站的清洁合同订单后，发现现有的吸尘器不尽如人意，于是他用淋浴泵和牛奶搅拌器发明了自己的地毯清洁吸尘器。Vax 产品在一段时间内非常成功。然后他们想做一个直立式吸尘器，我们为他们设计了一个，但他们过于傲慢了，一直拒绝使用我们的设计方案。后来他们说会引入其他设计师，我们就撤出了项目。他们拖延商品投产的时间，所以我终止了经营许可协议。此时，我们在国内面临着被起诉的威胁，同时还要支付在美国与安利公司进行法律诉讼的相关费用，幸运的是我们与幻影公司签订了经营许可协议，这样我们就可以稍微松一口气了。但每个月月底需要给员工支付工资的时候，我还是会很忧虑。

和美国所有的诉讼一样，对安利公司的诉讼漫长而艰难，总共持续了 5 年，且支出不断增加。在这种情况下，你可以走一个法律程序来获得一个早期禁令，阻止他人侵犯你的权利，但如果损害可以用金钱赔偿的话，法官通常很少发出禁令。如果你拥有足够多的钱，比如有数百万元去打一场持续 5 年的官司，以及应对随后的上诉，那么也没什么问题。我们开始了漫长的诉讼过程，在美国与两家实力雄厚的美国大型公司安利和比塞尔对簿公堂。

安利公司曾与比塞尔公司合作生产盗版吸尘器。比塞尔公司与安利公司位于同一座城市，多年来一直是真空吸尘器和地毯清洁器制造商，在英国被称为贝克斯比塞尔（Bex Bissell）。由于我与安利公司签署经营许可协议时，向比塞尔公司说明了专利技术和诀窍，并且交出了所有的图纸，因此基于比塞尔公司在安利盗版吸尘器事件中扮演的角色，我们不得不起诉它。

当然，我一个人不可能支付得起诉讼费用。我大幅降低了与爱欧纳 / 幻影公司签订的经营许可协议的条款价格，作为交换，他们同意支付一半的诉讼费用，同时如果诉讼赢了，他们也会分走一半赔偿金。我们的诉讼律师迪克·巴克斯特（Dick Baxter）也同意降低个人酬劳，取而代之的是，他也会从赔偿金中分得一大笔奖金。这就是所谓的特事特办。

真正的较量开始了。我们详细提出了索赔要求，而安利公司和比塞尔公司给出了自己的辩护理由，然后双方进行举证。在这个环节，一方可以要求另一方提供所有可能的文件和原型机，通过这些材料寻找破绽，并研究如何攻击和盘问证人。这是一个漫长的过程。我们把所有文件、图纸和模型都翻了一遍，整理出许多披露文件（见图5–3），但安利对我们的请求几乎没有任何回应，令人难以置信。

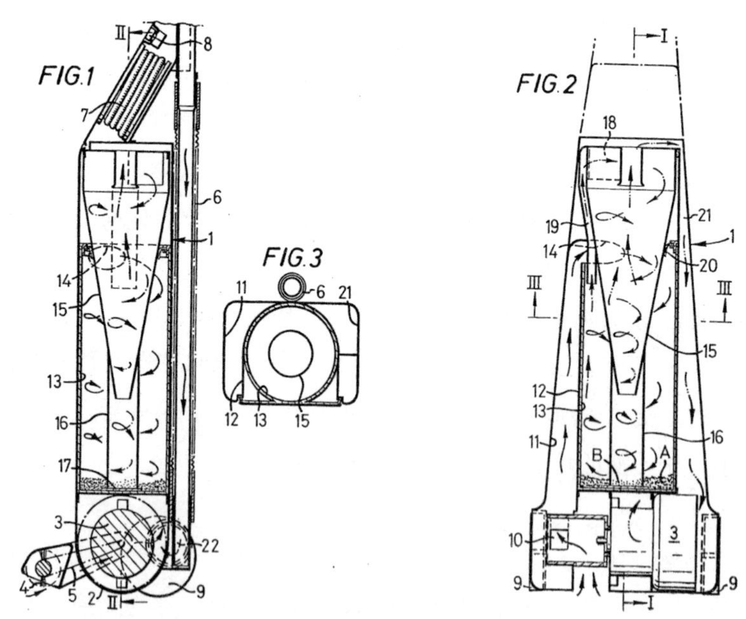

图 5–3　对安利提出指控的专利说明图

随着案件进一步展开，很明显，我们这起案件既是经典的专利侵权诉讼案，也是典型的盗用机密信息案。然而，在专利案件中，一个常用的辩护理由是专利本身是无效的或这项发明是显而易见的。因此在整个案件中，我作为专利持有人，一直在为专利的有效性辩护。这令人困惑，因为时间应该花在让侵权人说明为什么盗用这项专利上。然而，一项专利即使已经通过批准，也不意味着它是有效的，法庭依旧需要对其有效性进行检查。这一规定对专利持有者而言并不友好，因为不管在哪个国家，向专利局申请专利的费用以及每年的续期费都很贵。

事实上，我曾两次向欧洲人权法院提起诉讼，要求将专利续期费宣布为非法，理由是不支付续期费会让新技术发明者失去应有的权利，这很不合理，而续期费实质上是政府的一笔巨额收入。除了新技术发明者之外，其他艺术创造者并不需要支付这笔费用。这两次诉讼都失败了，欧洲专利局给出的理由都是这项费用是合理的！然而，当我还是一个身无分文的发明家时，每年仅在少数几个国家就需花费数万英镑的续期费，我即使借钱也很难负担，因而不得不经常放弃专利。

作为美国诉讼流程的一部分，对方律师可以在法庭上盘问主要证人。在与安利 / 比塞尔的纠纷案中，我方的主要证人就是我。他们对我的盘问从上午 9 点一直持续到下午 5 点 30 分，连续 3 个星期，日复一日。当时在大急流城，芝加哥一家大律师事务所代理安利 / 比塞尔纠纷案的 5 位律师坐在一张大桌子对面，问了我一个又一个问题，他们互相传递便条，商量如何扳倒我。在专利和盗用机密信息的案件中，文字比任何东西都重要。发明在专利中是用文字而不是用图画来描述的。虽然专利说明中包括配图，但作为专利实质内容的专利新特征申明是用文字描述的。而词语的含义可能会被扭曲，或者人们会使用错误的同义词，但在被盘问时，使用一个错误的词语就可能对你的案件和专利的有效性产生不利影响。我接受了 3 个星期充满争议的盘问，几位律师咄咄逼人，这种事情我不希望在任何人身上发生。最令人不快的是，安利 CMS-1 000 非常明显是根据我的图纸、专利和机密信息制造出来的。

这场让我伤痕累累、濒临破产的官司打了 5 年之后，我准备了结一切，终止官司。然而，戴尔德丽坚定地告诉我，我决不能放弃。这个判断十分正确。在我和戴尔德丽谈话后不久，我在登上从希思罗机场飞往底特律的飞机，准备接受更多盘问之前，决定给我们的诉讼律师迪克·巴克斯特打个电话。在电话里，他告诉我："安利公司表示愿意和解了。"我不需要坐飞机过去了，终于可以回家了。

迪克·巴克斯特、我的经营许可所有者幻影公司与我分享了这份和解协议的赔偿款，我分到的份额是 100 万美元。比这些钱更重要的是，我得以重获新生。笼罩在我们家庭生活之上太多年的乌云被驱散了。我们并不富裕，事实上这份赔偿款甚至不足以支付我需要承担的那部分诉讼费用，但至少不会再产生更多费用了。我们不用再担心自己是否会破产，可以把时间用来想一想其他事情了。我们能更好地掌控我们的未来了。我也不用再花那么多时间处理案件，阅读文件，去美国见律师了。

我们已经经历了这一切，而且案子也已经了结，但我们都对事情的进展感到沮丧。到当时为止，事实证明开拓北美市场非常艰难，与 Vax 公司的对接也让人心烦意乱。我们签署的几乎所有经营许可协议都以失败告终，白白浪费了宝贵的时间。与其依靠其他公司应用我们的技术制造产品，为什么不能推翻杰里米和我几年前的决定，自己生产产品呢？我们将直面那些竞争对手，而他们却非常满足于销售尘袋，并对吸尘器吸力减弱的现象视而不见。我们可以自由地决定自己的未来，规划自己的发展，实现自己的设计。我们不再害怕成为一个制造商，而是感到自由了。

当时，英国最畅销的吸尘器是干湿地毯清洁吸尘器。我们知道我们可以做一个比 Vax 产品更好的湿式真空吸尘器。我当时已经知道了一家名为林帕克（Linpac）的大公司，这家公司曾为球轮手推车注塑制作了箱体，而且我已经和他们总经理戴维·威廉姆斯（David Williams）建立了联系，他是个极富进取心的人。我去劳斯郡见了公司老板埃文·科尼什（Evan Cornish），他的儿子后来把他们在林肯郡的农场卖给了我。他们对塑料零件的模塑成型以及对模具投资很感兴趣。我们制作了一个吸尘器原型机，并决定在马库二楼的一块地毯上同时测试它和 Vax 吸尘器。测试证明用它们清洁地毯都相当费劲。如果用起来如此费力，人们为什么要买这种吸尘器呢？

是时候做一点市场调查了。我们去了一家相熟的五金店，位于巴斯镇边界的拉哈勒。我们询问这家五金店能否推荐一位愿意到马库工厂参加测试的顾客。于是，一位漂亮的女士到达马库工厂，手持我们研发的干湿地毯清洁吸尘器进行清洁工作。我和彼得·甘马克、西米恩·贾普一起看着。我们问道：“你觉得怎么样？”“这真是一项艰苦的工作，”她说，“你要知道，我可不想再做第二次了。”

基于这位善良的女士所说的，我们放弃了这场冒险。我们深刻地明白，我们找错目标了，Vax 吸尘器以及其他地毯清洁吸尘器用起来都非常费劲。此时此刻，我们决定与市场趋势背道而驰，专注于我们自己制造的直立式气旋吸尘器。相比之前把专利使用及经营许可权授予加拿大的爱欧纳公司，现在是一个相当大的进步，我们再也不会与其他公司、它们的专利管理人员及律师打交道了，我们要用自己的方式独立制造出各类产品。

INVENTION

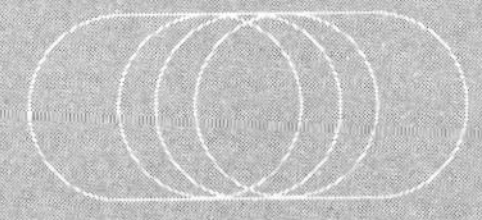

第6章

DC01

WE ARE DISTINCTIVE BECAUSE WE DON'T ALLOW OURSELVES TO REST ON OUR LAURELS.

我们之所以与众不同，
是因为我们永远不会让
自己停留在荣誉上。

当然，走自己的路没那么容易。到了 1992 年年初，我们在马库工厂继续推进研发工作。马库的一楼配有一台车床、一台碾磨机和一个工作台，二楼里有 3 张配有电脑的桌子。在那里，我们最终成功开发出了最畅销的 DC01 吸尘器（见图 6–1、图 6–2）。

为了承担转型制造商所需的费用，我外出寻求资金。事实证明，风险投资家帮不了什么忙。我去见了安佰深私募股权投资集团的首席投资官阿德里安·比克罗夫特（Adrian Beecroft）。除了领带架和袜子店之外，他们还投资了经历丰富的美国餐馆老板鲍勃·佩顿（Bob Payton）。鲍勃·佩顿在伦敦创办了芝加哥比萨饼厂，当时正计划开设更多快餐店。这类企业能够迅速获得资本回报，这正是风险投资家所寻求的。这些风投资本会先进入，然后，也许几年时间吧，就会套现离开。

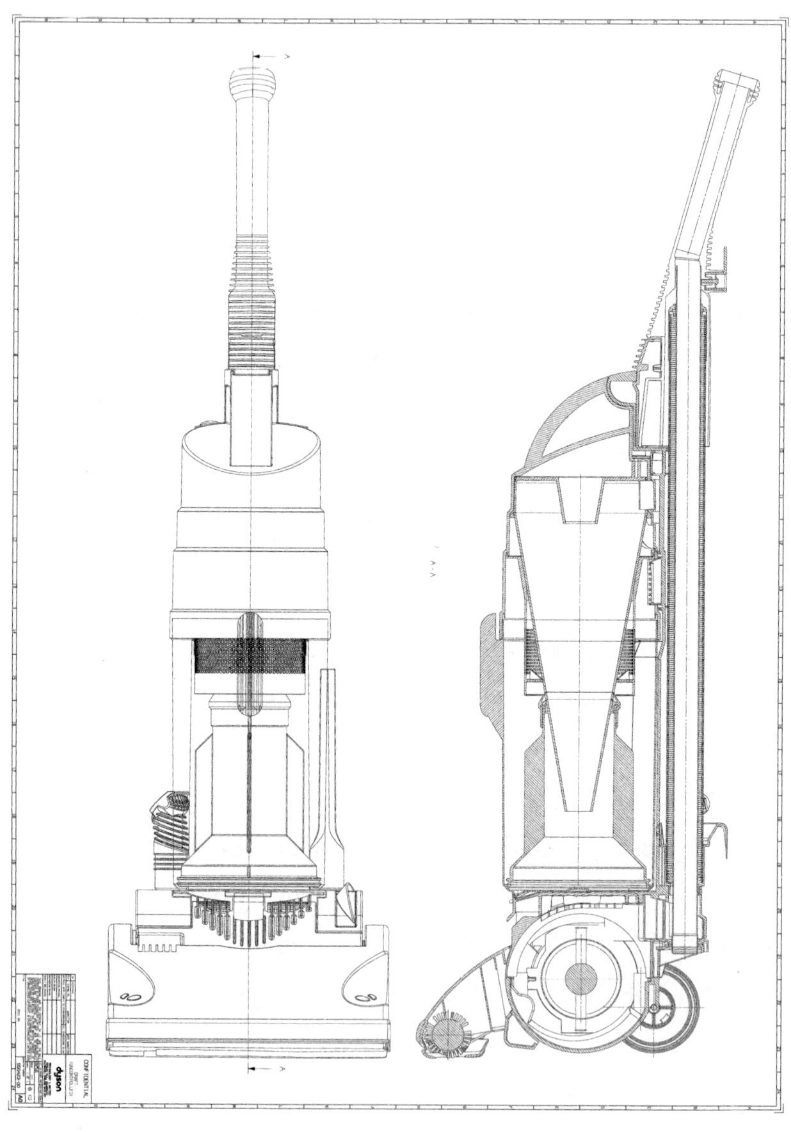

图 6-1　DC01 吸尘器

DYSON dual cyclone

Operating Instructions

Please read carefully before assembling or using your Dyson dual cyclone.

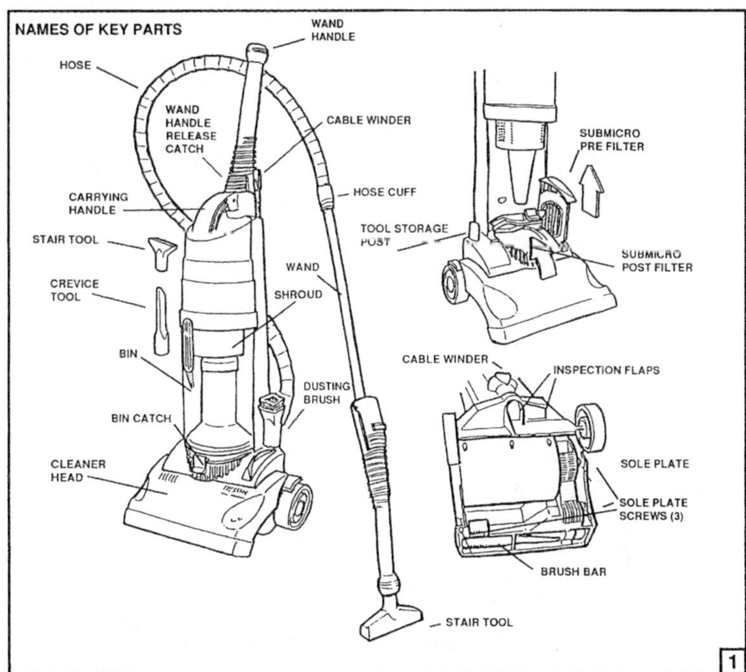

IMPORTANT SAFETY INSTRUCTIONS - *please read carefully before use.*

When using the Dyson dual cyclone vacuum cleaner please adhere to these simple precautions.

WARNING: TO REDUCE THE RISK OF FIRE, ELECTRIC SHOCK OR INJURY:

1. Do not leave the Dyson dual cyclone with the plug connected to a mains outlet. Unplug when not in use. **Always remove the plug from a mains outlet before carrying out maintenance.**

2 Be careful to make sure that hands, feet and fingers, particularly of small children, are kept away from the cleaner and especially from the brush bar.

3 Do not use without Bin correctly fitted and all Submicro filters in place

4 Do not fit any other type or make of filters other than Dyson spare parts, otherwise guarantee may be invalidated.

5 Electric shocks could occur if used outdoors or on wet surfaces do not use the machine or handle the plug with wet hands

6 Do not use with damaged cord or plug, or if the vacuum cleaner has been damaged, dropped or has come in contact with water or liquids In these cases contact the Dyson Service number or contact your nearest Dyson dealer.

7 Do not put any part of the body, clothes or any object near or into any of the openings or moving parts of the machine. Do not use the machine with any of the openings blocked with any object that may restrict the air flow.

8 Do not damage the cord by running the cleaner head over the cord, running the cord around sharp edges, closing a door on the cord or putting the cord near hot surfaces.

9 Be careful when using the machine on stairs or when the machine may topple over.

10 Do not use the machine to pick up flammable or combustible liquids and do not use near such liquids

11 Turn off the machine by the switch button before unplugging from an outlet socket

Operating Instructions Page 1

图 6-2 DC01 吸尘器操作说明书

我跟这些投资者进行了接触，打算用公司的股权或股份作为交换，从他们那里筹集启动资本和现金。有了这笔资金，在经营球轮手推车公司时让我饱受困扰的巨额银行透支问题就会迎刃而解。当我向安佰深私募股权投资集团展示我的吸尘器原型机，向他们讲述我的创业故事时，我发现他们并不感兴趣，因为都是关于如何制造东西的。总之，在他们看来，我是一名工程师、设计师，而不是真正的商人。阿德里安·比克罗夫特说："嗯，如果你能够从家电制造行业里请到合适的管理者去经营这个项目，我们可以考虑你的申请。"我说："你能告诉我哪家英国家用电器企业经营得很成功吗？"Hotpoint公司？胡佛公司？它们都算不上成功！现有的家电制造商已经几十年没有推出任何新产品了，我不可能走这条路。

事实证明，向安佰深私募股权投资集团寻求资金支持是个死胡同。他们即使资助了我，也会抓着我不懂经营这一点不放。我还能去哪里寻求资金支持呢？当时没有任何政府计划可以为创业提供资金帮助。至于其他风险投资公司，有5家拒绝了我，因为投资新创企业没有税收优惠。与此同时，英国经济严重衰退，清算银行在收回人们的住房产权时一直问题成堆，受到很多负面报道，因而我避开从它们那里借钱。在经济严重衰退之际，为什么清算银行要借给我钱，进而造成又一个房屋收回问题呢？绝望之中，我去了劳埃德银行在布里斯托玉米街的分行，虽然我并不认为能从这里看到希望的曙光。我的透支额升级了，银行考虑后认为应该把我的事项从奇平索德伯里分行升级到布里斯托总部。这令我大吃一惊，因为听起来似乎有希望获得通过。即便如此，这也在银行内部引起了一场争论。

1941年，我父母在剑桥郡福尔米尔圣玛丽大教堂举行婚礼。
父亲亚历克身着卡其色制服，手握轻便手杖，母亲玛丽身穿坦格米尔皇家空军蓝色制服。

我驾驶着二手Tri-ang玩具车，它是第二次世界大战前生产的。

我（中）、哥哥汤姆（左）、姐姐莎妮（右）在北诺福克的布莱克尼海角玩“燕子号和亚马逊号”游戏。那里有沙滩、船舶、盐沼，是海豹和众多鸟类的栖息地。

在格瑞萨姆学校表演戏剧《暴风雨》，我（中）扮演特林鸠罗。

后来的《ITN十点新闻》主播蒂姆·尤尔特（右）扮演卡列班。

2019年，在北诺福克布莱克尼，我和老校长洛吉·布鲁斯·洛克哈特在他的家中。那时他已96岁高龄。

1965年，在伦敦肯辛顿拜厄姆·肖绘画学院，我和戴尔德丽一起作画。

1967年12月，我们在伦敦结婚。

蜜月期，戴尔德丽在康沃尔郡马拉扎恩海滩。

（对页，上）

1968年，在汉普郡巴克勒斯哈德，杰里米·弗莱驾驶第一代海上卡车全速前进，船上装载两辆Mini汽车。

（对页，中）

1971年，我们驾驶海上卡车，向伦敦消防队展示它的性能。

（对页，下）

一辆12米长的全皮制海上卡车，摄于1973年的挪威卑尔根。

我最喜欢的建筑工人专用版球轮手推车，这款是我自用的。

戴尔德丽在多丁顿庄园为球轮手推车担任模特，照片摄于1977年。

我们当时都没想到，这个庄园后来会成为我们的家。注意下方logo中的“球”形。

STABLE
Feet 150 mm further apart than other barrows.

TIPPING
Perfect balance for tipping.

BROAD FEET
Ballbarrow is designed for rough ground with broad feet to prevent sinking.

NO CEMENT BUILD UP
Even hardened cement just drops out.

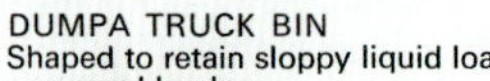

DUMPA TRUCK BIN
Shaped to retain sloppy liquid loads as well as normal loads.

RESILIENT BIN
Takes punishment that would wreck a steel bin.

PNEUMATIC BALL/WHEEL
Because it has three times ground spread, it crosses sites where the old type would flounder.

RUST-FREE
Plastic ball and bin are corrosion free and frame is plastic coated for maximum protection.

As our policy is one of continuous improvement we reserve the right to change the specification of our products without notice.
Ballbarrow and Waterolla and associated products are manufactured in England by Kirk-Dyson Designs Limited. Patents Pending.

PRINTED IN ENGLAND

KIRK-DYSON DESIGNS LIMITED

Leafield Estate, Corsham, Wiltshire SN13 9UD England Phone Hawthorn (0225) 810077 Telex 449740

球轮手推车宣传册的背面。

1982年，我和萨姆、埃米莉、杰克用球轮手推车挖了一个水塘。

巴斯附近的马库，那时我正在开发双气旋无尘袋吸尘器。

马库工厂一层的机械车间。

照片来自20世纪80年代中期的《哈泼斯与名媛》杂志，我在马库二层的画板前，坐在查尔斯·伊姆斯设计的软垫椅子上。

G-Force在1986年推出，它是一款拥有多项先进技术的高效真空吸尘器，在日本受到狂热追捧。

产品手册（下方）中介绍了它的工作原理及使用方法。

G·フォースは一台二役。
従来の掃除機ではできなかった便利なシステムを、コンパクトな一台にまとめました。

■アップライト方式

広いカーペットもらくらくクリーニング。カーペットにしがみついたホコリやチリを、モーターで回転する回転ブラシでかき出し、吸い込んでゆきます。

■ステーション方式

ハンドル部分に収納されている伸縮自在のストレッチホースを引き伸せば、高い所やせまい場所まで、小回りのきくお掃除ができます

機能だけでなく、デザインも斬新です。

G·フォースのデザイナーは、イギリスのロイヤル·カレッジ·オブ·アート出身のジェームズ·ダイソン。英国デザイン評議会賞、エディンバラ公特別賞など、数々の栄誉を勝ち得てきた、輝けるデザイナーです。「もはや、人が機械に対して恐怖感や違和感で接する時代は終った。これからは人は機械と遊び、楽しむようになるだろう」という彼の言葉には、G·フォースの明るく楽しいデザインコンセプトがうかがえます。

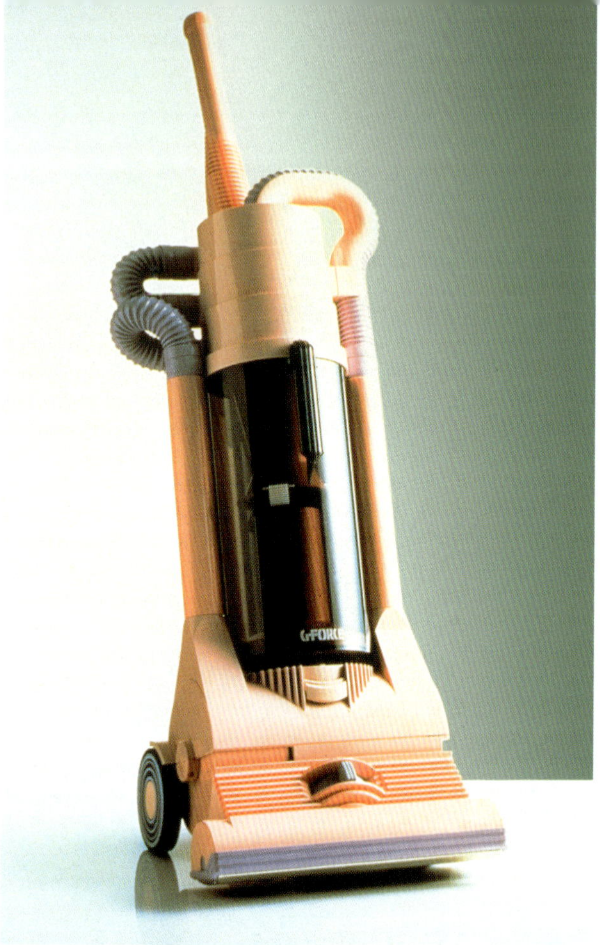

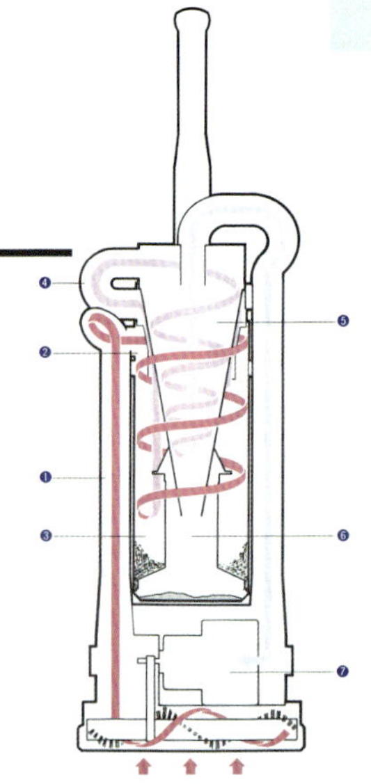

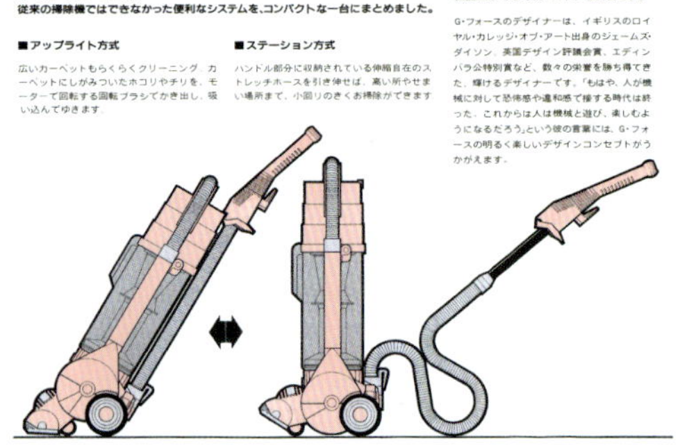

劳埃德银行的审查人迈克·佩奇（Mike Page）到马库工厂拜访了我们。他问："你需要钱干什么？"我告诉他："我想制造吸尘器，与胡佛公司和伊莱克斯公司竞争。""这很有趣，"他说，"我会尽快通知你结果。"大约一周后，他回来告诉我们："我们银行会借给你 40 万英镑，但你得签字抵押你的房子。"我、戴尔德丽以及一位律师一起去了布里斯托，我们在一份让人讨厌的灰色表格上签了字，把所有家当都抵押给银行，以换取这笔资金。这是一次前所未有的冒险，而结局很可能是我们带着 3 个孩子一起被逐出家门。当迈克·佩奇把贷款额度增加到 60 万英镑时，随之而来的风险更是令我头晕目眩。我和戴尔德丽讨论了我们所冒的可怕风险，我们有可能失去我们所拥有的一切。我们不敢想象也不知道如果失败了会遭遇什么。然而，这是我们最后的机会，让我们的发明发挥作用，彰显我们对于自己所做的事的满腔信心。令人意想不到的是，戴尔德丽同意了这最后一次"赌博"。

过了一段时间，当我询问迈克·佩奇为什么敢借钱给我时，他说："好吧，你在美国打了 5 年官司，所以我看得出你对此充满决心。我回家告诉我妻子，说你在开发一种无尘袋吸尘器，并且问她有什么看法。她觉得没有尘袋实在是太好了。"就这样，这件事情被定下来了。我们当时不知道劳埃德银行拒绝了我们的贷款请求，迈克·佩奇不得不向加的夫总部的监察专员提出上诉，监察专员考虑之后支持了他的意见。但是很遗憾，银行或银行经理承担的风险那么大，却没有得到外界充分的认可。

现在我们终于有了自己的钱，当然了，这是从银行借的钱，我们再也不需要风险投资家了，反正我也不想和他们合作。然而棘手的是，当我们成立戴森电器有限公司（Dyson Appliances Ltd）时，经济衰退正迎面而来。接下来的两年里，英国经济相当不稳定。布里斯托、加的夫以及伯明翰、泰恩赛德等地区都因经济困难而爆发了种种骚乱。经济衰退的主要原因是政府把高利率作为控制通货膨胀的手段。然而，这导致抵押贷款利率居高不下，房价下跌。同时，为维持在欧洲经济共同体的欧洲货币体系（EMS）中的成员资格，英镑价值高估，使得英国出口商品在价格上缺乏竞争力。1992 年，这种反常的经济政策导致国内失业率升至 10%。同年 9 月，当英国退出欧洲汇率机制（ERM）时，英镑贬值了 20%，经济开始复苏。

我们迅速地将吸尘器投入生产。彼得·甘马克专注于机床安装。我们与意大利东北部的各种工具制造商签订了一份价值 75 万英镑的协议，我在与扎努西公司合作时就了解过这些工厂了。这是我当时所有的钱，银行贷款、来自安利公司的赔偿金都用完了。我已经没有钱去建工厂或购买零部件，也没有钱去做任何营销了。与此同时，我找了一家工厂。当时，威尔士经济发展署正在向拓展新工厂和新业务的制造商提供财政补助。该机构本身是一个很好的组织，但要获得拨款批准，你必须通过 4 家咨询公司中的一家提出财政拨款申请，然后他们会把你的申请提交给威尔士州务卿，即戴维·亨特（David Hunt），现在的亨特勋爵。

我们通过普华永道会计师事务所申请，并支付了 28 000 英镑，结果却被亨特告知，我们资本金不足，无法获得财政拨款。我们的申请被驳回了。不过，如果我们能筹到更多的钱，我们可以再申请一次。事实上，当时我们公司的资本金比同时期一家获得拨款的日本拉链制造公司多。我发现，我们的问题是，与日本拉链制造公司相比，我们不是外国投资者，也就不能给亨特带来可以夸耀的政绩。

有趣的是，不久之后我去拜访了菲利普斯塑料公司，想看看他们是否可以为吸尘器制造塑料部件。这是一家位于北威尔士雷克瑟姆郡的美国公司，他们的新工厂就是在威尔士经济发展署的拨款资助下建造的，并得到了亨特的批准。但这家公司几乎没有业务。我提议，既然他们能够制作塑料部件，也许可以把闲置的一半厂房作为我们吸尘器的装配车间。菲利普斯公司觉得可行，于是我们把机床从意大利运到这里，还运来了从各地购买的部件，比如从阿克宁顿毛刷公司订购的软管和刷头，从日本制造商那里订购的马达以及从中国长兴订购的刷毛。

我们雇用工人在雷克瑟姆当地完成吸尘器的装配工作。1993 年 1 月，吸尘器生产线装配出第一台以戴森命名的高质量吸尘器。我们已经向两大零售巨头 GUS 和 Littlewoods 展示了这款吸尘器的可用模型，并在它们 1993 年 1 月的产品目录中公布。我们将从这个月的第三周开始为它们供货。

现在可能很难想象，当时这两家公司的订单对我们有多么大的影响。GUS 公司是 Littlewoods 公司的竞争对手，总部位于曼彻斯特市，它的拥有者和经营者是艾萨克·沃尔夫森（Isaac Wolfson）。

艾萨克·沃尔夫森在 1932 年至 1987 年担任 GUS 公司董事长，他还创立了沃尔夫森基金会，并在牛津大学和剑桥大学都建立了以他的名字命名的学院。我开车去了 GUS 公司总部，拜访了他们的商品采购员布莱恩·拉蒙特（Brian Lamont）。我向他展示了戴森吸尘器的原型机，解释了它无须购买和更换尘袋，同时能做到吸力不损耗。我还告诉他，除了吸尘器之外，我们也提供 Zorb-It-Up 的干粉地毯清洁剂，相比于浸湿并清洗地毯，这种干粉清洁剂配合吸尘器使用能够获得更好的清洁效果。Zorb-It-Up 这款产品与韦伦斯的洗头方式有着很直接的关联。当他在大学期间告诉我他用干洗香波洗头时，我很感兴趣。我也注意到了我们用在狗身上的跳蚤粉。在我们拒绝使用湿式地毯清洗机而改用直立式吸尘器之后，我一直在寻找更好的方法来清洗地毯。韦伦斯的干洗香波似乎就是答案。干粉清洁剂可以与我们的直立式吸尘器配合使用，吸尘器的刷头能够将干粉清洁剂送入地毯的每一个角落。

布莱恩·拉蒙特对我的说法非常怀疑，他坚信我们的吸尘器无法清理当时流行的黑加仑饮料利宾纳（Ribena）。我冲出办公室，去最近的加油站买了一瓶，然后回到他的办公室，将深红色的果汁洒在他精致的地毯上，涂上干粉，打开吸尘器去除污渍。他接着问我，他为什么要把伊莱克斯或胡佛这样的知名品牌从他的产品目录页面上撤下来，放上不为人知的戴森吸尘器，并且在页面上展示气旋分离原理和离心速度达到 322 千米 / 小时这样的骇人言论呢？我的回答是，因为他的产品目录“很无聊”。沉默了一段时间后，他最终同意从我们这里采购吸尘器。

Littlewoods 在 20 世纪 80 年代以足球竞猜和零售目录闻名。它既是英国最大的家族企业，也是欧洲最大的私人公司。其总部是一个大型装饰派艺术建筑，由杰拉尔德·德库西·弗雷泽（Gerald de Courcy Fraser）设计，1938 年开放，次年被征用，专用于战时物资生产。因为 GUS 公司从我们这里采购了吸尘器，所以他们也同意采购。

在我看来，我们所取得的一切成绩是在短到可以破纪录的时间内完成的。不过，这个局面只是暂时的，因为我们仅仅在雷克瑟姆的半个工厂里有一条生产线，总部设在马库，我们的工程师和负责会计、采购和物流的员工鲍勃·贝德韦尔（Bob Bedwell），还有两个售货员和一个私人助理一起在那儿工作。我们在马库工厂生产了第一批吸尘器。

3 个月后，也就是 1993 年 4 月，没有接到其他业务的菲利普斯公司决定将塑料零件的价格提高 1 倍。我说如果他们这么做了，我就把吸尘器的装配车间搬到别处去。他们说，如果你这样做，我们会把塑料零件价格提高 2 倍。不到两个星期，我就在切本哈姆租了一个旧邮局仓库，我们的装配车间很快就重新开张了。戴尔德丽很高兴，因为如果我们的家族企业搬离我家，她就可以免费使用马库，作为展示和出售自己作品的美术馆，而且通往房子的车道上不会再有那么多汽车了。

即便如此，从雷克瑟姆搬到切本哈姆并不像听起来那么容易。除了时间紧迫、行程匆忙之外，我必须得到法庭的命令才能把我们的机床从菲利普斯公司的厂房中取走。而当我们取回机床时，我们发现它破损严重，需要修复。尽管有亨特的拨款资助，菲利普斯公司还是离开了英国。当然，我也不得不再找一家塑料模具公司。后来我在伯明翰找到一家叫乔德里（Choudhry）的公司。

我们的临时装配车间其实不太理想。这个旧仓库有 29 扇卷帘门，冬天很冷。当我们需要更多的空间时，我们买了一个停车场那么大的二手帐篷。当地出租车司机称之为“麦当娜帐篷”，因为它的顶棚呈双峰状。寒冷的日子里，我们就在帐篷里辛勤工作。我们还租用集装箱，进一步扩大空间。这对我来说是一个重大而不确定的时刻，然而在 7 月份，我们开始生产 DA001 这款产品，不久我们推出它的升级版 DC01。在之后的 18 个月内，DC01 是英国市场上最畅销的商品。

我们最初的商品销售来自大量的邮购目录认购。邮购目录用了几页篇幅来介绍吸尘器，我们的吸尘器出现在最后一页底部，上面印着一张 DC01 的正方形小照片。页面上没有空间来放置描述性的文字说明，只有写着“无袋”的标签，以及“无须 199 英镑，每月仅付 1.99 英镑就可购买”。从某种程度上说，我们的吸尘器是这份目录中价格最贵的清洁工具，而邮购目录其实不适合出售昂贵物品。事实上，我们和邮购目录的采购员都惊讶于 DC01 出色的销售业绩，而且我们还收到了不少续订订单。不过，我从不相信收入会成为购买最优质产品的障碍，而吸尘器就是一项重要采购内容。他们可能不得不存钱、借钱，或签订分期付款协议，就像人们曾经做的那样，但只要有机会，他们会尽可能追求最好的。

正是因为在初始阶段的销售业绩表现优异，DC01 成功吸引到了第一家零售经销商朗布洛斯公司（Rumblows）的兴趣。这是一家全国性的电器连锁店，它采购了我们的吸尘器。紧接着，一家拥有 25 家分店的优秀企业约翰·路易斯（John Lewis）百货公司也采购了这款吸尘器，但他们坚持要先试用。尽管约翰·路易斯百货公司的一些分店拒绝进货，整体而言这笔买卖还是大获成功。那时，我们的吸尘器在很多销售网点都卖得很好，我知道我们的公司活下来了。戴尔德丽和我终于可以松一口气了。

我知道，在一定程度上我同时具备了毅力、决心、勇气以及可能称为纯粹的冲劲儿的品质。我喜欢把它们称为品质。这些品质是由天真朴素的智慧支撑起来的。我的意思是，**你应当仰望星空，脚踏实地，坚定不移地向着梦想前进，但路途中也需要不时停下脚步，质疑自己和专家的意见。在充斥着圆滑的商业世界里，不断质疑一个想法或一个产品的有效性，听起来可能有些天真，但我可以说，它对我和戴森的发展很有用，我认为它对未来的发明家、工程师、设计师和制造商来说都会行得通**。例如，有人警告我，DC01 的售价将近 200 英镑，是其他大多数吸尘器的 3 倍，事实会证明它的定价过于昂贵。然而事实却是，它卖得很好。由于选择它的人认识到，与现有吸尘器相比，它具有技术优势，因此它的生产成本以及高昂的价格所带来的经营劣势得以减小。

还有人跟我说，没有人愿意看到透明容器里吸尘器吸出的灰尘。简单的市场调查也证实了这一点。然而，我、彼得·甘马克和西米恩·贾普喜欢看到吸尘器从脏兮兮环境中吸出的大量灰尘，所以我们选择忽略这份市场调查。奇怪的是，事实并不是我们想的那样。新的吸尘器显然功能强大、吸力不减弱，这正是客户喜欢看到的。但他们竟然对于看到自己清理的那么多污垢十分着迷。他们显然也喜欢我们在电视广告方面所做的冒险尝试。“戴森吸尘器，无尘袋，吸力无损耗。”当时，这条广告有点奇怪，因为广告中描述的是我们吸尘器所没有的，例如尘袋，而传统广告只做正向宣传，即宣传产品所拥有的部件或功能。

这个反套路的广告思路是我们与才华横溢的自由创意人托尼·穆兰卡（Tony Muranka）花了一星期时间共同创作的。我们决定在广告中不谈论精巧的气旋分离技术，不谈论需要不停购买尘袋的烦人经历，也不谈论能够快速拿取拖动的软管和强大的吸力，转而强调其他吸尘器的致命弱点，即需要经常更换尘袋和性能不足。这条广告大获成功，但产生了一个小问题：这款吸尘器开始被称为“无袋”吸尘器。这个词是我们的竞争对手创造的，不是我们。我想他们是想向零售商指出，如果销售戴森吸尘器，那么会失去销售尘袋的机会。他们想通过这种方式促使零售商放弃销售戴森吸尘器。不过，我们更希望戴森吸尘器被称为“吸力无损耗”吸尘器，相较于不用尘袋，这其实是它更重要的性能特点。

15 年的发明创造、挫折教训、孜孜以求，开始有了回报。我成为一名合格的制造商，耳闻目睹着生产线如火如荼地运转景象，我激动不已。这个场面震撼得无以言表，如今我依旧这么觉得。我在生产线上工作了两个星期，以了解如何更高效地生产吸尘器，并从那时起观察我们所有生产线的生产。我改变了生产线组装吸尘器的方式，把一些子组件的组装从生产线移除，从而使生产线移动和装配速度变得更快。我从中了解到哪些组件组装起来比较困难，并鼓励我们的工程师也经常走访生产线。最重要的是，这段经历帮助我审视了所有后续产品的生产过程，以了解哪些地方生产效率低下。

然而，当时戴森在英国所面临的一个巨大挑战是，如何在除了 GUS、Littlewoods 这两家邮购目录公司，以及约翰·路易斯百货公司之外的批发或零售业务市场中获得成功，让市场彻底认可 DC01。我应当如何把我的热情传递给每一个人，让人家了解这款性能优秀、技术先进的吸尘器产品呢？我们在前行路上遇到了一些令人相当沮丧的障碍。我去了朗布洛斯公司位于切本哈姆的分店。他们店里摆着一排闪闪发光的新吸尘器，但展柜里的 DC01 却覆满了黑色灰尘，看上去令人生厌。我问销售助理为什么 DC01 这么脏。“哦，”她说，“因为我们用它打扫商店。这是最好用的吸尘器。”我接着问：“你向顾客推荐哪种吸尘器？”“松下。”“为什么？”“因为我家里有一个。”

当时主要的吸尘器零售商是电力公司展销厅。随着英国电力工业私有化，电力公司展销厅最终消失在历史长河中，但它们曾经出现在许多商业街上。人们要到电力公司支付电费，因此它们拥有很多客户。我们去拜访了东部电力公司，它的采购员花了两周时间测试了一台 DC01。采购员告诉我们：“这是一款非常好的吸尘器。清洁效果很好，我很喜欢。但我不会采购它，因为你们公司负担不起上电视打广告的钱。”

我在心里快速盘算了一下，说："如果你采购 2 000 台吸尘器，我就花 4 万英镑上电视打广告。今后你每买 1 000 台吸尘器，我就花 2 万英镑在安格里亚电视台打广告。"他回答："成交。"就这样，我们在东安格利亚地区卖了很多台吸尘器。我们惊喜地发现 DC01 广受消费者欢迎，尤其是很多人会选择它而不是现有的主流吸尘器，但为什么有的零售商接受它，而有的不接受呢？这几乎是一个永恒的谜题。有时我们与零售商的交易显得极其荒诞。

我们通过苏格兰电力公司和苏格兰水电公司的展销厅，开始在苏格兰售卖，市场反响很好。一天，我们走进爱丁堡的一家苏格兰电力公司的展销厅，想了解售货员如何面对面销售我们的吸尘器。一个穿着苏格兰电力公司制服的年轻女子极力向我们推销一台胡佛吸尘器。我问她："为什么选择胡佛吸尘器？""这是最好的吸尘器。"我委婉地询问她，是否真的来自苏格兰电力公司。"不，"她回答道："我是胡佛公司的员工。"

这一切都有点令人不安，而且肯定会对消费者产生误导。我们和约翰·路易斯百货公司合作得很好，这是一家非常喜欢创新设计的公司，但它的某家分公司的 DC01 销量可能会比国内其他分店的高得多，也可能低得多。去过布里斯托分店的朋友告诉我，这家店的员工告诉顾客不要买戴森吸尘器，而是买德国进口的赛博（Sebo）吸尘器。这在零售业被称为"上钩调包诱售法"。

我听说赛博吸尘器在约翰·路易斯百货公司独家售卖。他们的销售员到约翰·路易斯百货公司的各个分店，对店员进行培训，让店员了解赛博吸尘器的优点。这是真的吗？我开车去了趟布里斯托，假装成顾客。“哦，不，”店员跟我说，“您肯定不会想买戴森吸尘器的，它很容易坏。您期望中的吸尘器是这台德国产的质量精良的赛博吸尘器，它是用更好的塑材制成的。”我说：“好吧，实际上我就是戴森本人。顺便说一句，戴森吸尘器是用 ABS 制成的。ABS 是一种坚韧而昂贵的热塑性聚合物，是由聚碳酸酯制成的昂贵塑材，而赛博吸尘器是由聚丙烯制成的，这是一种用来洗碗的廉价塑材。”

有人告诉我，我必须预约一个合适的时间来和约翰·路易斯百货公司的所有合伙人直接沟通。两周后，我又回到了布里斯托。我向他们解释说：“我们用的是一种非常昂贵的材料——聚碳酸酯，它的价格是聚丙烯的 4 倍，强度也是聚丙烯的 4 倍。你可以用锤子敲打戴森吸尘器，它不会坏。”其中一个合伙人说：“我不相信。”我建议她拿个锤子试试，她照做了。“你想怎么打就怎么打。”我说。她猛击吸尘器的集尘桶，锤子被弹了起来，正如我所料。“现在你去敲敲赛博吸尘器。”她这么做了，赛博吸尘器被一击而碎。她的所作所为确实给人留下了深刻的印象。后来，布里斯托分店销售戴森吸尘器的数量之多，在约翰·路易斯百货公司各分店中遥遥领先。

不过，赛博吸尘器的故事还没完。在切本哈姆工厂投入生产后的 18 个月内，我们就占据了英国吸尘器市场 20% 的份额。戴尔德丽和我在切尔西买了一栋房子。一个星期六的早晨，我们去了位于斯隆广场的约翰·路易斯百货公司旗下的彼得·琼斯旗舰店。戴尔德丽在选购厨房用具，而我忍不住逛到吸尘器售卖区。一个年轻人走到我面前，我问他对戴森吸尘器的看法，并询问他我该不该买一个。

“不不不，”他说，“我们收到了很多戴森吸尘器的退货申请。您期望中的吸尘器是赛博吸尘器。”于是我和约翰·路易斯百货公司的采购员取得了联系，要求查看戴森吸尘器的退货数据。事实证明那位百货公司巡视员告诉我的信息完全是假的。有趣的是，特伦斯·康兰差不多与我同时逛彼得·琼斯旗舰店。他说他想要买一台戴森吸尘器，销售员对他说了同样的话。他对销售员说：“好吧，如果你不打算卖戴森吸尘器的话，我会卖的。”那时我还不认识特伦斯，但后来他马上联系了我，他说：“我们想在康兰商店出售戴森吸尘器。”这很令人振奋，因为我非常尊重特伦斯，同时康兰商店致力于出售那些最好的现代设计产品。他不知道，1967 年夏天，我在康兰设计集团做过实习生，为希思罗机场设计椅子。在因为吸尘器结缘之后，我们成了好朋友，我担任了他的设计博物馆馆长，我们还联合成立了一家家具公司。

不过，我们和约翰·路易斯百货公司的关系确实不错。我从中学到的是，我们需要和他们公司的合伙人都谈一谈，挨个解释我们为什么以及如何提供与现有吸尘器不同的产品。我在他们的总部，以及位于伯克郡奥德尼镇的乡村别墅酒店和会议中心与合伙人们进行了会谈。撇开赛博吸尘器的故事不谈，约翰·路易斯百货公司了解什么是优秀的商品设计，也知道客户会买什么样的商品。

但我们用了近两年的时间才将戴森吸尘器推入 Comet、Argos

和 Currys 公司所掌握的大众市场中。在很长一段时间内，他们的采购员不理会我们，也不接我们的电话。我们需要一个突破口，当优秀的威尔特郡议员理查德·尼达姆（Richard Needham）突然出现在我们的切本哈姆工厂时，我们得偿所愿。他恰巧是约翰·梅杰政府中积极活跃的贸易大臣。

甫一见面，我与尼达姆大谈特谈政治中的各种问题，这时他突然说："闭嘴，戴森！你们公司的营业额是多少？"这位伊顿公学老校友和政府部长的讲话方式真奇特。"大约 350 万英镑。"我说。"我希望你在 12 个月内达到 5 000 万英镑。你需要什么帮助？"我讲述了我们在大众市场零售中遇到的问题。尼达姆安排前财政大臣、副总理杰弗里·豪（Geoffrey Howe）前来参观。这段经历似乎很奇怪，尤其是杰弗里·豪说话声音很小，你不得不靠得很近才能听到他在说什么。他似乎对我们无法与 Comet、Argos 和 Currys 公司的采购员进行沟通一事很关注。"哦，"他低声说，"伊丽莎白是 Comet 公司董事会成员。"

我了解到，伊丽莎白·豪当时是广播标准委员会主席。她的父亲是建筑学作家菲利普·莫顿·尚德（Philip Morton Shand），他对沃尔特·格罗皮乌斯（Walter Gropius）和勒·柯布西耶（Le Corbusier）两位建筑大师了解颇深，并做了大量工作把他们的作品引入英国。尚德还有一家公司，这家公司是最早从令人尊敬的芬兰建筑师阿尔瓦·阿尔托（Alvar Aalto）那里进口曲木家具的公司。

第二天早上，我接到 Comet 公司的电话，他们想要售卖我们的吸尘器。Currys 和 Argos 公司紧随其后。以如今的角度来看，抛开约翰·路易斯百货公司、彼得·琼斯商店和康兰商店不谈，我们通过与大众市场零售商合作开拓市场，似乎有些奇怪。而事实上，我们需要这些英国主要的电器产品销售商，它们也需要我们，因为它们的顾客想要一台性能非常好的吸尘器，无须更换尘袋，而且他们的顾客对于价格也不太敏感。

你当然可以花 40 英镑买一台吸尘器。戴森吸尘器的售价是 199 英镑。**我们的客户是那些真正以家庭为荣的人，他们想要最好的吸尘器**。有人说，戴森的产品纯粹是为中产阶层准备的。根本不是这样的。伪心理学可能会说，一个人对吸尘器的兴趣与他的财富成反比。我们的产品也许很贵，但这个定价主要是根据产品的研发、制造和性能来确定的。

事实上，我们花了很长时间才让商店和零售商真正认可我们的产品性能。许多年来，戴森产品都是与众不同的，撇开外观不谈，光价格就独树一帜。几年来，我一直试图说服约翰·路易斯百货公司、Currys 公司和 Comet 公司，让它们理解为什么人们应该花 199 英镑买我们的吸尘器，而不是花 40 英镑买同一展台上的另一台吸尘器。我们的努力最终在 Comet 公司取得突破性进展，他们让我们解释一下我们的吸尘器透明集尘桶的标签上写的机器工作原理是怎么回事。我抓住机会，解释了我们新技术的独特优势，以及我们的吸尘器经过标准测试证实性能比其他吸尘器更好，虽然我只用了寥寥数语和几个数字。

在我们的产品进入 Currys 公司销售网络后的第一个圣诞节前，Currys 公司创始人斯坦利 · 卡尔姆斯（Stanley Kalms），以及高管马克·苏哈米（Mark Souhami）邀请我和他们共进午餐。他们说到，因为加了戴森吸尘器，他们的吸尘器销售部门实现了盈利，因此马克 · 苏哈米希望销售更多戴森产品。为什么不把戴森产品做成一个系列，定制不同的颜色和不同的功能呢？我之前一直视亨利 · 福特为导师，早期的福特汽车只有黑色，而早期的戴森吸尘器只有银色和黄色。生产系列产品的提议很有智慧，我十分感激，并立即遵照执行。

到了 1995 年，也就是戴森公司成立两年后，公司实现了良好的收益，并迅速扩张。我们已经还清了巨额银行贷款，并且有能力撕掉灰色的银行担保表格。戴尔德丽和我如释重负，我们可以保住自己的房子，并偿还抵押贷款了。长期透支的生活终于过去了。与此同时，我们意识到自己正沉浸在人生最激动人心的冒险之旅中。

我们迫切需要一个新工厂，如果我们能建造一间可以反映我们的思想和价值观的工厂，岂不是很棒？我与托尼 · 亨特取得了联系，他是我在皇家艺术学院的结构工程专业导师。他本人是一位富有创造力和成功经验的结构工程师，与诺曼 · 福斯特、理查德 · 罗杰斯、尼古拉斯 · 格里姆肖（Nicholas Grimshaw）、迈克尔 · 霍普金斯（Michael Hopkins）和帕蒂 · 霍普金斯（Patty Hopkins）兄弟都曾有过合作。这些工程师被认为是英国首屈一指的高科技建筑师，他们的设计能够将工程学和建筑完美融合。托尼 · 亨特推荐了 3 位建筑师来设计新的戴森工厂。

克里斯·威尔金森（Chris Wilkinson）在1983年成立了自己的建筑设计公司。这之前，他和托尼·亨特一样，曾为诺曼·福斯特、理查德·罗杰斯和迈克尔·霍普金斯等人工作。他给我留下了深刻的印象。他没有告诉我他认为我需要什么，而是问了很多问题，帮助我思考到底什么是我们真正需要和想要的，并根据我的回答画了草图。当然，这正是杰里米在卖海上卡车时教我做的事情：**询问你的客户他们认为他们想要什么，然后提出解决方案。**

由于建全新的工厂要花大量时间做规划，所以我们决定在这个地区寻找一个现成的工厂作为新工厂。我在泰特伯里山找到了一个工厂，它位于威尔特郡马姆斯伯里镇郊外、切本哈姆以北16千米处。我可以用售卖DC01的收入直接买下它。这处工厂以前的主人是林诺莱特公司（Linolite），一家由阿尔弗雷德·贝尤特尔（Alfred Beuttel）创立的公司。阿尔弗雷德·贝尤特尔在1901年，也就是在他21岁的时候，为一种双端白炽灯申请了专利。在荧光灯推广普及之前，一根根双端白炽灯照亮了整个英国乃至全世界的工厂。它也被用于艺术俱乐部的装饰灯，还作为酒店的隐蔽照明装置，以及第二次世界大战前那些典雅的远洋客轮的内部照明装置。

从表面上看，马姆斯伯里镇是一个主要为农民服务的农村集镇，可事实上它也是一个具有全球影响力的创新制造业中心，在第二次世界大战期间尤其如此。当时林诺莱特公司为英国皇家空军和英国陆军生产一种他们拥有专利的夹子，装配在飞机和坦克燃油管路和冷却系统，以及生产了在1937年首次安装在费里战斗轰炸机上的除冰设备。

相当有趣的是，第一个有历史记录的英国飞行员是艾尔玛，他是马姆斯伯里修道院的一位修士。大约在 1010 年，艾尔玛从修道院的塔楼上一跃而下，在山谷中飞了几秒钟，然后他的“翅膀”大概折断了，他因此摔到了地上，摔断了双腿。不断尝试是发明家必备的素质，艾尔玛也不例外，后来他想再试一次，但被院长禁足了。令人高兴的是，艾尔玛享有高寿。

后来，马姆斯伯里以布匹贸易和丝绸厂而闻名。在第二次世界大战期间，它也是一家从事雷达工作的无线电制造商 ECKO 的所在地。尽管我们在这里的新工厂是一栋旧厂房，但在搬离切本哈姆之后，马姆斯伯里似乎是开设工厂的合适地点，因为这栋工厂总面积超过 7 000 平方米，看起来很宏伟。不过，我们似乎只用了不到 5 分钟，就把这间原属于林诺莱特公司的工厂装得满满当当了。DC01 在商业上逐渐取得了成功。我很幸运，在获得规划许可的情况下，从莫顿勋爵那里买下了工厂附近的土地，并于 1996 年邀请克里斯 · 威尔金森和托尼 · 亨特一起设计建造了我们第一栋定制的戴森大楼。

克里斯 · 威尔金森的工作非常出色。近距离观察这栋建筑，我们可以发现它长长的屋顶上柔和的波浪是对传统工厂锯齿形屋顶或天际线的浪漫致敬（见图 6–3）。这种屋顶轮廓也有助于收集和清理雨水。因为水流从屋顶拱门流下来的速度相对较慢，这就带来了一个额外的优势，即仅仅需要小直径的排水管道，就能够把积水清理完毕。克里斯 · 威尔金森认为，建筑应该是艺术、科学和自然的融合，我觉得他在泰特伯里山为我们设计的戴森大楼上做到了这一点，无论是建筑外观还是使用方式都是如此。与此同时，他还严格控制了建筑预算。从那以后我们就一直保持着密切的合作关系。

我希望这座建筑，实际上是建筑群，成为一个鼓舞人心的工作场所。事实上，它是一个充满青春气息的建筑、艺术、设计和技术的结合体。它的接待区是一个连接两栋建筑的玻璃立方体，接待区门口是一座横跨池塘的玻璃栈桥，池塘里满是芦苇形状的光纤。这些“芦苇”是由克里斯·威尔金森的妻子、天才雕塑家戴安娜·威尔金森（Diana Wilkinson）设计的。

玻璃立方体接待区前方的庭院里，放置着我购买的彼得·伯克（Peter Burke）制作的铜像。彼得·伯克曾是劳斯莱斯航空发动机实习工程师，后来转向雕塑领域。他的这组铜像作品由 40 个真人大小的男女组成，它们都是用曾装过热水、已被腐蚀的旧铜罐制成的。彼得·伯克开着挖掘机从旧铜罐上碾过，把它们压扁，然后使用道蒂航空航天公司（Dowty Aerospace）开发的真空塑型技术把它们塑造成人像。我期待着铜氧化后，它们最终变成绿色的样子。

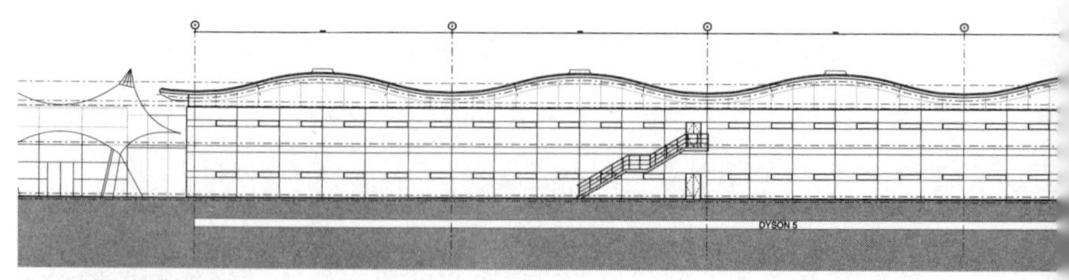

图 6–3 马姆斯伯里园区

注：威尔金森艾尔建筑事务所绘制。

我喜欢彼得·伯克制作的人物铜像。剑桥大学的学生让剑桥四方院显得生气勃勃，这些人物铜像也使我们的园区生机盎然。弗兰克·惠特尔在英国皇家空军服役期间也在剑桥大学读过工程学，他是我心目中的英雄。后来，他与劳斯莱斯航空发动机公司进行了合作，后者就是在马姆斯伯里工厂制造了韦兰喷气式飞机发动机。园区落成时，我们招聘了很多工科毕业生，专门从事研究和开发工作。随着时间的推移，我越发觉得工厂应该像一个大学校园，虽然这个“校园”里进行的是产品设计、原型机研发、测试和制造，但这确实是我们的工厂应该成为的样子。尤其是最近，我们进一步扩大规模，增加了一个供戴森本科生居住的区域，其中还配有体育中心和咖啡馆，这些使它更像校园了。这块额外的土地也来自莫顿勋爵，他是一个白手起家的企业家，我们种了一棵挺拔的土耳其橡树来纪念他。

我希望我们的公司是一个健康的工作场所。机电承包商最开始提出安装一种传统的空调系统，即循环 80% 的空气，只让 20% 的新鲜空气进入。我说：“我不想要任何循环空气，这会导致疾病和

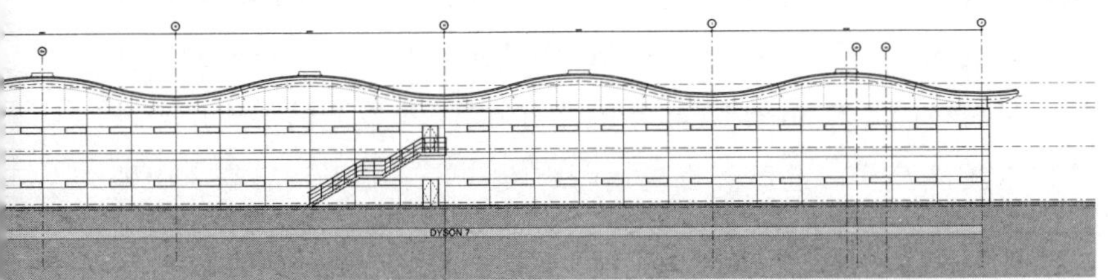

主楼设计图

‘病态建筑’症。请给我新鲜空气好吗？”这种数学逻辑使我感到困惑，循环 80% 的空气有什么意义？这种结构需要大量管道系统和风扇，而且 80% 的循环空气对建筑内的空气有什么好处？我只能想到，糟糕的空气一而再再而三地在建筑内循环。

从专家的视角看，我的想法无法实现，所以我与机电承包商对峙了两周。最终他们妥协了，这座建筑因此变得更简单、更健康。新鲜、干净的威尔特郡空气从地板进入大楼，并通过屋顶的出风口排出。当冷空气自屋顶落下时，天花板下方有冷却梁，而地板下隐藏着散热器。这套系统没有聚集灰尘的难看管道，运行非常简单，效率高，耗电少。

我一直讨厌那些把“漂绿[①]”作为营销手段的公司。我宁愿悄悄地采取行动，减少对环境的影响。无论是过去还是现在，我们一直是一家工程师为主的公司，因此我们从一开始就寻求在解决特定问题、完成特定任务时，尽可能少地使用能源或材料。精益工程是一种很好的工程理念，事实上，自从动力机械问世以来，我钦佩的工程师们已经做到了这一点。2010 年，在参加第四频道电视节目《英国天才》（*Genius of Britain*）的录制时，我重新想起了托马斯·纽科门（Thomas Newcomen）于 1712 年发明的主要用于矿井抽水的蒸汽机。这款蒸汽机运行缓慢、效率低下，后来，詹姆斯·瓦特（James Watt）将其效率提高至 5 倍。戴森也是这样做的。从 DC01 开始，我们的第一代吸尘器使用的就是日本专营的 1 400

① 指公司为树立支持环保的形象而做的捐赠或公关活动。——译者注

瓦马达，而我们的竞争对手则以使用 2 000 瓦甚至 2 400 瓦马达而自豪。然而，我们没有吸力损耗，因此没有动力浪费，而竞争对手的吸尘器在工作过程中会出现吸力损耗并浪费动力，因为它们的尘袋会堵塞。

对于我，以及所有戴森工程师来说，通过精益工程和提升材料使用效率来实现产品轻量化是一个指导性原则。使用更少的材料意味着在制造过程中消耗的能量更少，也意味着产品的重量更轻，所需的驱动能源更少，更容易操作，因此使用体验也更愉快。我从当年制造海上卡车的经历中明白，船的重量至关重要，决定了它能否以高达 72 千米 / 小时的速度划过水面、登上海滩。也许，精益工程理念从一开始就深植我心，小时候的长跑经历让我明白了让身体保持精益的重要性[①]。我也认为，**精益求精是大多数工程师的天性，它刻在了我们的基因里。**

在马姆斯伯里，我们从一开始就计划减轻吸尘器的重量。例如，我们认为塑料模塑件不该和原来一样厚。塑料模塑件越厚，需要的塑料就越多；需要的塑料越多，你就需要更多的电来熔化和塑造它。我们与塑料材料供应商有过一次对峙，他们坚持认为我们需要 2.5 ～ 3.5 毫米厚的模塑件，因为这个尺寸便于把塑料原料推过模具的塑型腔。这个尺寸是他们用模具加工计算机程序经过计算后给出的结果。我们最终设计并制作了一个 1 毫米厚的透明集尘桶。瞧，就算与塑料供应商的计算机程序所预测的情况不同，它也能够

① “精益”英文为 lean，这个单词也有瘦的意思。——编者注

正常工作。

从 1993 年起，我们每年将吸尘器的产量增加至前一年的 3 倍，所以减少模塑件厚度这个看似简单的举措节省了大量的材料和能源。当然，节省材料的同时，我们必须确保我们的机器经久耐用。我们设立了一个大型的“折磨流程”，用于测试我们的吸尘器。这样我们的吸尘器即使是在使用方式最粗鲁、工作环境最棘手的家庭里使用，也会让使用者感到远超期望。尽管折磨流程已包含了许多机械测试台，我们还是安排了数百人在折磨流程中野蛮地使用我们的产品，尽最大努力破坏或磨损它们。每做 200 次测试动作，我们都会通过拍照和做笔记的形式进行记录。对质量的严格控制使我们能够使用更少的材料，制造更轻盈的产品。

在马姆斯伯里的工厂中，我们也对吸尘器的工作原理进行了改进。每种型号的吸尘器都与前代机型截然不同，技术不断更新。正如巴克敏斯特·富勒所说：“通过与现存的东西斗争而改变它是不可能的。如果想要改变它，那就去创造一个让已有模型淘汰的新模型。”巴克敏斯特没有受到 20 世纪五六十年代美国汽车界人为设置有限产品寿命的“内置报废”风气影响，而是进行设计方面的革命。事实上，我们在不停研究和开发新技术与新材料，我们致力于淘汰我们早期的吸尘器型号。当然，旧有机型也被保留了下来并将继续生产。

我们实现了一些小小跨越。在过去的 20 年里，由于我们在马姆斯伯里、马来西亚、菲律宾和新加坡的工厂迅速发展成为研发型制造园区，我们得以实现根本性的技术变革。这也是我们能够招募到工科毕业生的原因，这些毕业生很可能会考虑，他们为什么到位于威尔特郡乡下的戴森工厂工作？这些工厂距离伦敦 161 千米远，而且在做的事情看上去平淡无奇。既然他们可以选择为航空发动机或最新式计算机的研发而工作，为什么选择设计和开发吸尘器呢？

我喜欢我们对于那些平淡无奇的产品所做的处理，比如我们让吸尘器成为真正高性能的机器。我们聘用研究生工程师，经由他们的努力和推动，戴森发展成了一家科技公司。在这一章中，我经常说“我们”而不是“我”，因为我们很快就形成了一个团队。**我们开始把公司视作一个由才华横溢的年轻工程师组成的大学校园，他们明白自己的工作就是自由思考，提出问题，挑战我们所做的一切，以开发更好的设计、技术和产品。**

这里由一家马姆斯伯里的工厂突然变成一个研发中心，其氛围对年轻人一直很有吸引力。同样，我们在马来西亚和菲律宾的研发型园区和我们在新加坡全新的圣詹姆斯发电站园区也是如此。相较于伦敦、纽约、新加坡这些大城市，马姆斯伯里远离任何繁华地区，但这里有它特殊的吸引力。

在马姆斯伯里，克里斯·威尔金森再次担纲建筑设计师，将一座机库建造成了多功能的体育中心和供人们会客的“闪电咖啡厅”。在“闪电咖啡厅”，你可以坐在弗里茨·汉森（Fritz Hansen）牌椅子上，抬眼看去，会发现桌子对面是一架英国电气公司生产的闪电

F1 战斗机。这架闪电 Mach 2[①] 型英国皇家空军截击机被悬挂在天花板上，只用了 3 根钢索固定。闪电战斗机是一款速度惊人、用途极其广泛的飞机，而这架飞机花费了 18 个月时间才修复完成。园区里的几台机器总是吸引着我不时四处走走，它就是其中之一，还有前面提到的那辆 1961 年造、被切开的古董 Mini 车，一架鹞式喷气式战斗机，一辆海上卡车（已有 45 年历史，从威尔士港务局买回来的）和一架贝尔 47 型直升机。

这些机器背后的故事和人，展示了工程师们在不受当时技术水平限制的情况下大胆思考所带来的可能性。他们真的可以改变世界！我们的机器不是博物馆的文物，它们被珍藏于此，触手可及，那些隐藏在它们背后的和创意、使它们由想法变为现实的工程设计，以及一路走来所遭遇的挫折和失败，在这里得到理解。

那架蜻蜓形状的贝尔 47 型直升机是由美国发明家兼哲学家阿瑟·M. 扬（Arthur M. Young）设计的。1928—1940 年，阿瑟在他父亲的宾夕法尼亚农场马厩改建而成的车间里度过了 12 年的孤独时光，并开发出了世界上第一架商用直升机的全比例尺寸可工作模型。

我们的 D9 研发大楼由克里斯·威尔金森设计建造，于 2016 年正式开放。它为我们提供了空间和设施，使我们能够深入研究未来的技术和产品。对于科学家或工程师来说，这样的空间和设施很

① 二倍音速。——译者注

有吸引力。以它的中庭为中心，两个面积宽广的楼层交叠设计，错落有致。位于中心位置的实验室隐藏在大楼环绕式反射玻璃墙的后面。玻璃墙使用的是 5 米 ×3 米预制盒装玻璃板，这也是这种预制盒装玻璃板首次被用作建筑物的外围建筑结构。之所以将它做得具有反射效果，部分原因在于我们越来越需要绝密的实验室，以及我们也需要在玻璃中反射建筑物周围的树木。

在任何时候，我都不能当众讲述我们要做什么，因为随着公司的发展，我们在研发方面的投资迅速增加，关于未来的产品，我们需要对其研发情况保持绝密。不过，D9 研发中心是一个适合工作的好地方，我们利用这栋建筑来测试新的想法，比如我的大儿子杰克开发的 Cu-Beam Duo 灯像卫星一样悬挂在天花板上，提供可单独调节的工作光和氛围光。它们的 LED 灯使用热管技术冷却，寿命长达 18 万小时。热管技术多用于卫星和微处理器中。

我们的目标是让园区成为一个既有发明又有创意的地方，把我们的研究成果映射到建筑设计当中。当你从闪电咖啡厅的楼梯顶部往下看时，眼前的螺旋形是我们马达中涡轮的视觉参考效果。显然，这是我们的园区，它有自己独特的风格。

从一开始我们就决定自己制作宣传材料和广告，不聘请外部机构，因为我们想无所畏惧地谈论科技，当然，也正是科技推动了戴森公司的诞生。既然我们已经开发了这项技术，我们就应该知道如何向别人解释它！

20 世纪 90 年代末，比利时法院禁止我们谈论吸尘器的尘袋。我没有意识到他们有这个权限，我本认为他们的行为是非法的。但比利时对于带有比较性的广告有严格的法案，我们的欧洲竞争对手以此为据联合起来起诉我们，说我们不应该在广告中提到自己的吸尘器没有尘袋，因为这是将戴森产品和其他产品进行对比，从而产生比较性的产品优势。虽然这种说法很荒谬，但法庭认定我们有罪。我们制作了一个由摄影师唐・麦卡林（Don McCullin）拍摄的平面广告，广告中"无袋"一词被反复涂抹，图中皮带绳上写着："对不起，但比利时法庭不想让你知道每个人都有权知道的事情。"媒体对此很感兴趣，我们向他们讲述了欧洲制造商如何联合起来共同压制竞争对手的故事。

戴森与众不同的要领之一就是，永远不让自己停留在荣誉上，哪怕一分钟都不行。随着直立式吸尘器 DC01 的畅销，我们在 1995 年推出了 DC02，这是一款紧凑型圆筒双气旋吸尘器，它解决了世界上家家户户都会遇到的问题：如何把吸尘器安稳地放在楼梯上。这是我们的第一个圆柱体形态的吸尘器。

彼得・甘马克和其他工程师都忙于 DC01 的研发和制造工作，所以我和安德鲁・汤姆森（Andrew Thomson）一起设计了 DC02。安德鲁・汤姆森完成皇家艺术学院和帝国理工学院的创新设计工程双学位课程后，直接加入了戴森。

DC02 的除尘筒和气旋分离器呈 45 度角，上面是长手柄，下面是马达和轮子（见图 6–4）。它与我们竞争对手的圆点或圆柱状外观不同。从来没有人对 DC01 的设计发表过评论，但 DC02 的设计引发了很多评论，这引起了我的兴趣。

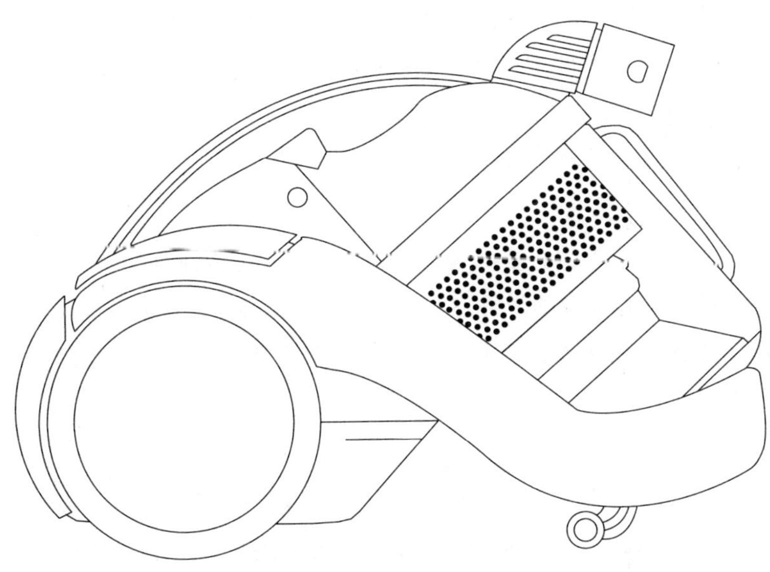

图 6-4　DC02 吸尘器

我们为产品提供了许多种颜色和特别的版本，比如荷兰风格派（De Stijl）特别版，它表达着我们对 20 世纪早期荷兰设计运动的敬意。在我看来，这一设计运动才是现代设计的真正基础，它比包豪斯的诞生早了 10 年。事实上，我们为不同型号的吸尘器制作了相当多的特别版，有一款外观是绿色的 DC02，是为了强调它用绿色可再生塑料制成，还有些特别版则是为了给慈善机构筹集资金，提升人们的环保意识。

1994 年，我们发布了银蓝色版本的 DC01，其命名为“南极独奏曲”，由探险家雷纳夫 · 菲恩斯（Ranulph Fiennes）签名发售。雷纳夫是第一个在没有后勤补给的情况下穿越南极的人。我们资助了这次旅行，目的是为乳腺癌的突破性发展筹集资金。我父母都死于癌症，我急切地想帮助相关机构找到治疗方法。令人惊讶的是，在那个时候，用于乳腺癌研究的资金很少。为了提高人们对于乳腺癌研究的认识，我决定把资助雷纳夫这段旅行作为一次尝试。

雷纳夫找到我，是因为他的妻子有一个周末派他去买吸尘器。他选择了戴森吸尘器，并隐约感到我们可能会愿意资助他的南极探险。事实也确实如此。我们还为他的探险队设计了一个特殊的指南针。

这一时期确实是一段创造力旺盛、新产品层出不穷的美好时光。到了 1995 年，我们开始研发全新的产品，其中包括戴森反向旋转洗衣机 Contrarotator（见图 6–5）。事实证明，这是一款性能非常优异的洗衣机，不光我一个人这么评价它。但它从来没有赚过钱，主要问题在于它的制作成本实在太高了。2000 年，我们推出这款洗衣机时，它的售价虽然高达 1 099.99 英镑，但相对于成本来说依旧太低了，导致无法盈利。

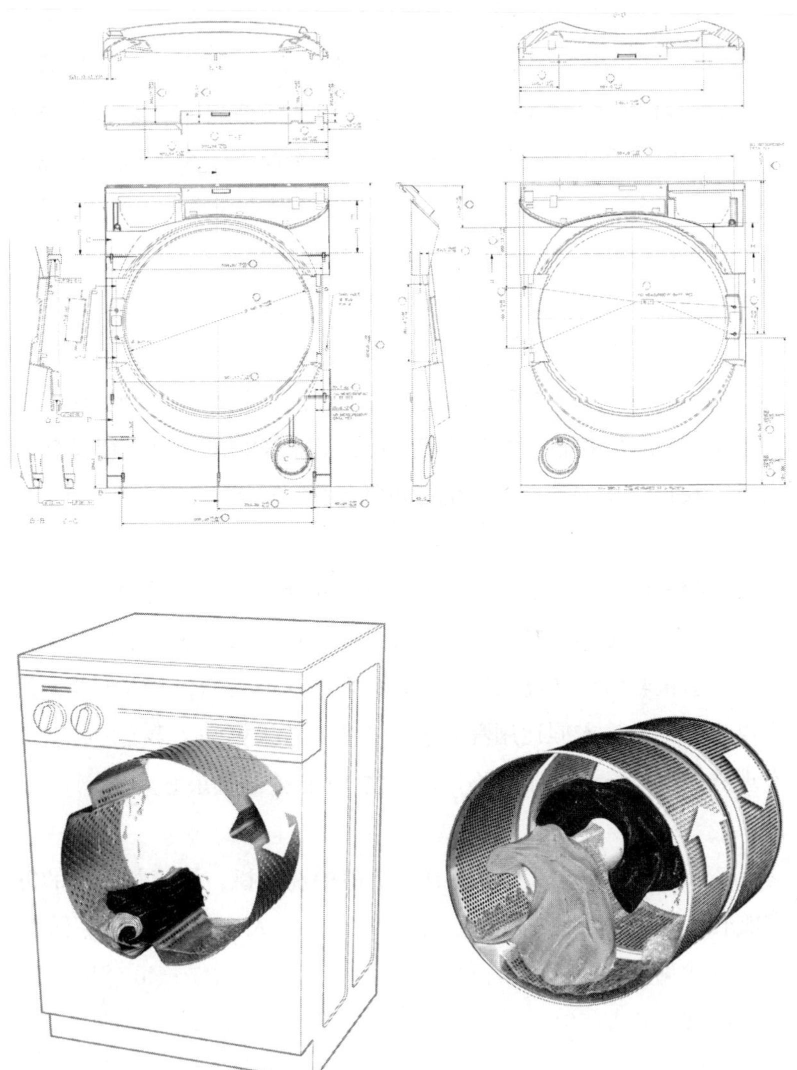

图 6-5　反向旋转洗衣机 Contrarotator

为此，我们努力降低它的生产成本，但都没有成功。营销团队对我说，如果便宜 200 英镑，你就会卖得更多。我相信了他们。我们降价 200 英镑，以 899.99 英镑的价格售卖，结果销量与定价 1 099.99 英镑时完全一样，这导致我损失了更多钱。我犯了一个典型的错误。听起来可能违反直觉，但我其实应该提高价格。Contrarotator 并不是一台低成本的洗衣机，而是一款与众不同、精心设计的产品，它的客户群体是那些会欣赏它，并愿意多付一些钱的人。这种新型洗衣机能够启发人们重新思考洗衣机的工作模式，但我们不得不在 2002 年停止生产这款产品，我对此特别遗憾。而在接下来的 15 年里，我们依旧为已出售的 Contrarotator 提供技术服务。我自己用的那台至今仍能正常工作。

传统的洗衣机只有一个滚筒，滚筒里装着又湿又重的衣物，一次只能朝一个方向旋转。由于实际洗涤作用有限，衣服需要在洗涤剂中浸泡很长时间才能被洗干净。我们的研究表明，与人们普遍的观点相反，手洗衣服比用洗衣机洗衣服的效果更好。事实上，我们发现洗衣机运行两小时并不比用手洗 15 分钟的效果好。

Contrarotator 是第一台拥有双滚筒的洗衣机，滚筒朝相反的方向旋转，以模仿手洗的动作。用这种方式，衣服洗得更快更干净，洗衣机载重更大，用水量更少。Contrarotator 在 30℃～40℃下工作，而常规洗衣机是 50℃～60℃，降低温度是为了防止衣物收缩。不过，它比标准洗衣机复杂：它需要两台马达，每个滚筒一个。由于两个滚筒在衣物甩干过程中必须朝同一方向高速旋转，所以反向旋转洗衣机还需要分离装置和变速箱。因此，我们不得不翻来覆去地讨论成本和销售价格。

在马姆斯伯里，我们还放弃了另一种产品。它就是柴油机过滤器，或者叫气旋式废气过滤器，一个从马库工厂延续下来的项目。多年来我一直很喜欢这个项目。我读了很多关于柴油废气危害的书，得知废气中的微粒会致癌。欧盟和英国政府对于柴油废气清洁度的说法，我没有在严肃的医学研究文献中找到依据。对于任何一个在路上驾车、吸入前一辆汽车柴油废气的人来说，危害似乎是非常明显的。你能闻到废气的味道，然后会把它们吸进去。而且，如果坐火车从伦敦向西来我们这里，你就会体验到柴油火车尾气是多么难看又难闻。在帕丁顿车站布鲁内尔巨大的玻璃屋顶下，柴油发动机长时间运转，排出了太多肉眼可见的危险废气。不过，政府在听取了汽车制造商的游说以及欧盟的指令，并与主要顾问之一、当时的首席科学顾问大卫·金爵士（Sir David King）磋商之后，决定削减柴油税以推广柴油。金爵士后来也承认政府对柴油的看法是错误的。

在马库工厂时，我们研制了一种特别的气旋分离器，用来收集柴油废气以减少污染。1993 年，我在 BBC 的少儿电视节目《蓝彼得》（*Blue Peter*）中对我们的柴油机过滤器进行了演示（见图 6–6）。为此，我开着一辆柴油驱动的福特运输车在伦敦西部的牧羊人灌木丛里转了一圈，然后向主持人安西娅·特纳（Anthea Turner）展示我收集的废气。

不过，要让汽车制造商采纳我们的想法是不可能的，因为柴油比汽油便宜得多，而且尽管柴油会产生一氧化二氮、二氧化硫和碳氢化合物，但每个人都被告知它是“绿色能源”。很遗憾，我们的头撞上了坚固的水泥墙，但我们直到 1998 年才最终放弃这个项目。

虽然柴油机过滤器项目的结束令人失望，但这个项目证明了我的气旋分离技术可以应用到其他发明和产品中。这项技术在戴森变得越来越重要。我们一直关注技术的革命性发展，也在开发和完善现有产品的技术，具体内容我将在下一章讲述。

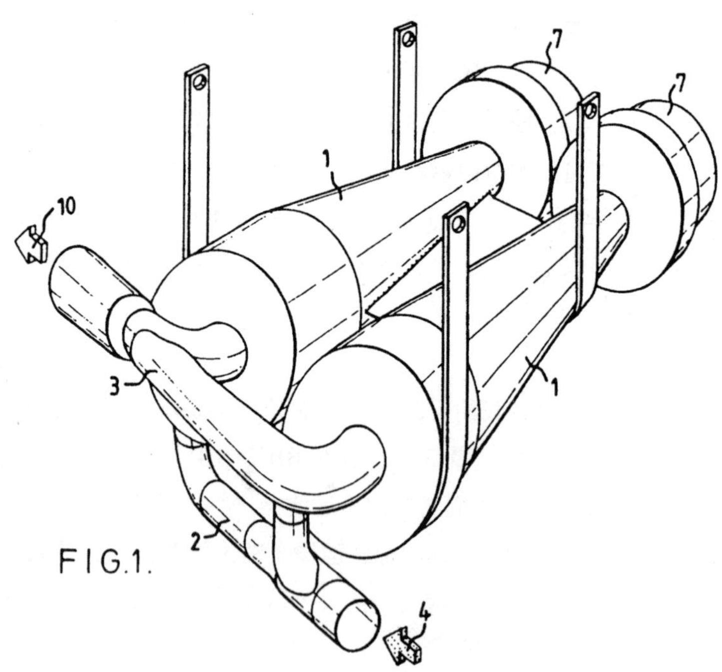

图 6–6 戴森柴油机过滤器专利图

INVENTION

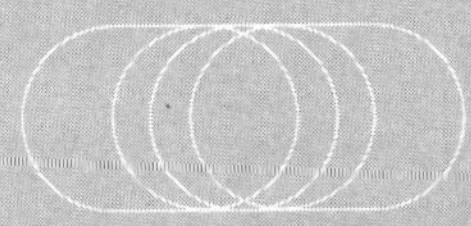

第 7 章

核心科技

IT IS CRUCIAL TO KEEP ON IMPROVING AND NEVER TO RELAX WITH A PRODUCT THAT APPEARS TO BE SELLING WELL.

不断改进，
永远不要因为
一款产品销量很好
而满足，
这是至关重要的。

我从没打算让戴森只做一家吸尘器公司。气旋分离器是我们应用于产品的第一项核心技术，而这项产品恰好是一台吸尘器，我一直把这个当作我们迈出的第一步。从那时起，我们一直专注于开拓核心技术，并靠着这些技术在越来越多的领域设计出更好的产品，一路攻城略地。

然而，我们的方法既不快捷也不便宜。投资新技术需要义无反顾，以及长期的资金保障。这一过程要经历各种失败，度过无数个不眠之夜，还有很多很多的挫折，才能取得一点真正的突破。我们走的是朝圣者的苦旅，而非迈向成功的捷径。DC01 迅速取得成功，但是作为永不满足的工程师，我们迫不及待地想出了如何制造更好的版本。我们渴望将气旋分离技术应用于不同的产品。

直立式吸尘器是在美国发明的，用来清理特定的地毯，为此它需要一个“拍打”刷头。你需要握住吸尘器顶部的把手推着它工作，它用起来有点像割草机。它在 20 世纪 30 年代进入英国，并随着地毯一起在英国流行起来。但它没有进入其他国家，因为那些国家大多使用筒式吸尘器。之所以叫筒式吸尘器，是因为它最初采用金属或纸板圆筒。使用时，你需要拉着一根软管和一个杆子把它拖到身后。筒式吸尘器没有刷头，因为很多国家不像美国那样铺地毯，所以没必要用刷头。

接着，我们想制造一款气旋筒式吸尘器。这就是小巧紧凑的 DC02，它能够稳稳地放置在台阶上。我们将 DC03 设计成一款非常轻的直立式吸尘器，弥补了重型吸尘器的不足。它只有 100 毫米厚，可以完全平放在地板上，清洁家具下面的区域。它既平整又薄，可以挂在墙上存放。我们对 HEPA 滤网很着迷，所以在 DC03 上安装了一对大大的 HEPA 滤网，分别位于马达的前面和后面。HEPA 滤网是一种高效的颗粒捕捉器，你以前可能在医院的吸尘器和一些危险的场所如核设施等处见过。它在密集的褶皱介质中使用非常细的玻璃丝。褶皱介质能增加表面积，由于空气只能以特定的低速度通过介质，因此介质的表面积至关重要。过滤器周围的密封性也很关键，这就是为什么每一个配备 HEPA 滤网的戴森吸尘器都要在生产线上进行功效测试。

DC03 也是第一款带有分离装置的吸尘器，可以分离刷头驱动装置。例如，在最让用户头疼的情况——刷头被乐高积木卡住时，分离装置可以滑动，将刷头分离，避免损坏传动带，保证齿形传动带的终身使用寿命。我们还生产了 DC03 的透明版本，但发现用于注塑成型的聚合物 Terlux 不如早期测试的材料坚固后就停产了。

与此同时，DC01 的销量非常好，客户似乎对它很满意，但我们一直在考虑改进，并推出了另一款直立式吸尘器 DC04。DC04 的空气瓦特值和吸力是 DC01 的 2 倍多。直立式吸尘器内有相当长的管道，可将污垢送入气旋分离器中，然后输入系统末端的抽吸马达。它还有一个自动启动的转换阀，用于引导吸头或可拆卸伸缩软管的吸力。我们将所有气道和阀门设计得更平滑，并改进了气旋分离器的性能来提升功率。

我们认为我们的第一个筒式吸尘器 DC02 很重，所以开发了一款性能更强大的轻型筒式吸尘器。**我相信，不断改进，永远不要因为一款产品销量很好而满足，这是至关重要的。永不满足是工程师应该有的感觉。**

DC05 是我们第一款应用电动吸头、电动刷头来深度清洁地毯的吸尘器。所有传统的筒式吸尘器，包括 DC02，都至少安装 4 个轮子或脚轮。这意味着你不得不拖着它让它转向。我们在 DC05 上安装了两个大后轮，将所有重量放在后面，所以当开始拉动软管时，两个大后轮支撑吸尘器，使它更容易拉动和跟随你，因此你会感觉它更轻。DC03 ～ DC05 吸尘器如图 7–1 所示。

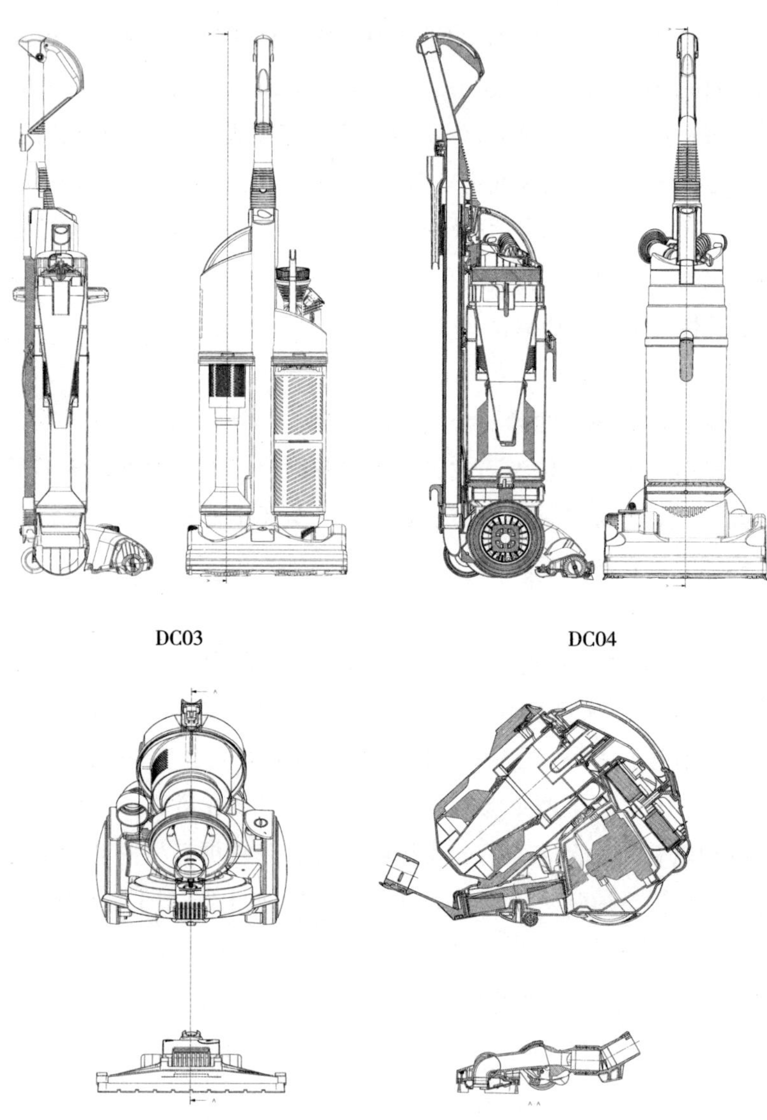

图 7-1　戴森系列吸尘器

发明 DC06 时，我们第一次尝试了吸尘机器人，我稍后会详细介绍（见图 7–2）。

2001 年发明的 DC07 直立式吸尘器是第一个拥有多个气旋分离器的吸尘器（见图 7–3）。它共有 7 个气旋分离器，为了提高吸力，全部被倒置放置。DC07 还有一个分离装置，不仅可以避免损坏刷头的传动带，而且如果你使用软管，它还可以自动分离刷头，使刷头在地毯上不工作时可以不损坏东西。2002 年，我们在美国市场推出了这款机器。

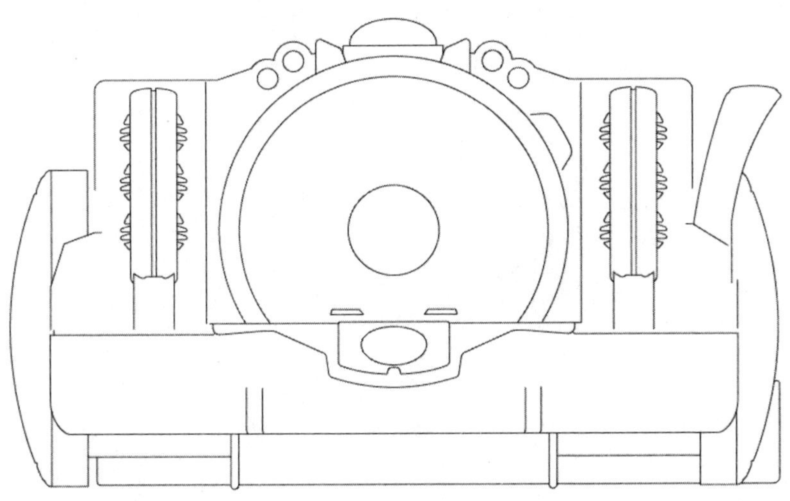

图 7–2　DC06 吸尘器

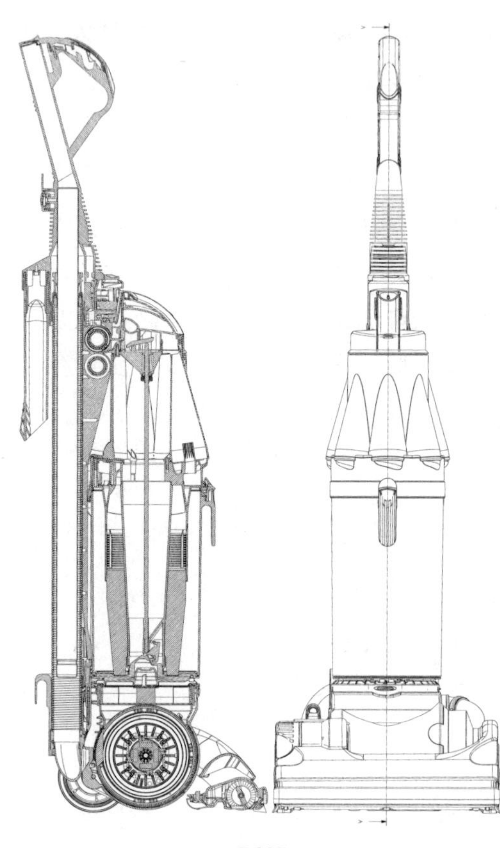

DC07

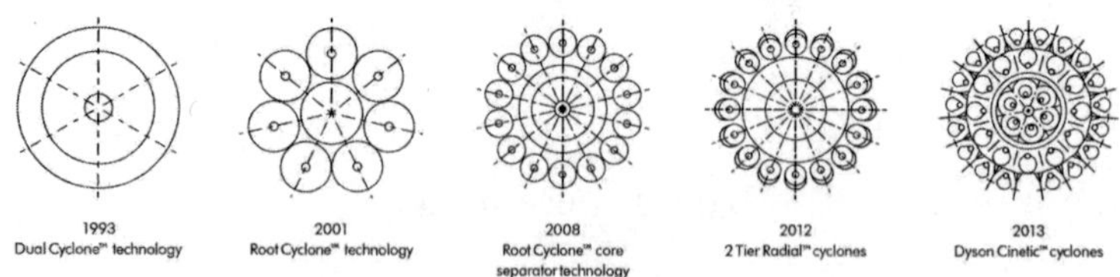

气旋分离技术的演进

图 7–3　DC07 及气旋分离技术演进图

在改进吸尘器的中途，我曾多次“不务正业”。1999 年，《每日电讯报》（*Daily Telegraph*）的编辑查尔斯·摩尔（Charles Moore），也就是现在的摩尔勋爵，邀请我去萨伏依酒店吃午饭，那是我唯一一次去那里。

他建议我与《每日电讯报》一起写作关于伟大发明的历史，以系列文章的形式刊登在报纸上，并随后作为一本书出版。摩尔还建议我设计一个花园，作为《每日电讯报》在切尔西花展的展台入口。在接下来的几年里，他好心好意地一再重复设计花园的提议，直到我有了一个点子，就接受了这个提议。

我与认识多年的天才花园设计师吉姆·霍尼（Jim Honey）合作，设计了我们的“错误花园”。我们的思路里赞扬“不要害怕做错事”的美德。吉姆·霍尼的设想是不使用花园里常见的绿色、粉色、黄色或红色，而是用深红色和棕褐色。

在我们的设计中，花园的前面会有一处水景，与莫里茨·科内利斯·埃舍尔（Maurits Cornelis Escher）精妙的画作《瀑布》相呼应，画中的水看上去是沿着坡道向上流动的（见图 7–4）。花园前的水景两旁都是玻璃长凳，它们以一种看似不可能的方式在“V”字形结构上保持平衡。一切都看起来很不可思议。

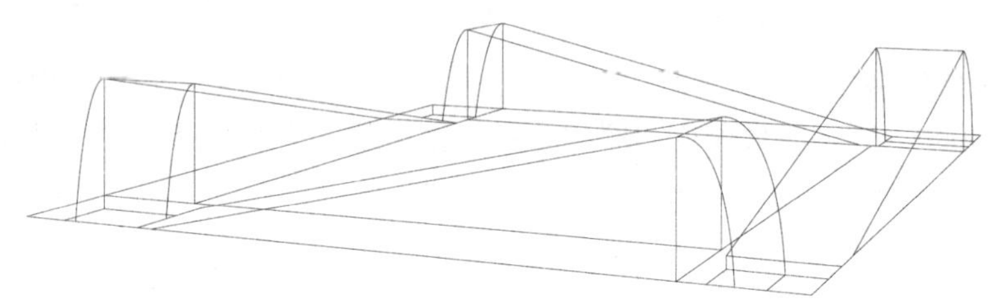

图 7–4 水景结构图

这也是吉姆·霍尼第一次参加切尔西花展。他必须快速学习，快速行动，因为花园必须在短短两天内布置好，并在参展结束后立即移走。我的水景装置是用玻璃做的，就像埃舍尔的画一样，4 个坡道各有 3 米长，形成了一个正方形的框架。水沿着每个玻璃楔形坡道向上流动，然后像瀑布一样落入一个方形水池，之后沿着下一个坡道继续向上流动，如此轮回。每个玻璃坡道都装满了加压水。我、彼得·甘马克，还有德里克·菲利普斯（Derek Phillips）一起在马姆斯伯里的工厂中开发了这个装置。

我们发现有一些现象可以帮我们完成设计。首先，与沿着坡道向上流动的视觉印象相反，水实际上是沿着坡道向下流动的。它通过坡道顶部的一个狭槽离开玻璃楔的顶部，然后沿着玻璃坡道向下流动。但由于坡道锋利边缘的表面张力，水并没有溢出玻璃边缘，而是均匀地散布在玻璃表面上。看起来水是向上流的。

其次，我们通过在楔形水箱内的玻璃坡道下方引入气泡流，让气泡流从玻璃下方的底面一路向上，经过玻璃坡道下表面到达顶部，确保它看起来像是向上流动的。效果简直完美！玻璃坡道下表面的气泡往上流动，使得从玻璃坡道顶部流下来的水看起来像是在往上流。我们也让水从顶部的同一个狭槽中流出，像瀑布一样倾入下面的方形水槽。最后的效果是，你会认为自己看到水沿着玻璃坡道向上流动，并在方形水槽中形成一个瀑布。它骗过了所有人。

这其中的机械原理出奇简单。装置的每个角都有一个水下水泵，将水推入玻璃楔形水箱，迫使它从坡道顶部的狭槽中流出，形成瀑布。然后，每个水箱都有一个气泵，用于产生具有特技效果的气泡，并让气泡从玻璃坡道下表面开始向上移动。总体效果是水沿着每个玻璃坡道向上流动，沿着整个正方形框架不断地流到下一个方形槽中，如此轮回。因为有德里克·菲利普斯天才般的工程专业知识，一切得以顺利运行。当女王问到水怎么可能向上流动时，我把秘密告诉了她。

玻璃长凳是由一块长长的夹层玻璃横板制成的。一个倒“V”字形金字塔的玻璃被粘在玻璃板的上方中间，玻璃板的下方中间有一个相同的“V”字形金字塔。玻璃长凳看起来好像在玻璃的“V”字形顶点上以一种不可置信的方式保持着平衡。秘密在于，从玻璃板一端下方地面上的隐藏锚定点伸出一根不锈钢缆绳，一直延伸穿过玻璃板，再向上穿过中间的玻璃金字塔，然后向下穿过玻璃板另一端，最后进入地面并锚定住。它与玻璃接触的每一个地方，都被隐秘地固定住了，这阻止了长凳倾倒。当人们坐在上面时，也能给玻璃板必要的支撑。开幕式上，名模杰瑞·霍尔（Jerry Hall）既大胆又优雅地斜倚在长凳上，就像在给《太阳报》拍摄大片一样。我很高兴她喜欢这个长凳。

切尔西花展上，其他的花园大多以迷人的方式展示了野花。毫不奇怪，“错误花园”的颜色并没有吸引所有评委。吉姆·霍尼愤愤不平，他认为我们的设计适合所有花园，而短命的野花则不然。尽管如此，我们还是获得了镀金白银奖。“错误花园”还参加了伯明翰的另一场展出。在那里我们的运气更好，我们赢得了“秀场花园”奖。在展览期间，德里克·菲利普斯自豪地对我们的花园进行了解说，他出色地设计、制作和运营了这个花园。几年后，这位与我们一起创造出这么多东西的天才死于癌症，我感到非常难过。

在这之后，我们需要一张更大的会议桌，我想到电缆支撑玻璃的设计，决定制作一张无腿玻璃桌（见图 7–5）。

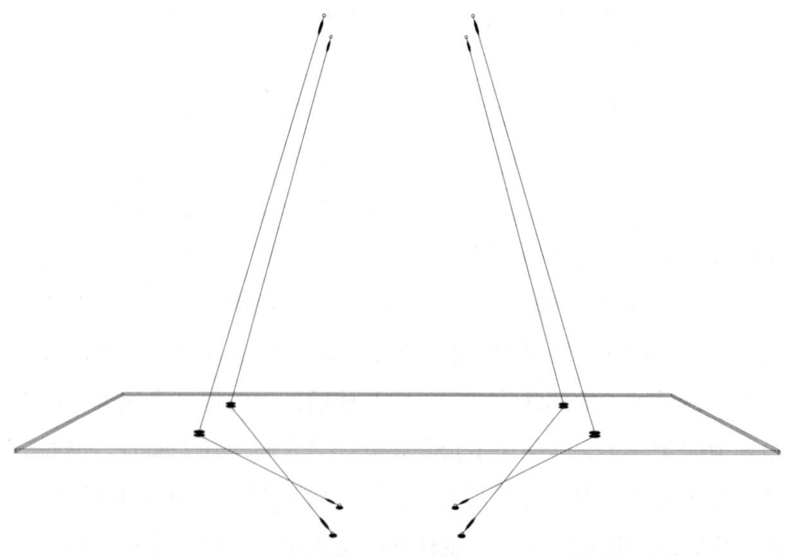

图 7–5 无腿玻璃桌

玻璃桌面由两块 5 米长、2 米宽的层压板制成，重 750 千克。4 根不锈钢电缆从天花板固定处以一定的角度落下，这很重要。我们担心桌子太重，因此将连接孔直接穿过上面的混凝土房顶。这 4 根电缆穿过桌面上的不锈钢套圈，然后向下到达地板上的固定件，在中间以一定角度交叉，这对于防止桌子转动至关重要。电缆被拉得很紧，玻璃桌面非常稳定，比有腿的桌子更稳定。每个人都可以在桌子周围的任何位置坐下，而不受桌腿的妨碍。

我的另一次愉快的“不务正业”是将吸尘器带到巴黎时装秀场。我去东京旅行时，三宅一生品牌创始人三宅一生（Issey Miyake）先生总是邀请我见面。他最近才向我透露，1945 年 8 月在日本投下的两颗原子弹中的一颗就落在他家附近，当时他才 7 岁。三宅一生是一个极具创造力的人。我们在日本开拓市场时，他很支持我们。我也很喜欢他设计的服装。

2002 年，三宅一生邀请我为他 10 月巴黎时装周上的新品发布设计秀场。有趣的是，这个系列的新品是根据戴森吸尘器设计的：服装的一些形状参照了我们吸尘器各种部件的形状；我们的技术图纸出现在衣服上，并使用了银色和深洋红色。我被这些创意深深打动了，很想看看最终效果。然而，我不得不等到开场才一窥究竟。

那场时装秀的主题是风，而我们的吸尘器就是使用强大的气流将灰尘从空气中分离出来，因此主题完美契合。他们希望模特们走过 T 台时，我们能制造出强大的气流，让模特们看上去像是在强风中行走一样。

时装秀在杜乐丽花园里沃利街一个大而坚固的帐篷里举行。我在帐篷外的几个地方放置了非常大的风扇鼓风机，并将空气引导到直径为 1 米的巨大的、有弹性的黄色塑料管道中。它们就像我们吸尘器的黄色真空软管一样，但要大很多倍（见图 7–6），由身强力壮的助手拉着软管上的缆绳来回摆动。软管直接伸向观众席，并在模特经过时鼓出空气。要知道帐篷内非常热，观众对这意外的“空调”非常感激。

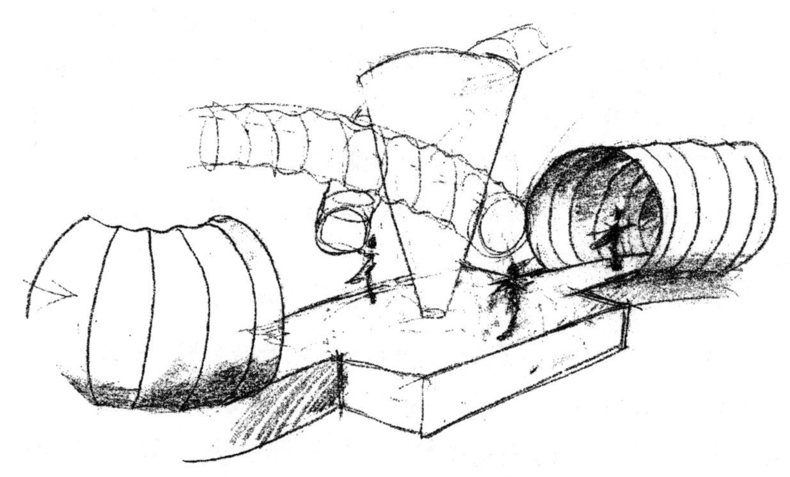

图 7–6 三宅一生秀场舞台设计

为了配合有弹性的软管这一主题元素，我让模特从一根与 T 型台连接的直径为 3 米的黄色软管中出现，就好像从隧道中走出来一样。之后，一位兴奋的澳大利亚记者走到我面前，滔滔不绝地说她“喜欢模特从巨大的黄色通道里冒出来的设计”。

这是我第一次也是唯一一次参加时装秀。这场时装秀的时间并不长，但观众很多。我对如此庞大的观众人数，以及这个系列的精彩创意设计感到惊讶。事实证明，在商业上这场时装秀也很成功。我在为时装秀设计背景时究竟怎么想的？好吧，我无法抗拒基于我们的吸尘器设计出来的衣服。展览结束后，戴森工程师和三宅一生品牌设计师回到东京，利用戴森吸尘器的零部件，为秀场中的服装做了精妙的展示模特。我在东京设计博物馆看到了这些展品，甚至还有用吸尘器零件做成的可爱的婴儿和狗。

1999 年，布里斯托大学的物理学毕业生查尔斯·科利斯（Charles Collis）加入了我们的行列。他提出了一个设想：在你的眼睛前面放置一个小屏幕，眼睛看起来的效果像 A4 纸大小。这样一来，你可以在看到前方的同时阅读一整页的文字。相机可以安装在屏幕的同一个位置，拍摄你头部指向的地方。设备还可以装一个麦克风，连接到有音频输出的耳机上，以及袖珍电话或计算机上（见图 7–7）。

查尔斯·科利斯的主意很妙。你可以阅读电子邮件，或让它读给你听，它也支持语音回复，并能录制和播放电影、播放音乐和拨打电话。我们制作了一个原型机，对它的工作效果很满意。然而，我们决定不继续开发这个设备了，查尔斯·科利斯和我们一起开发机器人。谷歌后来推出了一款类似的设备，称为谷歌眼镜。

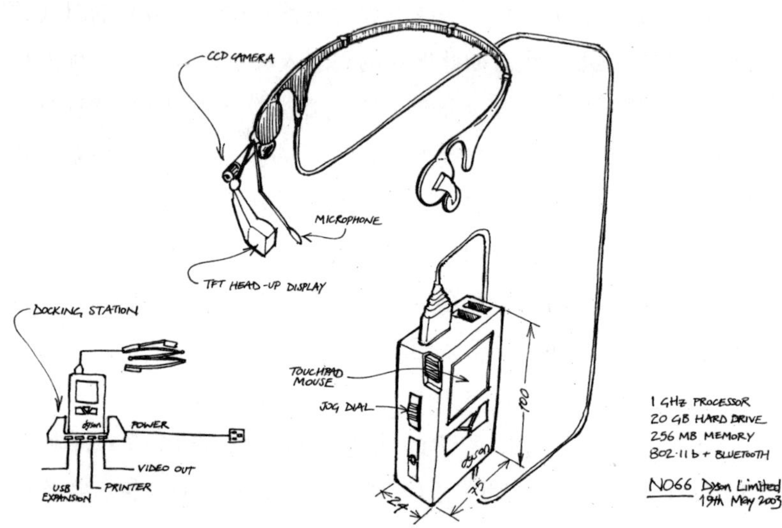

图 7–7 查尔斯·科利斯的设想

我们最近一次“不务正业”是 2018 年 2 月 18 日戴森交响乐团在伦敦卡多根音乐厅举行表演。每年在多丁顿庄园，戴尔德丽都会举办歌剧咏叹调之夜，活动通常由猎户座管弦乐队（Orion Orchestra）伴奏。有一年活动中，乐队指挥托比·珀泽（Toby Purser）在厨房喝酒时，提议寻找作曲者创作一首乐曲，使用戴森的机器和新发明的乐器来演奏，表现戴森的创作过程。这意味着将会有一场寻找年轻作曲家的比赛。我想起在格瑞萨姆学校演讲日，有人用吸尘器演奏马尔科姆·阿诺德的作品。托比想知道这个提议是否可行。我没有想到戴森机器可以作为乐器，更想不到谁会演奏它们，但我接受了他的提议。

除了吸尘器和马达之外，我们还让工程师使用戴森组件发明管弦乐器。托比和他的想法激发了戴森工程师的想象力。我对自己亲自挑选出来的工程师团队的表现感到惊讶，他们制造出的乐器是如此富有创造性且式样繁多。他们显然对音乐充满热情，每个人都演奏着自己的乐器。最大的是一个管风琴，管子由 48 根彩色铝制吸尘器杆子制成，空气由 8 个戴森风机马达产生，阀门由计算机自动控制。这一切都被置于同样由彩色杆子制成的巴克敏斯特・富勒网格球形穹顶中，音色听起来很像教堂的管风琴。

另一种乐器是一种由数控戴森马达产生拨弦的竖琴。还有一把吉他，它的音符由连接到陀螺仪的树莓派微型计算机控制，陀螺仪用于测量演奏者向上或向下倾斜乐器的角度。这意味着你可以随心所欲演奏不同的音符，而无须复杂的指法。即使是忙于准备考试的戴森本科生，也贡献了一种巧妙的管乐器。5 种最有趣和最具创意的戴森乐器被用于作曲了。

这场作曲比赛最终由剑桥大学博士生戴维・罗奇（David Roche）赢得冠军。我第一次听到他的作品是在戴森的体育中心，随后在宏伟的伦敦卡多根音乐厅现场倾听。他在与戴森工程师和声学专家共度一天后创作了自己的作品，在这个过程中他了解到戴森的开发过程及遭遇的起起伏伏，并希望以振奋人心的结局收尾。戴维・罗奇和托比创作了一部新颖且极具创意的音乐作品。这件事不过是一个噱头，但它是经过深思熟虑和令人愉快的。你如果有兴趣聆听这部作品，应该仍可以在 YouTube 上搜到它。

回归正题，DC08 是一款多气旋筒式吸尘器，取代了 DC05，吸力大幅提升。它配备了一个更大的电动刷头，能够有效地处理宠物毛发。它虽然比 DC05 大，但也有两个大后轮支撑吸尘器，这让使用者能轻松操作。

我们没有 DC09，也没有 DC10。这两个型号被麦道客机用过。DC11 是一个新的征程。我们越来越担心塑料软管像蟒蛇一样又长又笨重，以及软管和杆子的存放问题。尽管自 1901 年吸尘器发明[①]以来，客户一直手持笨拙的软管和杆子，但他们说过这些特别不方便，我们需要尝试解决问题。**倾听客户说什么非常重要，我真的很喜欢阅读或聆听客户的抱怨**。我们设计了一套反馈机制，收集客户或世界各地商店销售人员的评论，这样公司里的每个人都能看到这些无价的信息。

2002 年 1 月，和家人一起度假时，我想出了一个主意：将软管以特定的轨迹缠绕在机器上，并将杆子从 1.5 米缩短到 0.5 米，然后将其卡在机器的侧面。这样，DC11 的所有部件就能整齐地捆绑在一起，非常便于携带和存放（见图 7–8）。说起来容易，做起来难。笨重的气旋筒不能再要了，因此我们开发了占用空间更小的并排双筒。每个筒的顶部都有自己的多个气旋分离器。

① 每个国家对吸尘器的发明日期和原发明地有不同说法。——作者注

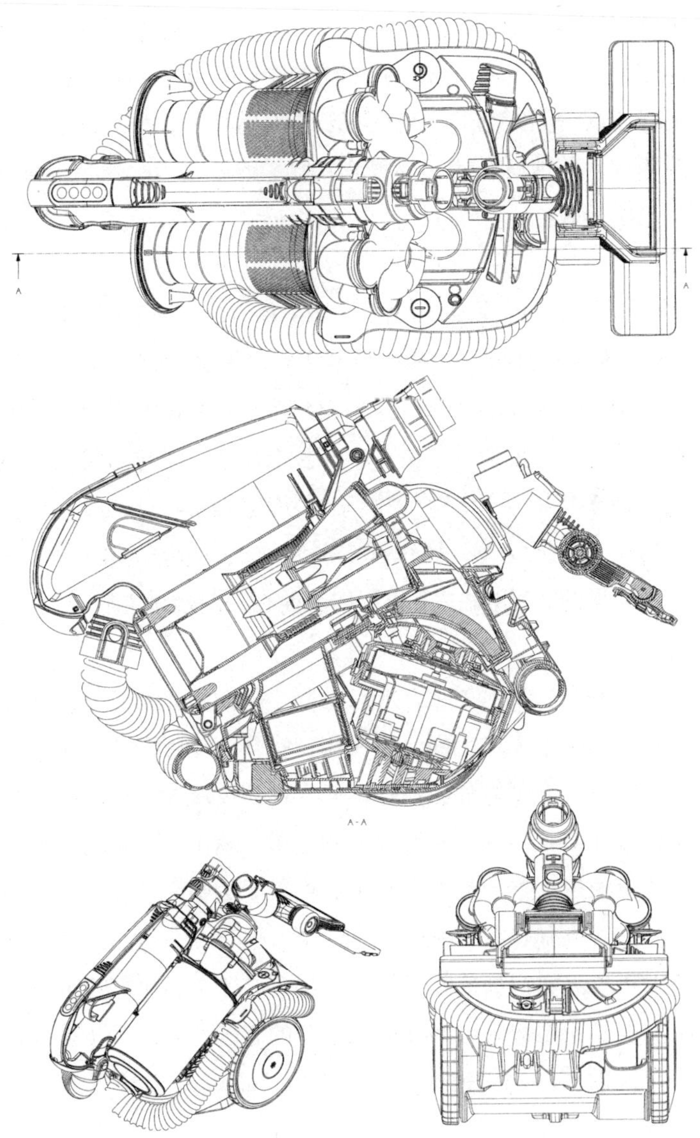

图 7-8　DC11 吸尘器

DC11 的紧凑伸缩管要设计得易于使用。普通伸缩管，就像相机三脚架上的那样，需要你在收缩的每个阶段逐一打开按扣，并在伸展的时候逐一固定它们。我们开发了新的杆子，一旦顶端的第一个扣被释放，其他所有的扣都跟着释放。伸展时，所有的扣都将自动进入锁定模式。

出于一个重要的原因，我稍后再讲 DC12。我们也没有 DC13。数字 13 被认为不吉利，一些市场的零售商和消费者可能很忌讳这个数字。DC14 是 2004 年推出的一款新型直立式吸尘器，它的重心较低，并做了其他设计改进。次年发布的 DC15 球形筒式吸尘器则采用了我多年前设计球轮手推车时使用的球体（见图 7–9）。其他吸尘器有 4 个固定轮，操作起来非常笨拙。而球体则十分灵活，就像美国人说的，“给你一个球，你就能在一角硬币上旋转”。

基于这一点，我们决定，所有的吸尘器，无论是直立式还是筒式，都安装到一个大球上面，以便用户操作。球形筒式吸尘器的重心在大球的中心，因为吸尘器移动时大球需要绕着中心运动。马达和过滤器都在大球内部。我们想要制造第一款不需要任何维护、无须更换或清洗过滤器，当然也无须更换袋子的吸尘器（见图 7–10），使用时唯一需要做的是倾倒集尘桶。我们开发了一台有 32 个气旋分离器的机器。它们高效收集细尘的秘诀在于，每个气旋分离器的底部都加上了我们称为“颤动的尖端”的装置。尖端产生振荡，从而提高分离效率。我们把这种模式称为“Cinetic”，为了避免商标侵权，用 C 而不是 K 来拼写。

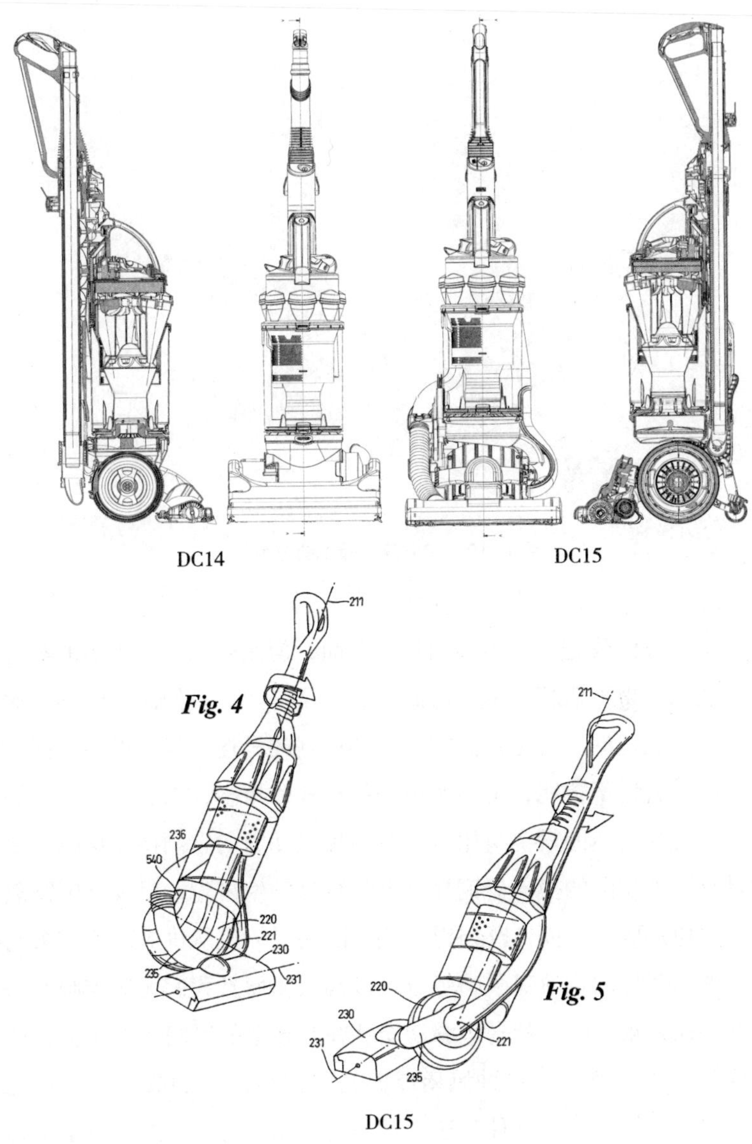

图 7-9　DC14 与 DC15 吸尘器

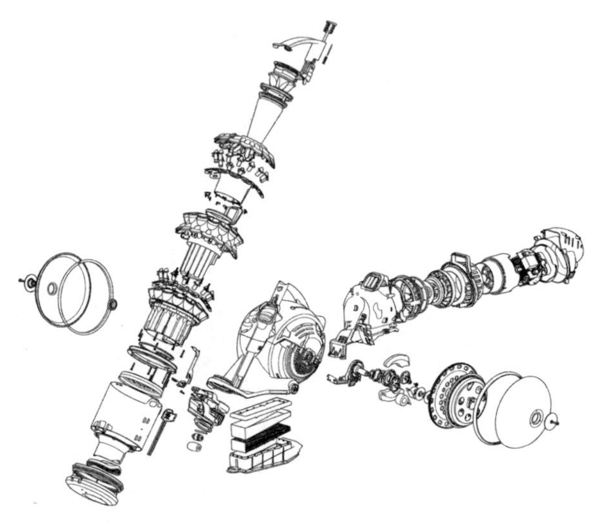

图 7–10 球形筒式吸尘器分解图

虽然我们改进了吸尘器的各个方面，但始终有一个重要的核心组件我们不得不依赖其他制造商，那就是马达。我们使用的马达通常是日本制造的。这是我们能买到的最好的马达，但仍然存在固有的缺陷：它们不智能，不能实现任何形式的控制；它们很重；它们的换向器与马达的铜绕组相连，并与提供动力的碳刷持续接触，使得具有开关功能的换向器铜片易碎且容易发生故障，以及使碳刷散发出黑色的碳尘，而且磨损得很快。因为我们是从供应商那里采购马达的，我们的竞争对手当然也可以购买，而且我们无法控制所采购的产品质量。吸尘器马达驱动安装在其轴上的风扇或涡轮上，这同样让人不太满意。这种风扇或涡轮是由压制铝制成并钉在一起的，结构不够坚固。这种马达不是为高速运行而设计的，也不是为提高输出和工作效率而开发的。

我考虑自主研发超高速马达已经有一段时间了。事实上，我和杰里米在 20 世纪 80 年代开发第一台气旋吸尘器时就讨论过。理论上讲，转速越高，马达效率就越高。同样，涡轮转速越高，压力输出越大。通过这种组合，我们可以尝试制造更小、更轻、更高效的马达。当时，我们曾与一家意大利制造商接洽，希望一起做一些有趣的事情。他们喜欢高速马达的想法，但不想做第一个吃螃蟹的人，可能是因为吸尘器的马达与其他的相比已经很快了。喷气式发动机转速为 15 000 转 / 分，一级方程式赛车发动机转速为 19 000 转 / 分，而常规的吸尘器马达转速为 30 000 转 / 分。为什么还要更快呢?

当时，尽管我们既不是马达设计师，也不是马达制造商，但我们想在马达的设计上有所突破，实现性能上的飞跃：让它转速提高很多倍，更轻更小，无刷，使用寿命更长，无排放，更节能，最重要的是速度、功率和能耗可控。如果我们能制造出这种革命性的马达，那么进一步考虑，我们就能制造出更轻、更小、更高效的吸尘器，也许还能制造出其他产品，一些我和彼得·甘马克早就讨论过的东西。

我先从大学招募了优秀的马达和马达驱动方面的专家，并在两所大学启动了开发计划。我们最初的目标是让涡轮速度达到 120 000 转 / 分，是现有吸尘器马达的 4 倍。如此高的转速将产生较大的离心力，我们因此将涡轮的直径减小到 40 毫米，而不是传统的 140 毫米。因为涡轮的直径越小，承受的离心力或负载就越小。我们计划将它做得再小一点。

毫无疑问，在这个阶段着手开发自有新技术——高速马达，是大胆一搏。事实上，至少有一名董事会成员反对我们的提议。他以为，我们不应该与老牌马达制造商竞争，这太冒险了，代价也很大。不过对我们来说，冒险是值得的。也许他的建议是对的，计划投入的资金无疑高得难以想象，但我们依然投入了重资。

如今，戴森开发出了世界上最小的高速马达，让我们能够以领航者的身份重新发明吸尘器，还能在全新的领域改进产品（见图7-11）。到2020年，我们每年在自己的高级生产线上制造2 400万台马达，这些设备都是由我们在新加坡和菲律宾的全自动化工厂里的机器人全天候组装的。我们的全自动化工厂内没有不良灰尘或气体，达到了“洁净室标准”。采用全自动化生产后，我们能够控制马达生产和开发的各个方面。

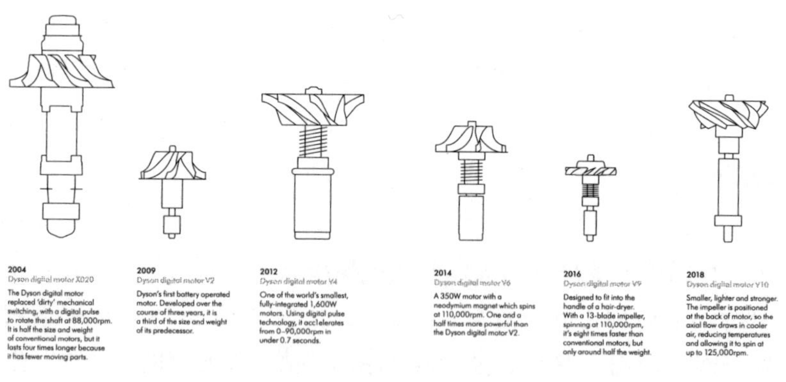

图 7-11　戴森数码马达系列

从一开始，我们就把马达定位为所有机器中运行水平最高的部件。这一点很重要，也很令人兴奋，因为马达能够使我们制造的产品实现快速、连续地飞跃，甚至是质的飞跃。人们经常问我们，是否愿意向其他公司供应马达。尽管这样做可能有利可图，但除了我们自己使用之外，我们不提供给任何人。这是因为，我希望戴森工程师 100% 专注于开发下一代令人兴奋的马达，而不是把精力花在思考如何将我们的马达改装到别人的产品上。

因为我们想要一种高度先进的轻型无刷马达，可以在借助电力高速旋转的同时保持冷却并尽可能安静，所以我们给自己设定了一个重大挑战。我们需要更多的人才，需要涡轮、塑料、软件、空气动力学方面的专家，在马姆斯伯里和新加坡的团队甚至还需要天体物理学家。项目发展势头越来越强劲，最初只有 4 名工程师的马达团队迅速壮大，成本也随之增加。很快，我们的花费就达到了数亿英镑。

随着马达的速度越来越高，有一些技术障碍亟待克服。平衡是一个主要问题，高速旋转的失衡马达会产生 30 吨～ 40 吨的惊人横向力，因此它的轴承需要专门设计和制造。我们必须开发出专门的磁铁及其配件，使它们也能承受巨大的离心力。轴必须具有小直径和高精度，有时由陶瓷制成。

马达内部具有巨大的张力和作用力，因此我们需要世界上最好、最耐用的材料。例如，我们选择了 PEEK（聚酯醚酮）。这是一种有机热塑性聚合物，能够稳稳地承受高达 250℃的工作温度，在 343℃下才会熔化。PEEK 非常坚固，也易于成型，常用于卫星和医疗植入物。当然，它也很贵。

传统马达通过电刷刷动机械触点，将磁极切换到换向器上的不同部分，这使得正负电流交替切换，并产生推动马达旋转的磁场。对于我们想达到的速度来说，这种机械系统太慢、太笨重了。我们必须开发一种驱动马达的新方法。电路板上的主驱动芯片允许每秒切换 6 500 次。这种装置不会磨损，因为它依赖于芯片内部的数字交换，而不是任何机械装置，并且具有超常的速度。因为使用芯片作为根本驱动力，所以我们将这种新型马达命名为戴森数码马达。我们对交流马达和直流马达进行了不同的设计，使其以不同的方式工作，不断改进设计和输出功率，从而使它们体积更小，性能更强大。

在戴森全球化的进程中，我们也发现了海拔高度对马达的影响。任何驾驶中小型动力汽车上过山路的人都知道，随着发动机吸入空气越来越稀薄，它的性能将会下降。我们的马达在美国科罗拉多州、瑞士阿尔卑斯山或墨西哥城的表现会有所不同吗？如果你想知道的话，我来告诉你，我们的马达配有高度计，便于它根据海拔高度做出调整，所以无论是在墨西哥城还是在荷兰北部的须德海，它都运行良好。它非常精确，可以确定自己是“坐”在桌子上还是“躺”在地板上。

开发和测试马达的过程，很像弗兰克·惠特尔设计他的第一台喷气发动机的过程，只不过我们的马达小得多。我们很快就和剑桥大学惠特尔实验室的航空工程师们一起工作，旁边是劳斯莱斯和它强大的涡轮风扇喷气机。必须说，挑战的难度与马达体积大小完全不成正比。

我们尝试设计了很多种马达，目标是实现两倍的功率输出和减半的重量。现在，马达依然是我们的一个开发重点——我们有一个全球团队，与剑桥大学等高校合作，并在纽卡斯尔有专门的实验室。在设计原型机、制造、测试、校正和改进产品中，创新设计都意味着要解决问题。戴森公司和各大高校一起做了很多重要的工作。当然，我们并不是依靠高校来创新，而是把它们当作我们研究部门的后备军。

DC12（见图 7–12）是我们的第一款装有数码马达的吸尘器，开启了我们的新篇章。这款吸尘器专为日本设计，那里的公寓通常比欧洲或北美常见的公寓小。

我们等了一段时间才将戴森数码马达应用到我们所有的吸尘器上，因为它非常昂贵。事实上，它的成本比传统马达的高 5 倍。因为电子电路很贵，而不是马达本身。当一项新技术首次推出时，情况往往如此。**要把成本降到接近旧技术的水平可能需要几年的时间，因此，推广新技术确实需要坚定的信念**。但这种信念和毅力使我们能够实现技术飞跃。经过漫长的孕育过程，我们的数码马达即将改造戴森。

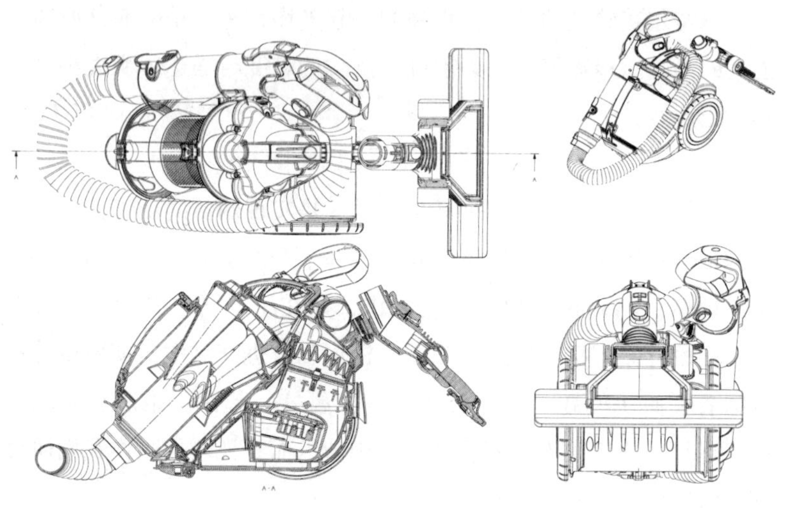

图 7-12 DC12 吸尘器

手持式电池吸尘器已经存在多年，广泛用于地面、汽车和船只的清洁。它们卖得很好，但有尘袋堵塞的问题。尘袋很小，可能需要非常彻底的清洗才能清除堵塞的灰尘，因此可能永久堵塞。这种吸尘器的功率也很小，而且随着电池电量耗尽，功率很快变得更小，直至完全消失。

我们知道，可以使用更小的气旋分离系统来克服堵塞问题。我们也知道，可以使用锂离子电池来克服电池电量不足的问题。但在2012 年我们开始这样做的时候，锂离子电池非常贵，而且没有用于家电。既然我们的口号是“吸力无损耗”，我们认为应该挑战“电池供电的设备在电池电量耗尽的过程中功率逐渐衰减”的观念。发生衰减是因为电池中的电压随着电荷中和而逐渐降低。

我们设计了软件和电子电路，使电池可以在电荷中和时保持电压。这意味着，电池的电荷曲线将快速地“扁平化”，但直到电量耗尽，都有良好的性能表现。这是一个冒险的方案，因为我们的竞争对手会争辩说，我们的电荷不如他们的电荷释放周期长。但我们相信，使用吸尘器的人会希望尽可能快速高效地完成清洁工作，他们不希望听到马达逐渐减速和吸力减弱的声音。

事实上，当我们推出第一款手持式吸尘器 DC16（见图 7–13）时就证明了这一点。我们因电池运行时间短而受到批评，现在这种批评已基本消失。我们还打赌电池性能会随着时间的推移而提高，事实上它确实如此。我们认为戴森 DC16 是第一个人们在使用中不会对电池性能失望的电池供电产品。

那时，我们仍在为强大的电池供电的吸尘器开发马达，但没有想到，我们未来的所有产品都采用小型的电池供电的马达。

发明来自偶然，我们对更好产品的探索往往也来自偶然。例如，我们观察到手持式吸尘器的手柄在一端，手握住手柄时，整个产品向前伸出，使得握起来很重。这对于“手持式”吸尘器来说显然有些奇怪，因为如果手里拿着重物，重量最好集中在手腕上。所以我们把两个沉重的部件放在手腕的上方和下方：上方是马达，下方是电池，手柄在两者之间，做成手枪式握把。手腕前方只剩下气旋分离器和集尘桶，它们很轻。这种设计避免了现有手持部位的前面过于沉重。

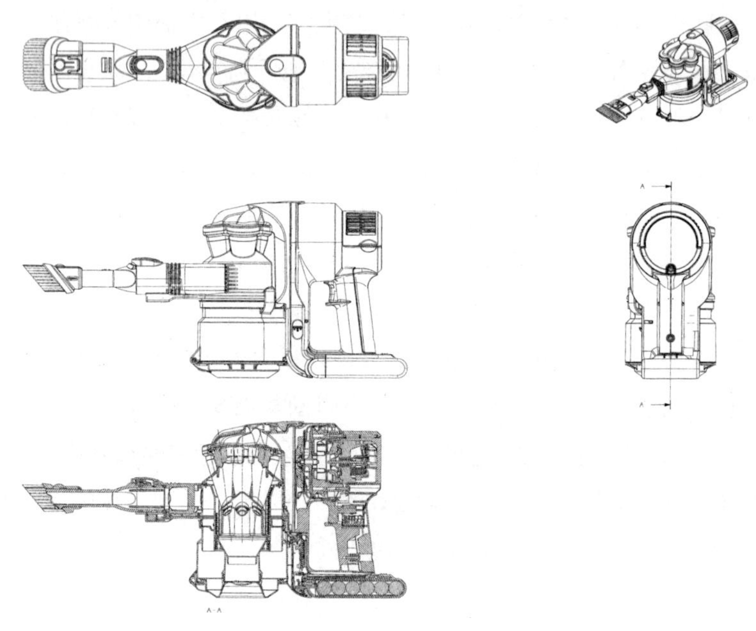

图 7–13 DC16 吸尘器

2012 年，在我们成功制造 DC16 两年后，一位工程师尝试将我们的一款直立式吸尘器的杆子连接到 DC16 的入口，另一端带有吸尘器头。我和彼得 · 甘马克从来没见过这样的设计，但这是一种“不正确”的想法。直立式和筒式吸尘器的设计是为了避免将机器（包括马达）的重量压在用户身上。这两种吸尘器的重型部件都放在地板上。现在的设想是把整个重量都放在用户的手中。虽然这似乎是错误的想法，但我们突然想到，如果重量轻一点，那么整个产品就会很轻，而且操作和清洁起来也会更容易。

还有其他问题需要考虑。我和彼得·甘马克一直担心吸尘器上的长软管和管道，一方面是因为它们会造成压力损失，另一方面是因为它们笨重且容易损坏。我们推断，如果有一个更短、更简单的气道，就可以避免能量浪费。同样地，如果能拆除笨重的软管，避免吸尘器重量过重，我们就可以省去大部分材料。

很显然，去掉电源线也省去了把吸尘器从一个房间移动到另一个房间时展开、插入、拔下电源线等烦琐的工作［见图 7–14（a）］。这个过程令人沮丧，我们意识到其实没必要保留这个过程。我们开发出一台轻便、高度机动的机器，它重量很轻且没有电源线的限制。终于自由了！

戴森 DC35 Digital Slim 问世了［见图 7–14（b）］。它是一种新型无绳吸尘器，配置了我们的高速戴森数码马达。我和彼得·甘马克以为这代表了未来的趋势，但当时只有我们投入生产。我确实理解其他人为什么犹豫，马达由电池供电，而电池的使用历史并不长；马达看起来很薄，功能似乎不太可能强大；它的集尘桶也相对较小。但是，你只有把它带回家使用，才会明白它将改变你的清洁方式。它真的太容易取出和收放了，因此清洁变得轻巧和频繁，不再是一项庞大的工程了。

从 V2、V6 到 V8、V10，我们的戴森数码马达在减轻重量的同时，性能大幅提升。安迪·克洛西尔（Andy Clothier）和通凯·切利克（Tuncay Celik）领导的团队带来了自迈克尔·法拉第以来马达方面的最大进步。他们拥有一长串专利。

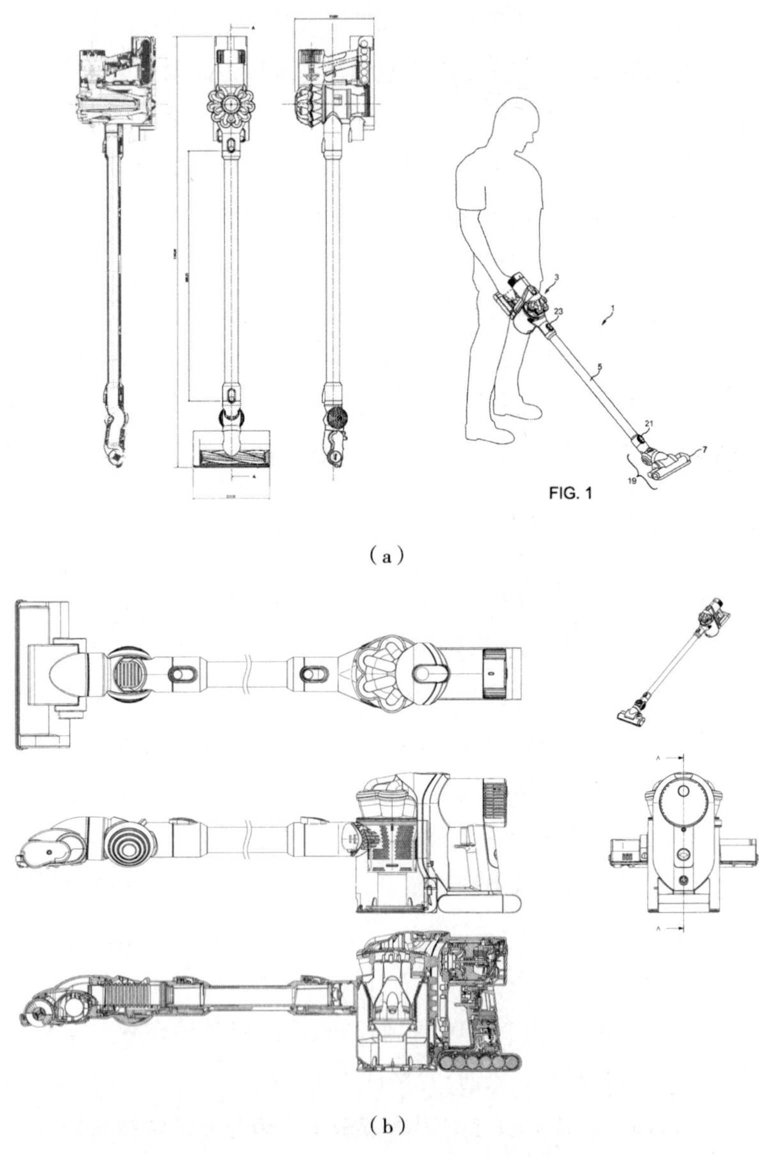

图 7–14 DC35 Digital Slim 吸尘器

到 2016 年，我们已经建立了一支准备放弃电源供电机器的队伍，然而绝大多数人要么认为不可能，要么对我们的新款吸尘器不抱期望。这都可以理解。我认为很多人不会像关注汽车或手机那样积极地关注吸尘器的发展。长期以来，我们的竞争对手一直吹嘘他们的 2 400 瓦或 17 安培的大马达，因为在营销话术中，大马达的“大”让人联想到“强大”。到目前为止，我们自己的销售情况是无绳吸尘器和有绳吸尘器各占一半。尽管如此，我们还是决定将未来的发展重点放在我们的新发明上。

在这个过程中，我们最终淘汰了我们的原始产品 DC01 及其后继产品，我们研发了更好的产品，因为这样做有重大意义。与笨重的全尺寸机器相比，我们后来的机器容易抓握，使用起来更方便。实际上，我认为这是比气旋分离技术更重要的发展，虽然气旋分离技术是戴森赖以成立的核心技术。我们的最新发明是通过不断开发小型、轻便、高速的马达（见图 7–15）而实现的，无绳吸尘器也并非来自浴缸中的灵光一现。

Digital Slim 吸尘器更轻，使用的材料和能源更少，而且性能比以往的产品更好，使用起来更愉快。这是设计、工程和科学结合的结果。我从根本上相信，科学家和工程师比政治家和活动家更能解决当今环境问题，原因就是：**科学家和工程师绝不是空有一张嘴，他们有解决方案。**

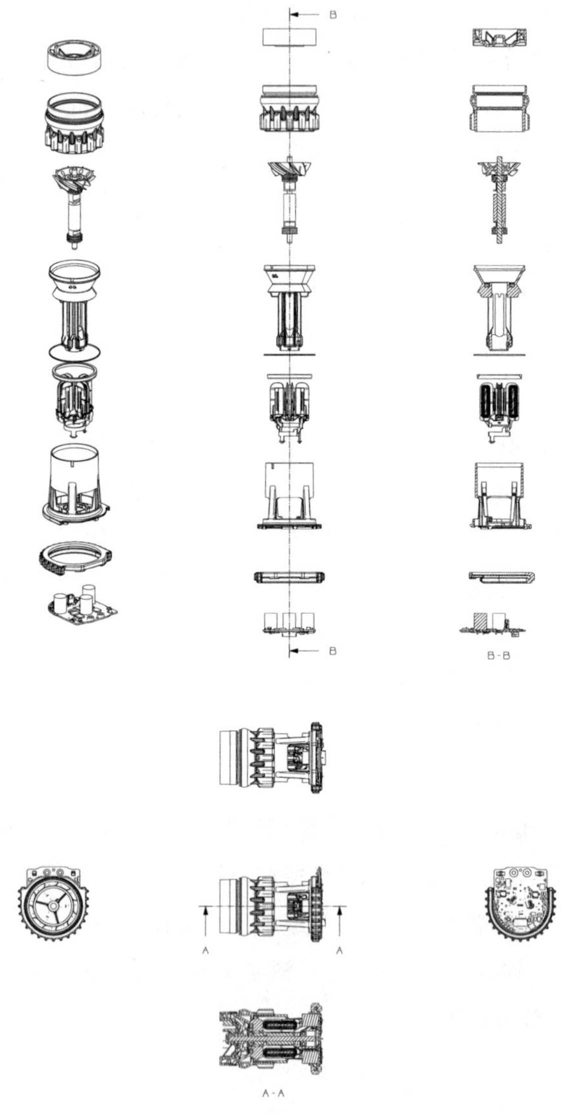

图 7–15 戴森 V10 数码马达

现在，我们的 Digital Slim 吸尘器与电源供电的吸尘器的销量比达到 15 ：1。当然，数百个投机取巧的商家也加入了这股潮流，他们制造的机器和我与彼得·甘马克开发的机器惊人地相似。通常，他们会等到我们的新型吸尘器赢得消费者的青睐，在消费者钟情于我们产品的优点和性能之后，才欣喜若狂地借着我们的势头分得一杯羹。很多这类竞争对手的产品都是公然逆向工程的复制品。他们的制造商更过分，剽窃了我们的一切，包括我们的产品外形、我们的营销主张，甚至我们的字体。这是不道德的。

在学校，如果你抄袭别人的作品，你可能会被开除。在商业世界，这种行为打着“竞争”的幌子，是被允许甚至被鼓励的。英国高级专利法官罗宾 · 雅各布（Robin Jacob）在 2013 年苹果和三星专利侵权案中辩称，应该鼓励这种抄袭。他错了！**抄袭使消费者的选择变少，对于产品多样化有害。剽窃是懒惰的，同时避免了承担开发和引进新技术的成本。**

专利的存在是为了允许发明者将一项发明商业化，从专利被授予之日起的 20 年内不会被复制。这实际上意味着发明者有 10 ～ 15 年的生产时间。如果发明者没有从中获得回报，那人们为什么要投资研究更新、更好的技术呢？

雅各布法官的观点是针对产品设计的，但是如果你同意这个观点，那么艺术家、音乐家、作家就可以简单地相互抄袭并再现彼此最受欢迎的作品了。我们想要的当然是差异性和独创性，而不是类似的产品，对吧？我们不想一遍又一遍地听不同艺术家创作的同一首歌，或看不同艺术家画的同一幅画。法律规定禁止抄袭以保护艺术家的权利，这非常正确。那为什么工程上不一样呢？毕竟，专利被描述为艺术——“现有技术”（Prior Art）是形容以前的专利的术语①，而“技术水平”（State of the art）则是对以前的专利的总结。如果“对本领域技术人员来说是显而易见的”，则不授予专利权。

专利制度是在 15 世纪亨利四世统计下设计的，此后变化不大，在我看来，现在是时候对其进行实质性修订了。首先，20 年的专利保护期是由亨利四世制定的，然而如今，开发、生产并投放市场可能就需要 20 年的时间。专利需要更长的保护期来匹配如今漫长的研发周期。其次，要克服因模糊和不相关的“现有技术”导致的专利私权弱化，因为专利权保护范围太窄了且易于逆向工程。再次，应该降低专利申请费和续展费，特别是对于个人发明家和小公司。最后，最近制定的“专利应授予先申请专利者”的修订原则应该被撤销。这颠覆了发明应由“先发明者”而非“先申请专利者”拥有的原则，立场很荒谬。发明者应该持有专利，而不是现今经常发生的那样，专利被看到后先提交申请的抄袭者持有。

与此同时，如果我们的未来将由马达主导，我们就需要合适的新技术电池来供电，这就是我们迫切需要在电池技术方面实现巨大突破的契机。总的来说，我们消耗了大约 6% 的全球锂离子电池供应量，因此，我们发自内心地想提高技术水平。我将在下一章详细

① 现有技术是指先前专利中公开的内容。——作者注

介绍我们的电池开发情况。

我们用片状气流做了一段时间的实验，并在一个仍然保密的项目使用了复杂的计算流体动力学模型。有一天我们注意到，如果将片状气流对准手部，皮肤会产生波纹。

片状气流的速度高达 644 千米 / 小时，我们对它的力量很着迷。我们想知道它能否刮掉手上的水，事实证明它确实可以。我对吵闹的干手器太熟悉了，那就是使用时间很长，却吹不干手，最后还要在牛仔裤上把手擦干。片状气流能很好地刮掉你手上的水，就像挡风玻璃的雨刷器一样，几乎瞬间就擦干了。我们意外地开发了一种新式干手器。更重要的是，它不需要加热器。

现有的干手器使用 3 000 瓦的大型加热器来蒸发手上的水，将水变成蒸汽。这个过程既耗时又耗能，对皮肤也不友好，会去除手上的天然油脂并造成皮肤干裂。我们发现，只用空气叶片只够了，无须 3 000 瓦的加热器。马达只需要 750 瓦的功率，并且由于干燥时间减少到 10 秒，因此马达的开启时间仅是传统加热干手器的 1/3。

2006 年，我们的 Airblade 干手器（见图 7–16）在没有进行任何市场调查的情况下投入了生产，它由电源供电的数码马达驱动。干手器的市场很小，但我们遵循了自己的直觉。

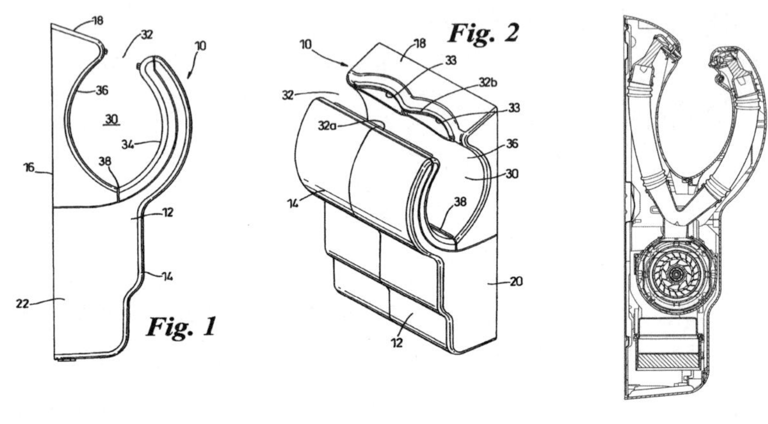

图 7–16 Airblade 干手器

Airblade 迅速销往酒店、机场、学校和医院，因为它干手速度快，空气能够以 692 千米 / 小时或最新型号喷气式飞机的速度流动，也因为它节能。它的碳排放量是纸巾的 1/7。起初我们对噪声有点担心，经改进后它变得安静多了。然而，一次把它安装在洗手间的实践让我感到惊讶，那里的人说他们喜欢噪声。为什么呢？原来他们可以用噪声判断洗手间的人有没有洗手。

Airblade 干手器配备电容式传感器，无须接触。它的马达由红外传感器启动，并配有 HEPA 滤网，可以从洗手间空气中高效捕获颗粒物，还能捕获细菌和病毒。

我们接着研发了 Airblade 水龙头（见图 7–17）。它是一根大直径的不锈钢管，在水槽上方伸出，可以输送温水，洗完手后可以在一对看起来像飞机翅膀的突出物下烘干双手。这意味着你不需要在洗手间的不同位置清洗和烘干双手。它快速、高效，使多余的水导入水槽，而不是滴落在地板上。我家的浴室就安装了它。

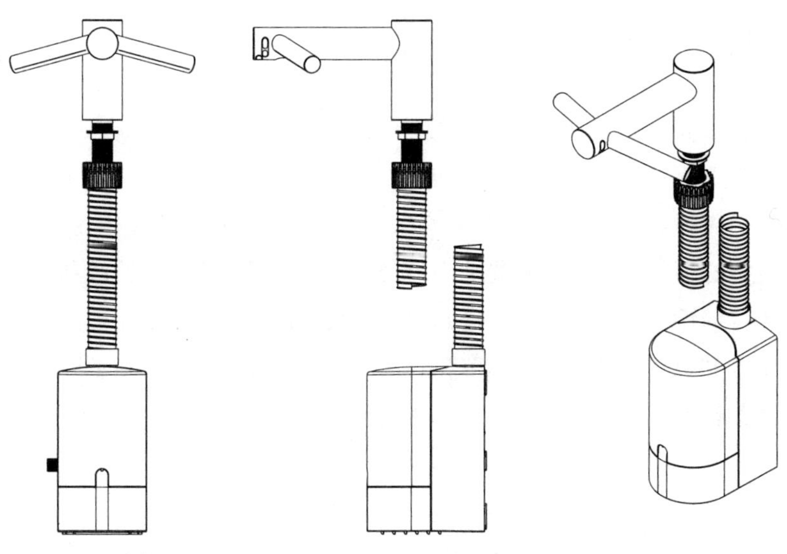

图 7–17　Airblade 水龙头

尽管我们取得了进展，但纸巾行业仍占据 90% 的“干手”市场，每年销售额为数十亿美元。大型纸业公司希望捍卫利润丰厚的现状。Airblade 干手器虽然市场份额很小，却引起了那些想要保留业务的大型纸业财团的注意。这导致洗手间出现了一些肮脏的“战术”。

欧洲纸制品研讨会是一个总部设在布鲁塞尔的纸巾行业利益组织。它的成员包括像金佰利－克拉克（Kimberly Clark）和埃西蒂公司（Essity AB）这样的巨头。它委托他人进行了一些研究，试图在光线不佳的情况下展示我们的产品。正如我们所发现的，他们的研究基于有缺陷的假设，妄图产生误导性的结果，以此保留各地卫生间内不必要的纸巾份额。

尽管大量现成的科学研究表明，Airblade 干手器快速、高效、卫生，但纸巾行业却不愿意承认。他们委托两名长期顾问进行研究，声称戴森干手器会增加手上的细菌数量并传播病毒。他们广泛宣传这项研究，但他们的结论很轻率，也并不准确，是通过具有严重误导性的方法得出的。他们的方法就是让双手沾满来自鸡身上的细菌和病毒，就像戴上细菌和病毒“手套”一样，然后在不用水清洗的情况下，立即用戴森干手器烘干。

这种有缺陷的方法绝不是在模拟现实生活中使用戴森干手器的场景。人手上不可能有如此大量的细菌和病毒，更不用说它们进入戴森干手器后转移到其他人手上了。事实上，即使是在这样荒谬的测试条件下，我们的干手器散布的颗粒物也相对较少。

而布拉德福德大学等机构的研究表明，Airblade 干手器可有效减少的细菌转移量多达 40%，其内部的 HEPA 滤网还可以净化洗手间的空气。实际上，如果在戴森干手器寿终正寝时检查其内部的 HEPA 滤网，你可以直观地看到它从洗手间空气中吸收了多少脏东西。当然，使用纸巾的更大问题是，制造和运输纸巾会消耗大量树木、水和燃料。使用纸巾会造成不当的浪费，因为用过的纸巾通常无法回收再利用。

与往常一样，我们开发 Airblade 系列干手器（见图 7–18）的过程，为开发其他产品做了铺垫，比如我们的气流倍增无叶风扇，以及暖风扇、加湿器和空气净化风扇。

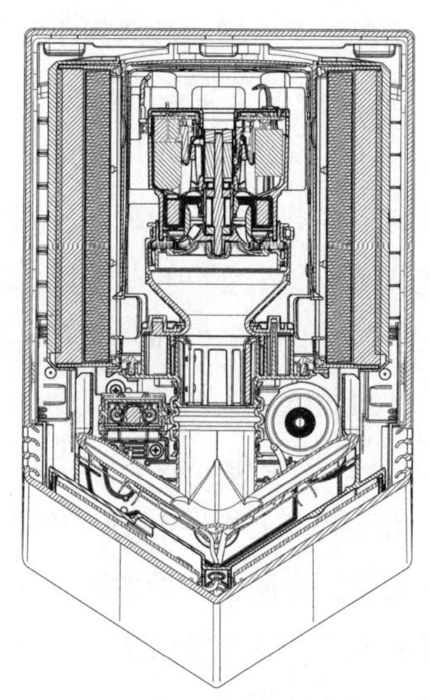
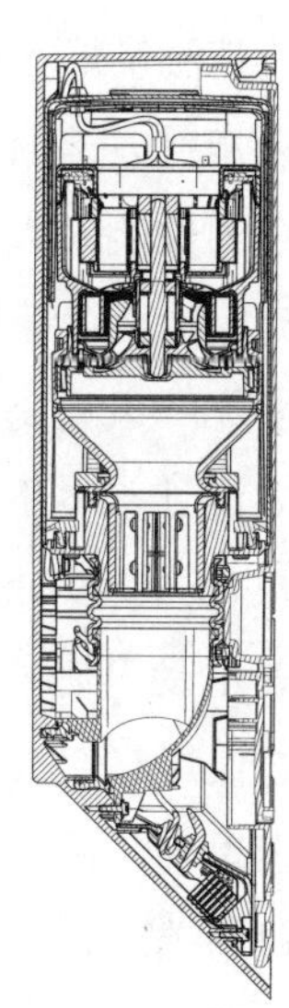

图 7–18　Airblade V 干手器

我们在研究气流时注意到，促使我们制造干手器的核心技术——超高速片状气流可能会在它的后面产生大量额外的空气。这和支持飞机机翼运行的伯努利原理是一回事，它是由 18 世纪瑞士数学家和物理学家丹尼尔 · 伯努利（Daniel Bernoulli）提出的关于流体动力学的数学公式。伯努利原理在航空业是众所周知的。在我们的实践中，这意味着：如果在一个环形区间产生一股高速的片状气流，区域后方就会产生一个低压空气区域，或者说产生吸力。因此，你可以从很小的气流中产生大许多倍的气流。

我们的马达以 27 升 / 秒的速度将空气吸入戴森气流倍增无叶风扇的基座，经由翼型环产生低压或吸力，将风扇后面的空气吸入并使其流量倍增至 405 升 / 秒。戴森气流倍增无叶风扇不需要传统的风扇叶片来加速气流，运行时既安静又安全，在随后的迭代中，它的性能又大幅度提升［见图 7-19（a）］。带叶片的风扇会切割气流，这会让正在吹风的用户感到不太舒服的气流冲击。戴森气流倍增无叶风扇是空气运动领域的一项革新。自 1882 年以来，电风扇的设计基本不变，当时 22 岁的美国电气工程师斯凯勒 · 惠勒（Schuyler Wheeler）发明了第一个已知的电风扇。不过，他的真正发明是电动升降机。传统的电风扇是在风扇中心装有一个重型马达，这使得它们头部很重，并且在角度调节上不停滑动。在我们的电风扇里，马达位于底座，重心在底座的中间。我们发现，我们可以让风扇围绕它的重心，绕出任意的弧线。这意味着无论在什么角度的位置，它都会保持完美的平衡，不需要固定或夹紧。

事后看来，也许我们应该在澳大利亚、日本，或是在东南亚这样炎热潮湿的地方推出戴森气流倍增无叶风扇，而不是在寒冬的纽约推出。那年，我凌晨 4 点开车去新泽西，接受美国消费者新闻与商业频道（CNBC）电视台早餐时段节目的采访。主持人本想把它做成一期商业故事，但我希望探讨技术发明的话题。为了在采访中扭转局面，我不顾一切地把头伸进了气流倍增无叶风扇的圆环里，这立刻奏效了。其中一位主持人打算用它吹干头发，然后另一位主持人起身实践了一下。这种有点疯狂的访谈形式立刻引起了关于气流倍增无叶风扇的热烈讨论。第二天早上，我受邀参加《早安美国》（*Good Morning America*）节目，我又一次上演了头穿圆环的刺激戏码。

节目结束后，我坐在曼哈顿的一辆黄色出租车里给彼得·甘马克打电话。我说："这里冷得要命，我们必须做一个可以发热的东西。"于是，我们开始研究暖风扇。这并不好做。我想起了我小时候用过的电暖器：热空气和灰尘总是交杂在一起，空气中弥漫着可怕的灰尘燃烧的气味，还有风扇近乎歇斯底里的嗡嗡声。我们需要提供一款加热器，它能够在房间产生热量并调节温度，触感清凉，不会燃烧灰尘，也不会散发异味。我们决定使用正温度系数（PTC）陶瓷石作为加热器，并结合气流倍增技术，加热整个房间，而不仅仅是风扇周围的区域。PTC 陶瓷是一种半导体，受热时电阻率会增加，温度不足以燃烧灰尘，因此不会产生那种刺鼻的气味。

我们从干手器和吸尘器的开发工作中学到了很多关于 HEPA 滤网的科学知识，然后发明了一种空气净化风扇，它可以制暖，也可以吹凉风，还能净化空气。顺便说一句，30 瓦的戴森气流倍增无叶风扇远比 2 000 瓦的空调更节能。空气吹过皮肤导致水分蒸发释放热量，会产生约 4℃ 的制冷效果，这种制冷效果通常足够了，当然极端条件除外。除了能大幅节能之外，使用戴森气流倍增无叶风扇也远比待在传统的空调房里更舒适，当然也更健康。

我们的空气净化风扇将 HEPA 滤网和活性炭滤网相结合。HEPA

滤网可捕获微型颗粒物，而活性炭滤网则可以处理甲醛等有害气体。然而，活性炭中很快就会充满气体，并在净化器排气时将有害气体重新排到室内。我们开发了一种在产品寿命期内捕获甲醛而不排放气体的方法，即使用我们的锰钾矿过滤技术，使得甲醛分子被催化剂捕获并分解成少量无害的水和二氧化碳。因为锰钾矿的特点是有数十亿个原子大小的孔道，能够破坏甲醛。

人们一天中的大部分时间都在室内度过，室内空气污染可能比室外污染严重 5 倍。戴森空气净化冷暖风扇［见图 7–19（b）］可净化空气中的污染物，甚至可以在机器和应用程序中实时显示有哪些污染物。家庭中甲醛的来源很多，包括家具、油漆、木地板、香薰蜡烛、烹饪过程、清洁品、装饰品和植物，这引起人们极大的关注，特别是在中国，人们认为甲醛不仅会引起皮肤刺激、引发哮喘等疾病，也是诱发癌症的杀手。我们的空气净化风扇工作良好，可为人们提供其他空气过滤器无法提供的保障。

在数码马达项目启动时，我和彼得 · 甘马克讨论过制造一种比吸尘器马达更小的马达，以取代吹风机内部笨重、低效的马达。

传统的吹风机有 50 毫米甚至更大直径的风扇。我们提出了一种直径仅为 28 毫米且重量轻得多的马达设计方案。因为它很小，我们可以把它放在吹风机的手柄上，这样就可以把重心放在手上。在传统的吹风机上，重型马达起着毫无用处的杠杆作用，让本来就重的吹风机显得更重。我们的吹风机头部只需要安装电子控制设备、加热器和一个起到气流倍增器作用的大孔或气道。

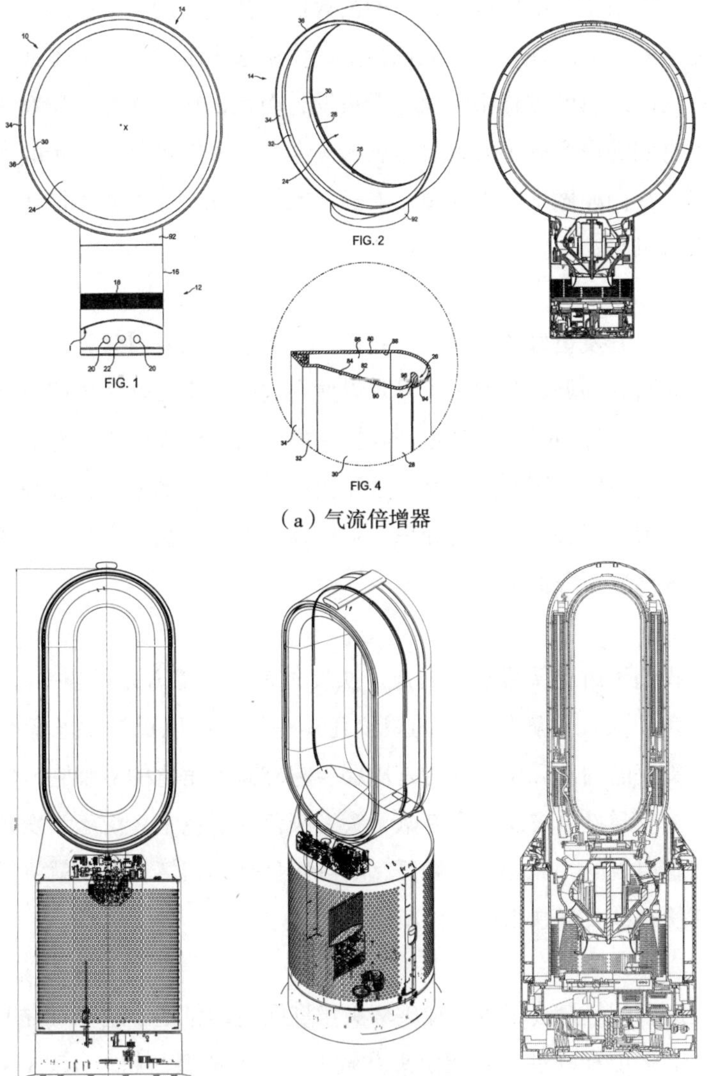

（a）气流倍增器

（b）空气净化冷暖风扇

图 7-19　气流倍增器与空气净化冷暖风扇

对我来说，吹风机是又一种被数亿人频繁使用，但技术长期没有更新的产品。现有的吹风机很重，使用起来不舒服。大多数人似乎喜欢以过热的方式粗暴地吹干头发，而且，从个人经验来看，我知道它们的声音有多大，总是有人一大早吹头发把整个屋子的人都吵醒。我们能做出一个轻便、安静、能快速吹干头发而不损坏头发的吹风机吗？

为了开发更好的吹风机，我们首先要了解头发科学，这是一个复杂的研究领域。我留了头发，以便在实践中学习。为了跟上女同事的步伐，许多男工程师也开始把头发留长，但无法告诉他们的伴侣背后的原因，因为这也是一个秘密项目。我们的一些工程师回到大学学习更多关于头发的知识，包括如何设计发型。同时，一些毛发学家加入了我们的团队。

我们了解到头发包括两层。头发外表面覆盖着多层扁平细胞，称为角质层。它就像房子的屋顶瓦片一样，可以保护发丝免受损害。头发的内部和主要结构是皮层。它充满了角化的毛细胞，使头发强韧有弹性。皮层还含有赋予头发颜色的黑色素。由于头发是由死细胞组成的，无法自我修复，所以一旦受热损坏，头发就将保持损坏状态，直到从根部长出新的为止。

过多的热量会不可逆地破坏头发皮层内的氢键。这些氢键关乎头发的强度和弹性，并能使头发做出不同的造型。超过 150℃ 时，α-角蛋白会缓慢转化为 β-角蛋白，导致头发变软，弹性下降。超过 230℃时，头发就会燃烧或融化，强二硫键迅速分解，头发表面会出现凹坑，反射性丧失，导致头发失去光泽、受到损伤。

我们需要精确控制强大的气流和热量。我们还了解到，由于基因差异，世界各地不同类型的头发在强度和弹性上各不相同，但健康的头发能承受更大的力量并拉伸得更长。头发的造型比我们想象的更有趣，而且几乎没有两个人的发型完全一样。我们必须从符合道德伦理的渠道，购买代表不同群体（直发、波浪发、自然卷、爆炸头）和不同粗细的发辫，然后找出每种类型的头发对高温等压力的反应。头发上必须不加任何洗发水和定型产品。

为了提供高速可控的气流，我们把在戴森气流倍增无叶风扇中掌握的气流知识加以应用。这使我们能够将气流放大，产生高压高速的喷射气流。但从根本上说，吹风机需要一种新型马达。带有风扇的吹风机在靠近头发时，因气流受限，温度急剧上升，会对头发造成不可逆转的损伤。我们需要一个高压涡轮，使吹风机即使在气流受限的情况下也能提供高气流量。

和所有戴森产品一样，戴森 Supersonic 吹风机在我们的内部测试实验室中经受住了考验。我们有一些被称为“半消声室”的声音测试室，可以记录和分析机器的纯音。它们都是按照标准规格建造的，旨在防止回音。室内墙壁采取不平行设计，墙壁和天花板覆盖着细长的棱锥泡沫形状。如果地板上也覆盖相同的锥体，那将是一个全消声室，但人就不能在其中行走或工作了。测试室安静且没有回声，如果在测试室待久了，你会感到头晕，因为你接收不到任何声音反馈。

这个测试和迭代改进的过程促使我们将叶轮上的叶片数量增加到 13 个，比标准配置多了 2 个。这一改进意味着我们消除了高速马达的一个音调，频率变为超音速——高于人类的可听范围，因此我们的吹风机比竞争对手的安静得多。这也是为什么这项发明被称为戴森 Supersonic 吹风机（见图 7–20）。

我们在产品发布前几周才想到这一点，不过我们使用的是高度复杂的自动化生产线，它是从一块航空级铝材上铣削出叶轮，因此我们能立即做出改进。在新加坡从事制造工作的一小部分人甚至不知道我们在马姆斯伯里所做的改变。

在 4 年的开发过程中，我们耗资 5 500 万英镑，与 103 名工程师一起制作了大约 600 个吹风机原型机。产品一经发布，很快就供不应求，因为我们总是对需求预测不足。一听到戴森 Supersonic 吹风机发布的消息，时装设计师卡尔·拉格斐（Karl Lagerfeld）就想知道如何弄到一台，不是为了他自己，而是为了他心爱的宠物猫舒佩特（Choupette）。舒佩特在 Instagram 和推特上有 25 万粉丝。

与此同时，我们对康达效应非常痴迷，这种效应能使空气顺着曲面流动，我们想知道是否可以用它来将头发绕在卷筒上形成卷发。这就是我们于 2018 年推出的戴森 Airwrap 美发造型器（见图 7–21）的工作原理。它利用气流而不是高温来给头发定型，对头发损伤较小。康达效应是以罗马尼亚发明家亨利·康达（Henri Coandă）命名的，他在 20 世纪 30 年代中期科学地确定了康达效应理论，并将其用于航空业。

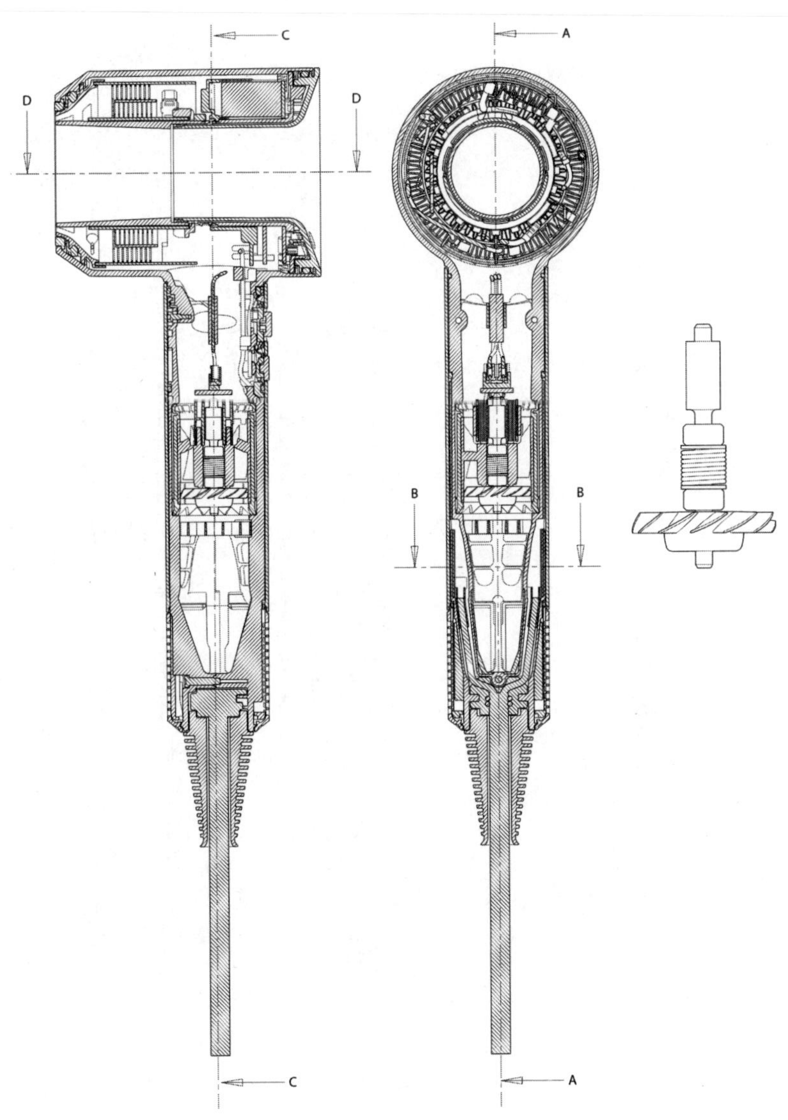

图 7-20　戴森 Supersonic 吹风机

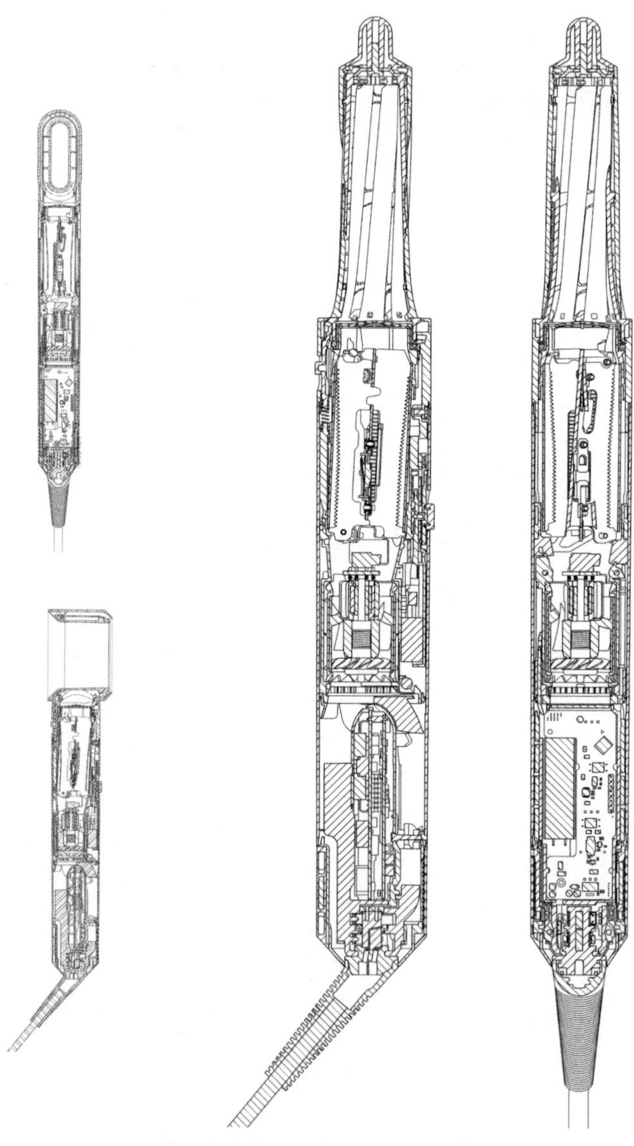

图 7-21 戴森 Airwrap 美发造型器

与其他卷发器使用圆形刷子或机械的方式不同，戴森 Airwrap 美发造型器用空气将头发绕在卷筒上，头发可以自由地从卷筒落下，形成完美的形状。搭配我们发明的配套工具和配件，它能够在低温下塑造出各种卷曲度和形状的头发，甚至是沙滩卷发和直发。我和杰克在纽约、巴黎和东京的发布会上现场表演了卷发，向大家展示它是多么容易上手操作。

我们还研究了直发器以及它们在 210℃甚至 230℃的温度下可能对头发造成的伤害。传统的直发器采用平坦的加热板，使用时，选定的一撮头发从加热板穿过，在加热板的热量和拉力下被拉直。但这个过程存在一个问题，加热板只能夹住发束较厚的部分而不能夹住较薄的部分，结果往往是发束较厚的部分被拉直，没被夹住的部分则没被拉直。因此，用户需要在加热板温度不断升高的情况下，让头发反复穿过加热板，才能拉直所有头发。戴森 Corrale 美发直发器（见图 7–22）克服了这个问题，它通过使用柔性弹板将发束聚拢在一起，保证所有头发都能接触到柔性弹板（见图 7–23），加热时没有发丝遗漏。头发经过均匀的热量和拉力处理，不用反复穿过柔性弹板，也就减少了因反复加热而造成的损伤。

我们还发现，戴森 Corrale 美发直发器可以更快地完成造型，同时少用 20 度的热量。另一个有趣的发现是，浓密的发束能为柔性弹板附近的表面区域提供冷却效果，再次避免了出现极度高温。

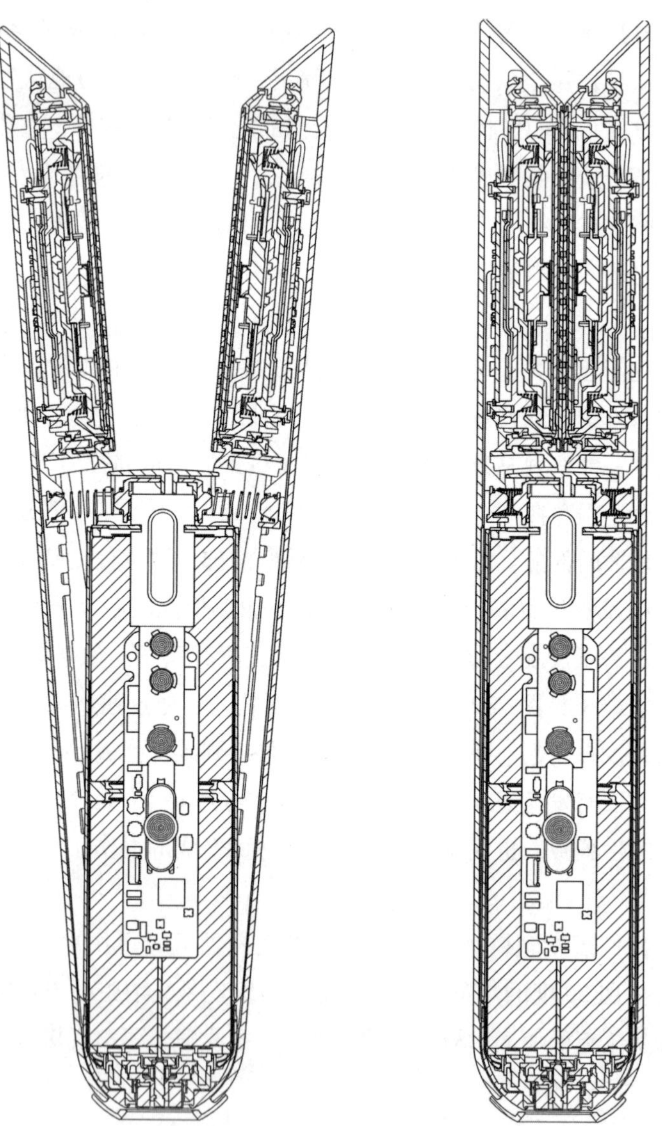

图 7–22 戴森 Corrale 美发直发器

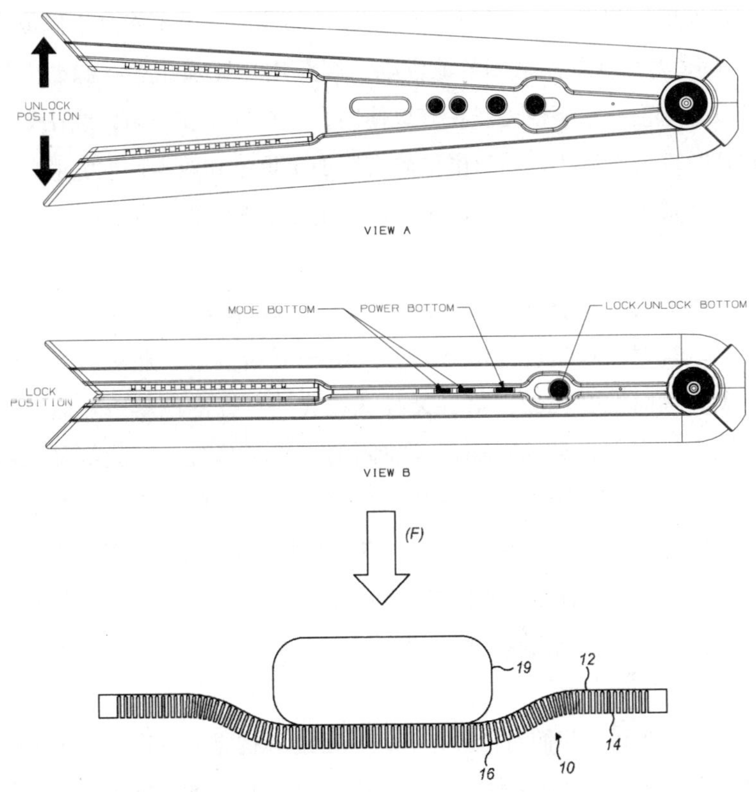

图 7-23　戴森 Corrale 美发直发器结构示意

柔性弹板很难开发，更不用说制造了。它是由一种有趣的叫作“铍”的铜制成的，可以像弹簧一样拉伸和弯曲。如果在它的表面进行多次切割，它的厚度就会减小，弯曲度会增大。我们用这种方法加工出了原型机，但这一过程对于批量生产来说太慢了。于是我们采用一种称为“线腐蚀”的工艺来制造：将铜浸入油中，用一根带有高压的电线高速切割它。接下来，我们采用一种有趣的方式处理切割板——出于知识产权保护的原因，我不能分享！戴森Corrale美发直发器采用电池供电，因此用户无须靠近电源插座就可以做造型。它不仅可以在家里使用，在车里、在公司，或在豪华露营时也可以使用。尽管电池确实增加了重量和成本，但它避免了电源线带来的不便，也避免了使用时手提电源线的重量。

我本来准备于2020年3月上旬在纽约推出戴森Corrale美发直发器。当时，场地已经准备好了，但随后新型冠状病毒肺炎疫情来袭。当时我在巴黎，第二天我就在我们新开的巴黎旗舰店进行了网上发布会，场地对面就是热闹的巴黎圣母院。在我解释戴森Corrale美发直发器是如何聚拢头发并提供均匀的拉力，以及如何用比现有直发器低得多的温度工作时，摄像机一直紧随着我进入店内。这也许是一种吸引观众的技巧，但有人评论说，很高兴看到一家企业的老板如此诠释他的技术。

在此期间，我们对机器人、人工智能和视觉系统产生了更浓厚的兴趣。20世纪90年代，人们对家用机器人装置和机械设备进行了很多讨论。关于机器人帮人们处理家务和花园工作的想法，可以追溯到20世纪20～30年代的科幻漫画，以及20世纪50年代的流行电影。但在我看来，现实远远没有达到人们想象的那样。

无论我们对吸尘器做了多少改进，我们仍然需要进一步考虑。到最后，还是得由人来打扫卫生。如果我们可以让吸尘器来代替人呢？这一思路把我们带入了机器人技术领域。2006年，我们差点推出一款机器人吸尘器DC06，虽然它并不算失败，但它太复杂了。它能很好地清洁地板，但锂离子技术还没有发展起来，所以它用了 80 个老式的镍镉电池、84 种不同类型的传感器、一组微芯片和几个主板。如果当时上市，那就太贵了，售价大概在 1 800 ～ 2 000 英镑。

我们学到了很多东西。其他公司利用接近传感器技术打造吸尘机器人，但是他们生产的机器无法正常清洁，导航能力也不佳，总是在房间里随机弹跳。我们决定在再次尝试之前专注于推进自己的技术。与此同时，我们尝试了一个电源供电的版本，在它后面加了一根电线，并在它返回时收起来。虽然它非常强大，但电线限制了它的活动范围。它一次只能在一个房间工作，需要用户将它移动到另一个房间。

在导航方面，我们迈出了大胆的一步，将重点放在了搭载戴森 360 全景相机的视觉系统。这一系统具有查看、拍摄和解读的功能。

我们的 360 全景相机非常有趣（见图 7–24）。它是一个安装在吸尘机器人（见图 7–25）顶部的半球形透镜，能够 360° 环视从地板到大部分天花板的区域。其获取的 360° 全景图像成像于一个 360° 反射环的镜头中，并反射到半球的内部中心，那里有一个圆镜。然后，这个镜子将图像垂直向下反射到下方电路板上的相机芯片。摄像机开始工作时先识别航点，可能是桌角、灯具或门框，从中判断距离并确定自己的位置（见图 7–26）。实际上，我们人类的眼睛就是这样工作的，避开桌角并以几乎相同的方式使用航点判断我们在给定空间的位置。基于这些航点，机器人能比人类更准确地知道它在哪里。做了什么以及要去哪里。显然，这个视觉系统需要时间来开发。

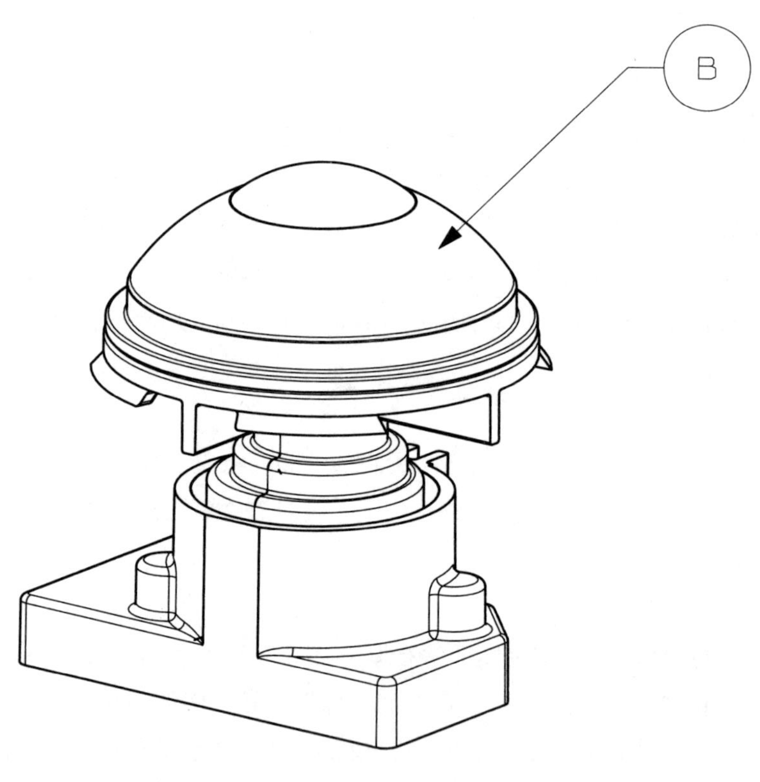

图 7-24 360 全景相机

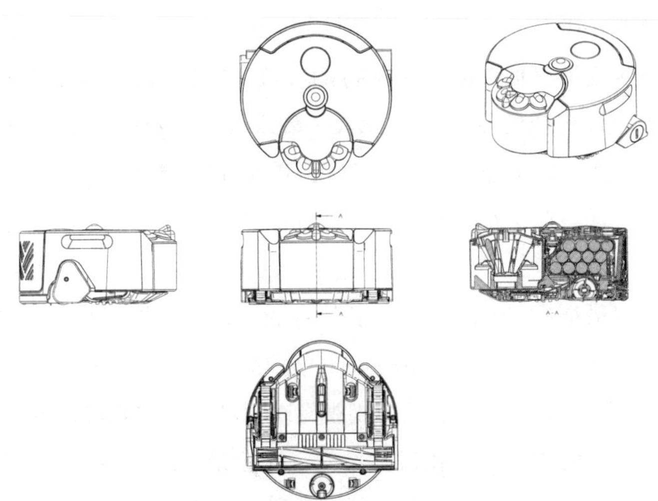

图 7–25　戴森 360 Eye 智能吸尘机器人

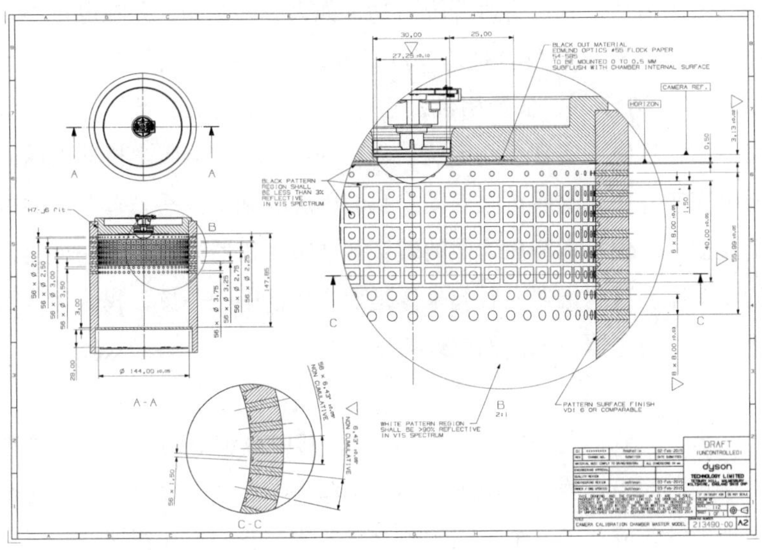

图 7–26　360 全景相机的工作原理

为了寻找视觉技术这一开拓性领域的世界级专家，我们派遣了一名团队成员参加在旧金山举行的会议。抵达旧金山后，他得知，这一领域最权威的专家是安德鲁·戴维森（Andrew Davidson）教授，他就在牛津大学工作，距离我们的园区只有 64 千米。从那时起，我们就一直与安德鲁·戴维森合作。

我们最终在 2016 年推出了戴森 360 Eye 智能吸尘机器人，4 年后，经过改进，我们推出了它的升级版——戴森 360 Heurist 智能吸尘机器人。这些机器都采用视觉映射技术、戴森设计的算法以及我们专有的 360 全景相机。首先，它们是高效的吸尘器；其次，它们还具备自主学习的能力，可以看到、理解和学习所处房屋的布局，这样它们就可以使用戴森数码马达和高效的锂离子电池进行彻底有效的清洁。它们会避开障碍物，如人类和宠物，并在电量不足时自行返回充电底座。戴森 360 Heurist 智能吸尘机器人还配备了 LED 灯，结合 360 全景相机，它可以在光线较暗的条件下，如沙发下面或床底下实现空间定位。戴森 360 Eye 智能吸尘机器人返回充电底座并在充电后再次启动，我们因此收到了一些来自客户的可爱反馈。一位日本客户为他的戴森智能吸尘机器人建造了一个迷人的小车库。这些机器人看起来像是现实生活中的一员，我认为这是第一次，吸尘器被人们如此亲切地看待。

当下，我们与 20 多所大学合作，其中最重要的是伦敦帝国理工学院，因为安德鲁·戴维森离开牛津大学后去了那里。我们在帝国理工学院成立了一个专门的戴森实验室。我们也在新加坡开展一些重大项目。此外，我们在威尔特郡的哈拉温顿机场园区开设了自己的研发中心，它是英国同类型中最大的研发中心。我们这些团队需要越来越多可以用代码改造生活的全球化软件工程师队伍。我们正在试验各种各样的机器人，以及开发相关技术让家用机器人的功能更丰富。

与此同时，扫地机器人还有很长的路要走。它们不能爬楼梯，也不把自己从地板上抬起来。家对于扫地机器人来说仍然是一个艰难而又不可预测的环境。大多数扫地机器人只能在可控的、完全合理的条件下工作，就像我们的数码马达工厂那样的环境。当在家里工作时，虽然它们绘制和学习家庭地形，但它们永远不知道下一刻会发生什么，也许会遇到袜子、地毯、乐高玩具、楼梯、手机充电线和宠物。

我们希望我们的智能机器在没有干预的情况下为用户完成尽可能多的工作。例如，我们的空气净化风扇会不断“嗅”空气，并对它们感知到的污染物和挥发性有机化合物做出反应。它们实时响应，在过滤空气的同时提供空气质量读数，而无须用户交互。虽然我们现在有一半的工程师都在从事软件研发工作，但要想取得产品成功，一些实打实的问题仍然至关重要。这就要求我们愿意去尝试，并亲自动手。

前段时间，一家日本杂志指责所有的吸尘器都会在地板上留下一层薄薄的灰尘。这是真的吗？是我们忽略了什么吗？这篇报道促使我和彼得·甘马克俯下身去了解情况。我们把粉末撒在一片黑色的亚克力板上，用吸尘器进行清理。他们说的没错，虽然吸尘器去除了大部分粉末，但确实在亚克力板上留下了薄薄的一层。我们的手上和膝盖上也粘了一层，需要用湿润的手指或抹布来才能擦掉。我们突然意识到粉末可能被静电粘住了。我们想到了过去常用碳纤维刷毛清洁黑胶唱片，这种刷毛可以带走静电。因此，我们开发了一种在吸尘器刷头上插入碳纤维刷毛的制造技术。问题得到解决，我们也获得了相应的专利。

我们在编程、人工智能、机器学习、计算流体动力学、能量存储、声学、超导体和其他开创性领域的研究已经越来越深入了，但仍需要在实验室做很多实证检验，比如弹道学。我们在弹道学方面做了很多工作，这听起来更像第一次世界大战时的研究课题，而不是一家全球性科技公司的科学家和工程师所要研究的。

我们开发核心技术并创造出全球销量数百万的产品，同时，我们还关注材料科学和新型仿塑料的研发。因为我们寻求“用更少的能源和更少的资源制造产品”。在这个领域，戴森与农场的合作越来越紧密。

当然了，我们不能把所有想做的都做了，毕竟我们只是一家家族企业，追随兴趣和激情来做事。然而，在几乎所有人都认为我们只是一个吸尘器制造商的时候，通过本章展示的所有研究、开发和发展的信息，我希望大家更容易理解我们为什么走出威尔特郡田园牧歌般的生活，而真正走向更广阔的空间。

INVENTION

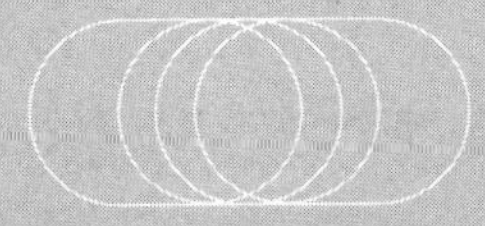

第 8 章

走向世界

I AM NOT A BELIEVER IN THE THEORY THAT GREAT MARKETING CAMPAIGNS CAN REPLACE GREAT PRODUCTS. WHAT YOU SAY SHOULD BE TRUE TO WHO YOU ARE.

我从不相信
“伟大的营销活动
可以取代伟大的产品”，
你所说的每句话都
应该是真实的。

我知道，如果戴森要成为一家成功的科技公司，而不仅仅是一家英国吸尘器制造商，我们就不能做英格兰本土主义者。我们需要迅速全球化。英格兰和英国其他地区的市场本身并不足以维持技术所需的持续性巨额投入，这与内部市场巨大的美国或增长迅速且令人兴奋的亚洲形成了鲜明对比。随便一家中等规模的美国公司就比大型英国公司大 6 倍，它们当然可以大胆投资。我早就知道，这就是我们要面对的现实。

然而，最初的困难在于，我们确实没有时间去澳大利亚、美国，甚至邻近的法国建立公司。我们的时间全部用来为英国制造足够多的吸尘器，同时研究和开发新产品，以及应对公司快速发展带来的各种问题。

早期主要是生产问题。例如，供应商提供的零部件不达标，因此我们需要找到可靠的、高质量的替代供应商，尤其是我们的产量还在不断增加。双重采购因此变得尤为重要，一方面可以防止停工，另一方面可以维持供应商竞争带来的优势。与此同时，找地方安置流水线进行新产品培训变得越来越困难。招募年轻工程师到马姆斯伯里而不是伦敦工作也很棘手。随着公司的扩张和新设计项目的开展，我们需要招揽更多人才。在业务规模每年翻一番的情况下，招聘也很耗时。在如此高的扩张速度下，准确预测销量至关重要，而我们通常会低估，尽管这比库存过剩要好得多。然而，凭借一支年轻、充满激情的团队，我们学会了克服这些困难。

为了进行海外扩张，我需要找到真正优秀的人，找到那些了解我在做什么，并且能够激发其他人对这项技术感兴趣的人。我发现，要说服真正优秀的人离开一家老牌公司，加入一家完全没有人听说过的初创公司，几乎是不可能的。现实不会如我们所愿。我们在英国可能很有名，但我们在世界其他地方却完全不为人知。这样看，任何零售商都没有理由接受戴森，任何家庭也都没有理由渴望购买我们的吸尘器。如果不做适当解释，我们的吸尘器就是外观古怪且价格昂贵的产品。其他国家都有自己的知名品牌，这就是我们要面对的问题。

澳大利亚是个例外，原因有二。一方面，我站稳了脚跟，并找到了一个优秀的人来经营业务。他就是罗斯·卡梅伦。这位才华横溢、精力充沛的澳大利亚人原本负责庄臣公司的商业机械，我们曾与他签订过许可协议。1995 年的一天深夜，他突然打电话给我，说："我要离开庄臣公司，因为我厌倦了满世界出差。"我说："你为什么不成立戴森澳大利亚公司呢？我们无法顾及那里，我们都太忙了。加入我们，放手一搏吧！"罗斯·卡梅伦答应并且照做了。

2017年在纽约，我在产品发布会上演示如何用戴森Airwrap美发造型器做造型。

2016年，戴森Supersonic吹风机发布会在东京涩谷之光摩天大楼楼顶举行。为了这个项目，我留长了头发。

马姆斯伯里研发中心是我们首个定制设计的工厂，它的屋顶呈波浪形。

2004年在东京六本木新城，我们用透明聚碳酸酯赛车场展示了戴森DC12的离心力。

后4页的产品名称：

1 海上卡车
2 轮型船
3 球轮手拉车
4 球轮手推车
5 气旋分离器
6 G-force
7 DC01
8 DC02
9 DC03
10 DC04 干粉版
11 DC07
12 DC14
13 DC05
14 Contrarotator 洗衣机
15 DC02 在楼梯上
16 DC12
17 DC11
18 DC06
19 DC15
20 DMX20
21 DC16
22 DC35
23 戴森 V2 数码马达
24 无 HEPA 滤网版 V6
25 戴森 V6 数码马达
26 Airblade 干手器
27 Airblade 水龙头
28 AM01 无叶风扇
29 戴森钢笔
30 AM05 空气净化冷暖风扇
31 Supersonic 吹风机
32 PH04 空气净化风扇
33 TP09 空气净化风扇
34 轻量无绳吸尘器
35 Omniglide 万向吸尘器
36 戴森 V9 数码马达
37 Cu-Beam Duo 灯
38 360 Eye 智能吸尘机器人
39 Airblade V 干手器
40 360 Heurist 智能吸尘机器人
41 Airblade 9kJ 干手器
42 Lightcycle 照明灯
43 Airwrap 美发造型器
44 Corrale 美发直发器
45 戴森电动汽车

“詹姆斯来了。”特伦斯·康兰爵士看着“球”船在夕阳下驶过设计博物馆。
这是2005年我们在伦敦奥克斯塔码头的戴森球型吸尘器发布会的一部分，这里可以看到泰晤士河和圣保罗大教堂的景色。

1
2
3
9
10
11
12
13
17
18
19
20

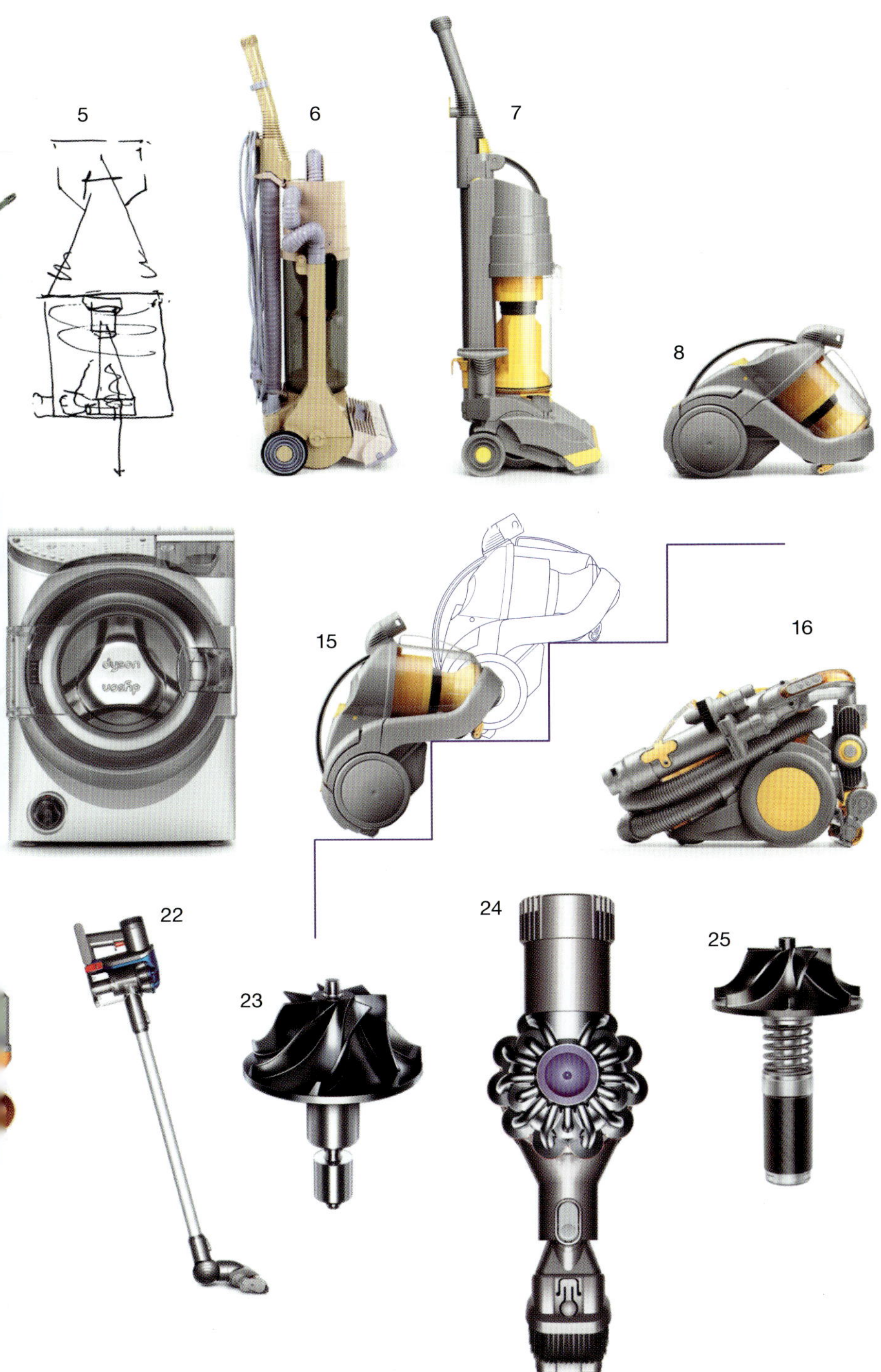
5
6
7
8
dyson
15
16
22
23
24
25

26
27
28
34
36
37
35
38
43
39
44
45
NSF

30
31
32
33
40
41
42

2018年，“戴森交响乐团”在伦敦卡多根音乐厅热情演奏。这场实验性质的演出由猎户座管弦乐队、戴森工程师和由戴森机器制成的乐器共同完成，这场演出允许失败。

戴维·罗奇作曲，托比·珀泽担任指挥。

2003年切尔西花展上，名模杰瑞·霍尔欣然坐在我们设计的玻璃长凳上。玻璃长凳位于我们设计的“错误花园”中埃舍尔式喷泉旁，它的造型很不可思议。

罗斯·卡梅伦在第一年没有拿薪水，但他全身心地投入到成立戴森澳大利亚公司的事业中。他是一名工程师，在悉尼的奥斯汀·莫里斯工厂当过学徒，他也是一位才华横溢的商人和推销员。澳大利亚市场上的吸尘器以圆柱形为主，他们称之为“桶”，在那里销售直立式吸尘器有点奇怪，但罗斯·卡梅伦取得了非凡的成功。

另一方面，我认为当地零售商的态度也是我们在澳大利亚取得成功的重要因素。当时有两家大型零售商，其中一个叫哈维–诺曼（Harvey Norman），它由一对非常有事业心的夫妇经营，规模很大。我们花了一段时间让它的老板凯蒂·佩奇（Katie Page）相信我们的资历，一经解释，她就完全明白我们在说什么。她对产品和技术的热情帮助我们取得了60%的市场份额。佩奇夫妇是我非常好的朋友和非常好的零售商，他们的商店遍布全球。

罗斯·卡梅伦在世界的另一边经营澳大利亚的业务，他有零售商的支持，但得到我们的帮助很少。是时候在英国雇用一名专门的营销人员了。我在巴斯大学张贴了一张布告，写道：“有现代语言专业的毕业生想到戴森做市场营销吗？”奇怪的是，一位牛津大学的毕业生出现在我们办公室。她就是丽贝卡·布里格斯（Rebecca Briggs），一位教师的女儿。她对商业一无所知，对营销更是如此。但她很聪明，有活力。我立刻录用了她，她加入了我们不断壮大的年轻毕业生队伍。她的丈夫艾伦之后成为我们的第一位内部律师。

事实证明，丽贝卡的德语能力非常有用，因为我们一直从驻守莱茵河的英国军队那里收到询价。我派丽贝卡和我们的一位英国推销员去了德国。后来，我确定丽贝卡已经有了足够的直销经验后，就令她回到办公室并深入开展营销工作，这是她从未干过的事。她对营销有一种奇妙的直觉，并且她相信自己的直觉，对自己有信心。**由于我们的技术令人兴奋又与众不同，因此我们不必以传统的方式推销产品。我不希望任何人因为花哨的广告来购买我们的吸尘器。我希望他们买它是因为它表现出色。我们有一说一，简单明了。**

多年来，丽贝卡做得非常好。她会出去巡店，亲自到商店里推销。这一点非常重要，但由于某些原因，传统的营销人员很难做到这一点。我唯一失望的是，每当她需要人手时，她雇用的都是拥有五六年经验的人，而不愿招收应届毕业生。我们多年前纠正了这一点。我理解她的感受，显然，雇用有经验的人更安全、更负责任，而且如果你很忙，花时间培训人可不算好主意。

1996 年，戴森公司在英国成立 3 年后，我决定是时候在法国建立自己的公司了。1998 年，我们在德国、比荷卢[①]和西班牙成立公司。2000 年，我们又在意大利成立了公司。这些不是一帆风顺的。组建合适的团队是一项挑战。例如，戴森法国公司的第一个负责人，把办公室建到了巴黎郊区克雷泰伊，那是一个单调枯燥的地方，更不用说在那里工作了。我向团队表达了不满："我们必须对自己更有信心！"

---

① 比利时、荷兰、卢森堡三国并提时的简称。——译者注

我与安迪·加尼特聊了聊，他曾与我一起在罗托克工作过，后来也离开了，创办了一家成功的公司。我注意到安迪·加尼特很善于找办公室，而且他对巴黎非常了解。我问他是否可以在巴黎给我们找到一间办公室。于是我们一起把戴森搬到了波艾蒂路。这里是一条连接香榭丽舍大街和圣奥诺雷街的街道，不是购物区，而是一个适合设立办公室的地方。我请克里斯·威尔金森将这里设计成一间雕塑画廊风格的临街办公室。

我们在一楼和二楼之间凿开一个通道，并为一楼展示区设计了一面巨大的玻璃外墙，从临街地面一直延伸到一楼的顶部。我们还在两层楼之间安装了两个夹层阁楼，它们由不锈钢龙骨架和玻璃桥完美结合而成。一楼只有法国石灰石地板、白墙和几处支撑筒式吸尘器和直立式吸尘器的底座，除此之外什么都没有。这里没有关于产品的文字介绍，也没有价格标签，只有底座上展示的产品，就像一个极简主义的雕塑画廊。

我们在一楼放置了一张石灰石办公桌，销售助理坐在桌子后。这里确实就像一个艺术画廊，只有少数几个品位非凡的客户在参观。我们按照自己觉得合适的方式展示产品。这并不是批评电器零售商，他们确实非常了解自己的业务，并且必须展示许多公司的产品，这样才能最大限度地提高销售额。然而，结果可能是产品展示区充斥着大量的品牌标志、折扣券、价签和信用卡优惠条款，每个制造商都在争抢好位置。我们的巴黎“画廊”没有任何这类标志，且每类产品仅展出一个，给置身其中的人带来平静的放松感。诚然，这是一次非常昂贵的实验，在那个阶段无法在其他地方重现，尽管我们渴望重现它。

自那以后，我们在世界各地开设的戴森官方体验店，包括位于巴黎歌剧院区的大型旗舰店在内，都延续了波艾蒂路第一家画廊商店的风格。它们就像是画布，可以按照我们想要的方式展示和演示我们的技术。几年后，纽约苏豪区的第一家苹果专卖店也采用了相同的方式，有法国石灰石地板、阁楼夹层、不锈钢龙骨架和玻璃桥，以及白色底座上的产品，没有产品文字介绍。

我很想在日本创办自己的公司，但直到我们从 Apex 公司买回许可证后的 1997 年，我们才实现了在日本创办公司的想法。

那年我乘坐一架大型喷气式飞机飞往东京，陪同刚刚就任首相的托尼·布莱尔进行贸易访问。我在寻找能经营戴森日本公司的人。我找到一家猎头机构，明确表示想要找一个年轻、没有经验的人来执掌业务，但他们介绍给我的人都不年轻了。我找了另一家机构，结果相同。那时候，日本商界非常非常传统，你年纪越大，人们认为你越聪明，越令人信服。这些机构认为，这才是应该管理戴森公司的人。

最后我说："我最不想要的是知道自己在做什么的人。我想要一个年轻的日本人来经营这家公司，因为我们正在做一些不同的事情。"我知道聪明的日本年轻人大有人在，因为我见过一些，然而猎头机构却找不到一个这样的人。最后，我下了一个非凡而有趣的赌注，我认为一位来自英国驻东京大使馆的苏格兰贸易委员可能适合，他有能力经营这家公司，也有能力与日本大型零售商达成合作，共同赢得客户。我抓住机会雇用了他。事实证明我赌对了，戴森日本公司终于成立。

日本有自己辉煌的创新历史。我很喜欢我的本田 50 摩托车，也就是众所周知的“本田幼兽”，它的灵感来自精巧的索尼随身听。2017 年，当我们售出第 1 亿台戴森产品时，本田宣布本田幼兽的销量也超过了 1 亿台，成为有史以来产量最高的摩托车。

2004 年，我们将 DC12 筒式吸尘器引入日本，称其为戴森“城市”（Dyson‘City’）。它是专门为日本小巧而完美的房屋设计的。我们对它的成功感到惊讶，3 个月内，它就占领了日本 20% 的市场份额，并成为日本最畅销的吸尘器。我多年前在 G-Force 项目中就发现，日本人非常痴迷于精巧的手工制品和新技术产品。

DC12 是吸尘器中的“盆景”，小到可以放在一张 A4 纸上，重量只有 1.5 千克。它由新型戴森数码马达提供动力，功率重量比是当代法拉利一级方程式赛车的 6 倍，尺寸很小，但性能强劲。日本人的房屋普遍都很小，DC12 几乎独树一帜，在由三洋、夏普、东芝、松下和三菱等知名日本电子和家居用品制造商主导的市场中占据了一席之地。

我们决定在六本木新城的广场举行一场盛大的发布会。这里是一个由建筑大亨森稔建造的庞大的城市综合体，刚刚开张。我与森稔先生，以及特伦斯・康兰爵士一起喝了茶，我还获得许可在这里建造 3 个展示区——一个立方体、一个球体和一个三角形，全部由 DC12 搭建而成。

我和彼得·甘马克，还有擅长制造的德里克·菲利普斯，在广场上设计和建造了世界上第一个透明赛车场（见图 8–1），其透明的聚碳酸酯墙面是通过钢丝绳连接起来的。无论观众在什么位置，都能看到赛车手绕着清晰透明的“死亡之墙”[①]旋转一圈又一圈，生动演绎我们机器内部气旋分离器分离灰尘时的离心力。

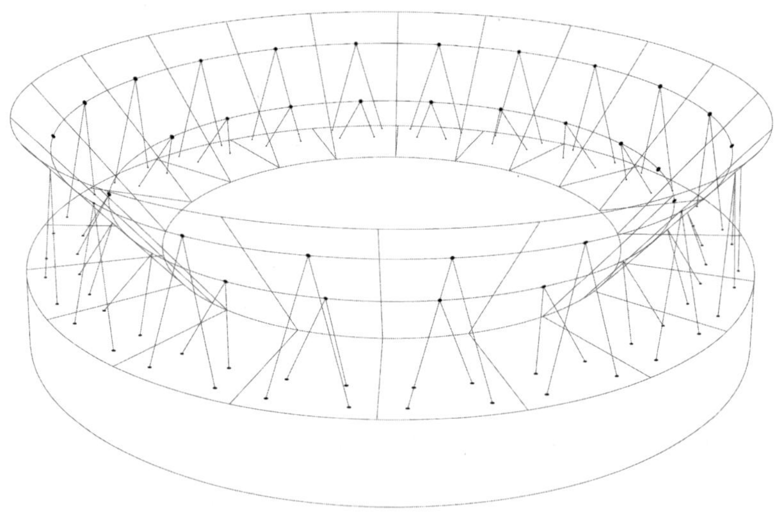

图 8–1　透明赛车场结构图

① 即与地面垂直的环形高墙。它源于 20 世纪初纽约马戏团的摩托车表演，通常是摩托车加速后冲上“死亡之墙”不断旋转。这里是指聚碳酸酯墙面。——编者注

三宅一生和日本相扑冠军都出席了这场发布会，他们都是戴森产品的粉丝。几年后，我还为三宅一生在巴黎的时装秀做过设计。我不知道这场发布会有多好，但它确实帮我们在日本站稳了脚跟，让大家注意到了我们。零售商很快就认可了 DC12 ，使它大获成功。

事实证明，精通技术的日本对戴森来说是非常好的市场。日本对我个人来说也非常重要，因为它是第一个相信我的技术的国家。我在前文讲到过，日本公司 Apex 早在 1985 年就获得了粉色 G-Force 的授权，并从那时起一直出售它，而其他的授权商则半途而废。一直以来，去日本都是我很期待的事。

到 2002 年，我们已经准备好迎接下一次大冒险了，也就是进入美国。当时，美国的市场由沃尔玛、塔吉特、百思买、西尔斯、罗巴克、好市多和科尔百货等大型零售商主导。它们都是全国性零售商，而不是地区性的。我们必须从一开始就覆盖整整 50 个州，而不是从一个地区慢慢起步。零售商在接受你的产品之前必须确定他们可以将产品卖出去，但我们只是一家名不见经传的公司——制造外观迥异且价格昂贵的吸尘器，还没有任何业绩记录可循。

我们指出，我们在英国取得了成功，但没有起到什么作用。他们回复：“美国市场是与众不同的。”这只是一种拒绝的说辞。没有一家零售商接受我们，直到百思买的一位初级采购员将戴森带回家。她拿的是 DC07，一款搭载多个倒置的气旋分离器的吸尘器。这位勇敢的采购员找到她老板，说戴森像我们说的一样好。老板们让步了，同意让我们进驻 50 家商店。这次尝试取得了成功，我们的产品被推广到他们大多数的商店，条件是我们得在电视上做全国性广告。这绝非易事。

与我们对接的美国广告创意人说：“我们认为詹姆斯应该亲自上阵。”我大吃一惊，回忆起雷明顿公司的维克托・基亚姆（Victor Kiam）在他的广告里说“我非常喜欢剃须刀，所以买了这家公司”。谢天谢地，美国广告创意人的想法要温和得多。该广告由出色的英国导演尼古拉斯・巴克（Nicholas Barker）执导。

广告是在我威尔特郡家中的一个房间里拍摄的。我没有大放厥词吹嘘我们的产品有多出色，只是简单地讲解了技术。当我告诉戴尔德丽和孩子们我将在广告里出镜时，他们吓坏了。我在广告中的形象深入人心，以至于美国著名喜剧节目《周六夜现场》（*Saturday Night Live*）模仿我，让一个金发英国人坐在马桶上，按照我的剧本，解释他如何建造几千个原型才让他发明的马桶奏效。然而，真正打动美国消费者的是，我说我已经制作了 5 127 个吸尘器原型机。美国人喜欢企业家，他们特别喜欢我自己制造和开发吸尘器的故事。我不是销售型企业家，我是发明型企业家。我们的产品在美国迅速畅销。每次我在美国入境时，美国移民局的办事员总是说：“你就是那个制作 5 000 个原型机的人。”所以广告创意一定奏效了。甚至《老友记》有一集还讲述了莫妮卡对戴森吸尘器的痴迷。

第一次合作成功后，尼古拉斯・巴克和我一起拍摄了很多广告。尽管我们确实尝试过，但我不确定亲自上阵拍广告在英国是否有那么好的效果。这样的广告在欧洲肯定没有成功，因为我认为欧洲人想要的是在实验室里穿白大褂的主管推销自家大型成熟的公司开发的产品。不过，我们确实在日本的尝试相当成功。总的创意是表明戴森是由戴森先生创立的，他负责戴森产品的研发。那些历史悠久的大型跨国公司大多数是上市公司，无法以同样的方式突出某个个人形象。**我相信，诚信与忠诚来自努力开发和制造高性能的产品，然后关照购买它们的客户。我从不相信“伟大的营销活动可以取代伟大的产品”，你所说的每句话都应该是真实的。**

对于美国这样的大市场，我们亟须大幅提升制造力。2000 年，我们生产了 80 万台吸尘器和洗衣机，但这样一来，我们在马姆斯伯里的生产线就吃紧了，生产制造人员紧缺。那里的失业率非常低，有时甚至为零，没有剩余劳动力。我们只好从很远的地方招募人手，用大巴车接送他们。更重要的是，我们所有的塑料、零部件和电子产品供应商都在东南亚，而澳大利亚和日本也是我们增长最快的市场。与此同时，我们的经营费用激增，因此无论从哪方面讲，我们都不得不转移生产地。

2002 年，当我第一次宣布将我们的吸尘器生产从英国转移到东南亚时，我发现自己陷入了困境。我们一直在为英国的制造企业争取更多支持，可我们扩建工厂的计划被拒绝了。但我们需要迅速扩张，解决方案显而易见。由于电子企业放弃了马来西亚，转而在中国进行生产，因此马来西亚的工厂空置了。马来西亚和新加坡的劳动者技术精湛、进取心强、勤奋好学。我们实际上别无选择，转移生产地优势太大而不容忽视。对于 500 名失去工作的员工来说，转换生产地是一个悲伤的决定，但对于公司的长期发展来说，这是正确的。戴森陷入困境，既没有扩张空间，也没有足够多的劳动力供应，而且供应商远在千里之外。

从那以后，戴森迅速在英国和世界各地扩展业务。如果我们没有向东南亚迈进，这是不可能实现的。我们现在在英国雇用了 4 000 名员工，远远超过搬迁前的人数。这些人中的大部分都是在马姆斯伯里和哈拉温顿两大园区做研究开发的工程师。

我积极努力，试图让英国工厂的业务运转起来。购买我们周围的土地并建造新工厂是合理的努力方向。克里斯·威尔金森拿出新工厂的设计图，他的方案是将新工厂建在地下，这样在周围村庄就看不到它了。但我们买地的想法遭到了当地利益集团，包括当地保守党议员的攻击。对我们来说，这无疑相当于把我们的想法判了死刑。如果英国想要保留制造业，就必须改革《规划法》。制造商只有在预见未来不断增长的销售情况时才会投资建造一座昂贵的新工厂，但到那时时间已经很紧迫了。制造商等不起 4 年或更久，来确定是否能获得建厂许可，也不能再耗费 2 年时间建厂。相反，他将前往一个在 4 个月内就能搞定这一切的地方，比如亚洲。

我不禁想到，尽管我们在现代化的工厂和实验室中创造了财富，尽管克里斯·威尔金森的设计方案非常精致，但在英国，工厂和制造商仍然被认为是“粗陋肮脏的”。相关人员对我们提议的反应，无疑是一个非常英国化的“邻避效应”的例子。

新加坡拥有三大主权财富基金，并致力于投资科技。在这个城市国家里，人们对制造业、贸易和工业的态度截然不同。在新加坡文化中，它们备受赞誉。新加坡是一个令人兴奋的地方，位于世界贸易的枢纽和心脏位置马六甲海峡。每年约有 10 万艘船驶过马六甲海峡，这个位于马来半岛与苏门答腊岛之间的狭窄水道沟通着太平洋与印度洋。这个商业无敌“舰队”运载着世界四分之一的货物，随着亚洲经济的蓬勃发展，这一比例将继续增加。

新加坡自 1965 年独立以来，在李光耀的领导下迅速崛起。李光耀毕业于剑桥大学，是一个非常有活力的人。他起初只是一名律师，后来成为非常成功的领导者。在他的领导下，新加坡拥有了一个非常成功的种族多元化精英政府，在许多方面都是自由贸易经济的典范。如果我们继续开发电动汽车，那肯定会在新加坡开设一家全新工厂来生产。自从在新加坡成立公司以来，戴森在亚洲的业务显著增加。我们现在在新加坡设立了全球总部，并在新加坡、马来西亚和菲律宾设立园区和研发实验室。

1819 年，精力充沛的环球旅行家、爪哇前总督斯坦福·莱佛士爵士代表东印度公司，将新加坡建设为自由港定居点。当时岛上的人口大约有 1 000 人，但凭借优越的地理位置、深邃的天然海港、可靠的淡水供应、现成的造船木材以及莱佛士开明的领导，这里成为贸易和生活的好地方。5 年之内，新加坡的人口就增长了 10 倍，不到 50 年人口就达到了 10 万。

1942 年，英国人把新加坡搞得一团糟。当时，日本突袭新加坡，虽然英军人数远超日军，但他们依然没能阻止日军的野蛮入侵。我父亲曾是英军中的一员，他参加过缅甸反击战击退过日军，而新加坡仍落入了日军手中，直到 1945 年 9 月美国在广岛和长崎投下原子弹几个星期之后，才脱离日本人控制。我认为，无论是才华横溢的莱佛士，还是日本人，都无法想象新加坡会在 20 世纪下半叶如此繁荣。

撇开工厂不谈，我们在新加坡遇到了雄心勃勃、想要制造东西和想要发展业务的人。他们的创业精神是首屈一指的。通过将制造转移到东南亚，我们拥有了一个得天独厚的优势，即所有的供应商都在工厂当地。从物流的角度来看，这一点很重要。从提高产品质量、带动创新的角度来看，这也很重要。**当你与供应商并肩坐在一起，而不是在 10 000 千米外的不同时区，你可以更轻松地制造出高质量、技术先进的产品。**

我们很快找到了合作良好的供应商，他们竭尽全力帮助我们。而且，无论英国的大小媒体怎么报道，我们都不会去东南亚寻找廉价劳动力，否则我们早就行动了。在英国，我们遇到了各种问题：劳动力市场不灵活，工厂租赁期至少 21 年，规划问题，以及建造新工厂耗费大量的时间。这些都迫使我们寻找其他发展机会。我们在英国只剩下一个软管供应商，而其他供应商都在亚洲。当我们的产量达到一定水平时，英国软管制造商就不想再增加产量了，因为他不得不雇用更多的劳动力并建造一个新工厂，这两件事都非他所愿。我并不完全怪他，因为他签订了 21 年的工厂租赁承诺，也无法灵活调整劳动力，这两项因素导致他承担的风险太大了。这促使我们在马来西亚寻找替代供应商。

我们需要的是高技能劳动力，而新加坡在这方面很出色。在新加坡和马来西亚，我们能够很快制造出高质量的产品，还可以雇用优秀的、受过培训的当地工程师。由于当地人很重视工程和制造，所以到那里生产，与充满工作热情的当地人建立真正的伙伴关系，是非常令人兴奋的。我们还结识了一些政治家，他们本身多为实业家，对制造业有一定的了解，因此比英国的绝大多数执政者更能认同我们所做的努力。而英国政客往往没有任何行业经验，对制造业也没什么兴趣。

通过进入东南亚，我们也深入了解了亚洲消费者的需求。亚洲是当今世界上经济增长最快的市场，我们一半的销售额来自那里。对于戴森来说，欧洲也是一个快速增长的市场，非常重要，也非常令人愉快，但我们必须不偏不倚地看待这些市场。亚洲的增长速度是西方经济体的 3 倍，欧盟在世界贸易中的份额正从 15% 下降到 9%，而亚洲的份额正从 16% 上升到 25%。此外，如果你认为我们可以在马姆斯伯里为亚洲消费者设计，那就太傲慢了。所有国家都有不同的想法和需求，因此我们需要日本、韩国、中国、新加坡和马来西亚的工程师为这些不同的市场开发产品。

事实上，自从戴森迁往新加坡和马来西亚，我们平衡了在亚洲市场和其他市场的产品研究，并将结果反馈给了英国，也反馈给了欧洲市场。亚洲人除了对做工精良的产品很欣赏外，也十分热衷于清洁。因此，我们的工厂扩张与我们在菲律宾、印度尼西亚、马来西亚、韩国和中国台湾地区的销量快速增长保持同步。韩国已经成为我们最大的市场之一，同时也是增长最快的市场之一。

在韩国，许多人每天给家里吸尘两次，因此他们想要小巧轻便、易于拿取和使用的产品。除了清洁，韩国还盛行美容文化，影响着亚洲其他地方的消费者。我们一开始不了解，但我们在首尔推出戴森 Supersonic 吹风机时，它的销量飙升。2019 年，我们紧接着设立了一家研究个人护理产品的韩国实验室。

在这里，我们的工程和技术团队与我们的客户面对面交流和合作。我们借助扫描电子显微镜和头发图谱分析仪评估头发状况，获取数据，并提出护理建议。这些数据有助于未来的产品开发。有的人不习惯工程师和技术员在美容实验室工作，觉得很奇怪，但直接观察往往带来全新的想法，我们因此能一直发明新技术产品，如戴森 Corrale 美发直发器。

我承认进入中国市场让我感到紧张，我们的产品曾在这里被抄袭过，因此我不确定我们的产品能否在这里卖好。但我不该这样，中国人喜欢新技术和最新设计，中国也正日益重视知识产权保护并取得了很大的进步，值得其他国家借鉴。有关假冒戴森产品的刑事诉讼在中国也备受重视。在 2020 年的一次突击检查中，相关部门逮捕 35 名涉嫌生产、销售假冒“戴森”品牌的人员，查获 277 台吹风机以及配件、包装材料和其他物品。上海法院随后对 4 名主犯和 31 名从犯判处有期徒刑，并处以相应罚款。

我们在上海设立了办公室，并在一家老钢铁厂旧址开了发布会。我喜欢废弃的工业建筑和我们的新技术、新设计产生的强烈碰撞。我们与一家名为“捷成”的代理商开展了愉快的合作，它负责将我们的产品供应给大型百货公司。渐渐地，我们开设了更多的戴森门店，并直接通过微信、阿里巴巴、京东等线上平台进行销售。我们在中国也组建了研发团队。中国是我们最大的市场之一，也是最激动人心、最催人奋进的市场之一。

与东南亚人一样，中国人对空气净化器特别感兴趣。很多人会因此猜想这里的污染状况可能很严重，但事实并非如此，他们之所以感兴趣，是因为他们受过教育，能够敏锐地意识到空气质量的重要性。他们对室内空气污染的危害很清楚，对甲醛等挥发性有机化合物的影响十分重视。这种意识确实很对，其他国家还没有达到这样的重视程度。我们开发的空气净化风扇，性能必须达到非常高的标准，才能满足当地人的期望。我们以此为标准，为世界其他地区生产相同规格的空气净化风扇。

过去，戴森英国公司为出口市场创造的产品是在英国境内构思和制造的，而今天我们在这些出口市场中生活、工作，深刻而发自内心地意识到当地的人们可能想要什么，并在研究、开发和生产方面与他们直接合作。例如，我们开发了重量不到 1 千克的 Digital Slim 吸尘器，以及带有双软绒滚筒刷条、可以全方位清洁的戴森 Omni-glide 万向吸尘器，非常适合中国、日本和韩国。这些产品首先在亚洲推出，现在在全球供应。我在前文提到过，为了回应日本杂志的批评，我们设计了一种防静电碳纤维刷毛来吸除因静电而附着在地板上的灰尘。韩国和中国的客户家里通常使用高度抛光的地板，他们想知道什么时候能清除所有灰尘。我们开发了一种激光探测技术，它可以聚焦每一粒灰尘，并通过压电式声学传感技术，显示吸尘器吸入的不同大小的灰尘数量。

身处新加坡肯定会让你对世界有非常不同的看法。如果把新加坡放在地图中心，你马上就会明白它不仅与中国、日本和韩国，以及印度尼西亚和菲律宾，还与印度、澳大利亚和新西兰，以及越南和孟加拉国这样发展迅速的国家的地理位置有多近。

事实上，新加坡是世界上增长最快的市场，也是富裕程度不断提高、对戴森产品需求日益旺盛的国家。在新加坡、马来西亚和菲律宾待的时间越长，我们就越像一家由英国人执掌的亚洲公司。虽然我为自己是英国人而自豪，在英格兰农村创办了戴森公司，并在那里雇用了成千上万的员工，但我从来没有以狂热的爱国主义情怀进行交易。我们根据产品的客观价值、用途、工作方式以及能源效率来销售我们的产品。戴森产品的销售完全基于我们最新技术、性能、设计和质量的水平。我们在英国的研发业务非常重要，但随着我们在亚洲的业务不断扩张，我们也将继续在亚洲大力投资研发。无论如何，我认为将英国的研究和亚洲的研究结合在一起十分令人兴奋。**世界对创意和贸易越开放，就会有越多的创新，并有可能使每个人受益。**

制造工厂向亚洲转移，意味着我们可以继续扩大在马姆斯伯里的研发。我们在以前组装吸尘器和洗衣机的地方，建造了半消声室、电磁实验室、灰尘实验室、微生物实验室、马达开发实验室、新技术电池实验室和小规模生产实验室。与此同时，我们在新加坡、马来西亚和菲律宾的同事工作高效，反应灵活，自驱力强，使我们能够不像在英国那样受到诸多限制，从而实现增长。现在，我们的产品开发能够一天 24 小时轮轴运转，我们可以在 4 个月内设计和建造一个新的工厂或研发实验室。建造标准很高，因为工厂通常建在填海地上，这是新加坡"花园城市"的特点，值得自豪。

一开始，我们在新加坡和马来西亚建立研发和工程基地时，还需要外派英国的戴森员工前去支持。现在，我们所有的领导团队都在新加坡，包括首席执行官。我们雇用了成千上万的当地优秀人才，他们知道我们长期从事这个行业。我们在那里的工作非常愉快。

我们在亚洲的业务每年都在快速增长，但我们不可能一直建造大型工厂。于是，我们与代工厂建立了密切的合作关系，这样我们就可以在他们的工厂里制造机器。模具、流水线和测试站是我们的，我们控制采购和质量。我们不会找到分包商说，"给我制造这种产品"，或者"给我按这种设计制造产品"，我们倾向于和那些从未制造过吸尘器，或者吹风机、机器人、风扇、暖风扇、空气净化风扇、电灯的工厂合作，教他们的员工按照我们的生产方法制造东西。这是一个高度参与的学习和改善过程。

我们还需要其他工厂，因为我们每年以 25% 的速度扩张，即使在新加坡、马来西亚和菲律宾，我们也无法一直规划建新工厂。

而我们每年都需要两三个新工厂。如今，我们有 15 000 名员工，还有 10 万名工人。不过，我们有先进制造中心，生产数码马达、空气净化风扇和暖风扇、电池。这些是我们开创的核心技术，它们的制造流程也是重大的研发成果。通过自己承担这一部分的制造，我们得以实现进一步的发展和突破。它们代表了戴森多年来研究和发展的成绩。正是这些发明和技术，使我们能够设计和制造出比竞争对手领先一大步的产品。

我们招募了越来越多的当地大学毕业生工程师，团队逐渐整合向前发展。2009 年，我们将新加坡的研发中心迁至亚历山大科技园的一个更大场地。这个科技园靠近市中心商业区，按照英国的标准，它的设施和服务都非常好。新加坡的一个特别之处在于，无论是研究、工程、制造还是贸易，一切都可以在很短的距离内连接起来。这座城市紧靠着一个巨大且不断增长的区域市场，而且基于良好的通信，与世界其他地区也有着紧密的联系。新加坡政府了解这些技术开发与制造的公司的运营需求，它有几个主权财富基金专门用于投资新技术创意和新兴企业。这些财富基金提供的情报有助于政府制定政策。虽然新加坡只是一个弹丸岛国，但已成为世界第二大技术出口国。

2012 年，我们在新加坡开设了第一家先进的自动化制造工厂，名为“SAM”，即新加坡先进制造中心（Singapore Advance Manufacturing）。300 个在自动化生产线上工作的自动机器人平均每 2.6 秒就能生产一台戴森数码马达。我们现在在新加坡和菲律宾拥有 14 条生产线，菲律宾的工厂被称为“PAM”。机器人工作的场景令人惊叹。它们每周 7 天、每天 24 小时运行，每周只休息一个小时进行维护。它们利用微小的黏合剂点将马达黏合在一起，并吸回最细小的多余胶水。它们以惊人的速度旋转铜绕组，并执行最精细的轴平衡程序。它们在制造马达时就会进行测试。工厂里没有人工操作员。

我们的工程师一直在研究如何改进流程。这些生产线完全是定制的，处处都有我们必须保护的知识产权。它们需要一年多的时间来建造，而且确实非常昂贵，这些都大大增加了每台马达的成本。它们代表了当前最先进的技术水准。要想达到我们想要的质量和精度，自建这些生产线是唯一途径。然而，我们一直不满足于已有成果，并逐个版本地迭代改进工艺。我们现在已经在戴森菲律宾先进制造中心的生产线上生产了 1 亿台戴森数码马达。

与此同时，就像我们的生产线吃紧一样，没过多久，我们在亚历山大科技园的研发中心就变得拥挤不堪了。2017 年，在推出戴森 Supersonic 吹风机一年后，我们在科技园大道 2 号开设了新加坡技术中心。它位于新加坡创业社区的中心，毗邻新加坡国立大学，这里的工程团队负责共同开发戴森个人护理品类项目，这一品类的产品需求量日益增长。与在英格兰一样，我们与亚洲越来越多的大学密切合作。

2019 年 1 月，我们宣布在新加坡设立戴森全球总部，这也印证了亚洲是我们业务的中心，而且多年来一直如此。我们已经认识到接近和了解我们主要市场的重要性，尤其是在开发适合亚洲客户的产品时。亚洲是我们的制造和贸易中心，也是我们业绩增长最快的地区，同时还是我们首席执行官和高管团队的驻扎地。我们在新加坡有 1 200 名员工，在马来西亚也有同样数量的员工。在新加坡设立全球总部是出于长期商业发展的考虑。但无论我认为新加坡有多么辉煌，我们在马姆斯伯里和哈拉温顿的研究仍将继续。

我们当时向新闻媒体明确表示，即使在筹划新加坡的事宜，戴森仍然会在哈拉温顿投资 2 亿英镑用于建造新大楼和测试设施，还会在马姆斯伯里投资 4 400 万英镑用于更新办公室和实验室，以及在戴森工程技术学院投资 3 100 万英镑用于培养英国和戴森都非常急需的新一代工程师。在新加坡，找到优秀的应届毕业生工程师和高技术工人相对容易，但在英国绝对不是这样。

我难免会受到一些英国媒体的攻击，他们喜欢暗示我迁移总部是为了减少支出，包括缴税。这并不是真的。无论是作为个人还是公司，根据《星期日泰晤士报》(*Sunday Times*) 的报道，我都是英国最大的纳税人之一，不仅如此，我们公司还在世界各地纳税。戴森在新加坡设立总部并没有改变公司收入和利润的征税地点与征税方式，我们在英国缴纳的税款仍然高于其他国家。

除了缴税之外，成本也不是我们的考虑因素。事实上，新加坡是世界上开公司成本最高的国家之一。此外，我们继续大力投资在英国的业务以及教育计划，不仅因为对祖国忠诚，而且因为我确信英国培养出了一些世界上最具创造力和探索精神的人才，尽管这些人才还远远不够。随着哈拉温顿研发中心和戴森工程技术学院逐步建立，我们的威尔特郡园区得到了显著发展，并将继续发展下去。

对我来说，总部大楼应该是激发发明、实验、创造、制造和检验的“发电厂”。考虑到新加坡对戴森未来的重要性，是时候在新加坡创建一个鼓舞人心的空间了。

2019 年 11 月，我们决定将新加坡的圣詹姆斯发电站改造为我们的新总部。它是一座位于吉宝港和圣淘沙度假岛对面的宏伟建筑。20 世纪 20 年代，圣詹姆斯发电站的建成是一次非常大胆的冒险。而我们的研究和工程中心在那里开放，也将是一次大胆的冒险。

毫无疑问，搬进一个全新的“玻璃盒子”建筑会简单得多，这种方式很聪明但比较乏味。建筑对我来说一直很重要，我认为，办公环境要能够激励人们。于我而言，巴斯的马库就相当于美国创业者在旧金山的车库。在芝加哥，我们的第一个办公区位于历史悠久的蒙哥马利沃德大楼，这里曾是美国最古老的邮购目录业务的仓库，也是世界上最大的钢筋混凝土建筑。在悉尼，戴森员工在一个运河边的仓库里工作了很长时间，那里曾是第二次世界大战期间储存出口羊毛的地方。在上海，我们最初的办公室设立在曾经的法租界，新中国成立后，那里成为一个汽车工厂。在加拿大，戴森员工在多伦多建筑师鲍德温和格林共同设计的“制造商大楼”中工作。哈拉温顿机场园区研发中心建立在一块常年被人遗忘的、腐朽的荒地上，那里就像一块画布，激发我们所有人的创作灵感。

圣詹姆斯发电站是一座巨型钢结构建筑，外观为古典建筑风格。整个建筑都是用红砖砌成的，遍布着高耸的罗马风格窗户，在不到一个世纪前从沼泽地上建起。它是由年轻的苏格兰人亚历山大·戈登（Alexander Gordon）与工程公司 Preece、Cardew 和 Rider 合作设计的。亚历山大·戈登于 1923 年来到新加坡，不久晋升为助理市政建筑师。为了圣詹姆斯发电站项目，亚历山大·戈登从英国运来了一个预制钢框架，在坚固的混凝土地基上抬高它，然后用宏伟的建筑把它包裹起来。从内部看，高大的空间让这座建筑物的光线十分充足，与一座大教堂的规模相当。它似乎正是我们在新加坡的不二之选。

这座燃煤发电厂于 1927 年启用，1976 年停用，之后先是作为新加坡港的一个自动化仓库，然后从 2006 年起成为符永隆（Dennis Foo）经营的夜总会综合体。符永隆被称为新加坡的“夜生活之王”。周末时，约有 15 000 ~ 20 000 名夜店会员在这里狂欢。这座建筑再次焕发生命力，新成立的泰国乐队与迪斯科俱乐部在这里一起成名。在符永隆管理期间下，圣詹姆斯发电站被列为国家保护建筑。

我们在 2019 年接手了这座建筑到期的租约，并与枫树集团（Maple Tree）和凯达环球建筑设计公司（Aedas）一起制定了一个方案（见图 8–2），准备在这座建筑的巨大空间内塑造一个“像建筑”的结构，并在不影响现有结构的情况下使其充满活力。圣詹姆斯发电站曾夜以继日地为新加坡提供电力，除了偶尔停电以外，它工作了半个世纪之久。然后，它每天 24 小时为“永不眠的港口”工作，后来整夜地为符永隆经营的同一个屋檐下的 11 家俱乐部工作。现在，它将成为戴森工程师和科学家的总部，全天开放，供他们研究电子、储能、传感器、视觉系统、嵌入式软件、机器人技术、人工智能、机器学习和互联设备等。

在 2020 年新型冠状病毒肺炎疫情造成的封锁期间，我们的发电厂建设工作延缓，进度推迟，工厂也不得不停工，我们在世界各地的库存迅速减少。早在 2020 年 1 月下旬，我们看到疫情暴发，就想到经济可能受到影响。我们知道我们必须做什么：改变一切。

幸运的是，在过去的 3 年里，我们一直在努力将产品直给客户，无论是在线上还是在戴森官方体验店。到今天为止，我们有 356 家戴森官方直营体验店。我们一直在世界各地开店，以便客户能够以最佳方式试用我们的产品。这样做有两个原因。其一，我们喜欢与客户直接建立关系，他们购买我们负责的产品，我们想知道如何帮助他们。

其二，全球零售商的数量和销售额都在下降。当然，由于商业街的衰落和线上购物的兴起，零售商已经不像以前那样强大了。如果你想在线购买，那何不从戴森官网购买！为什么不直接和制造商打交道呢？由于现在我们采用直接销售，不依赖零售采购员，我们可以在线提供特殊型号的产品。我们还可以进行一对一演示。在戴森官方体验店中，你可以观看特别的演示，购买特别的版本，甚至可以免费获得定制发型。因此，在 2020 年 2 月上旬，当世界各地的商店因新型冠状病毒肺炎疫情关闭时，我们加快了推动官网直销的进程，并继续开设戴森官方体验店。

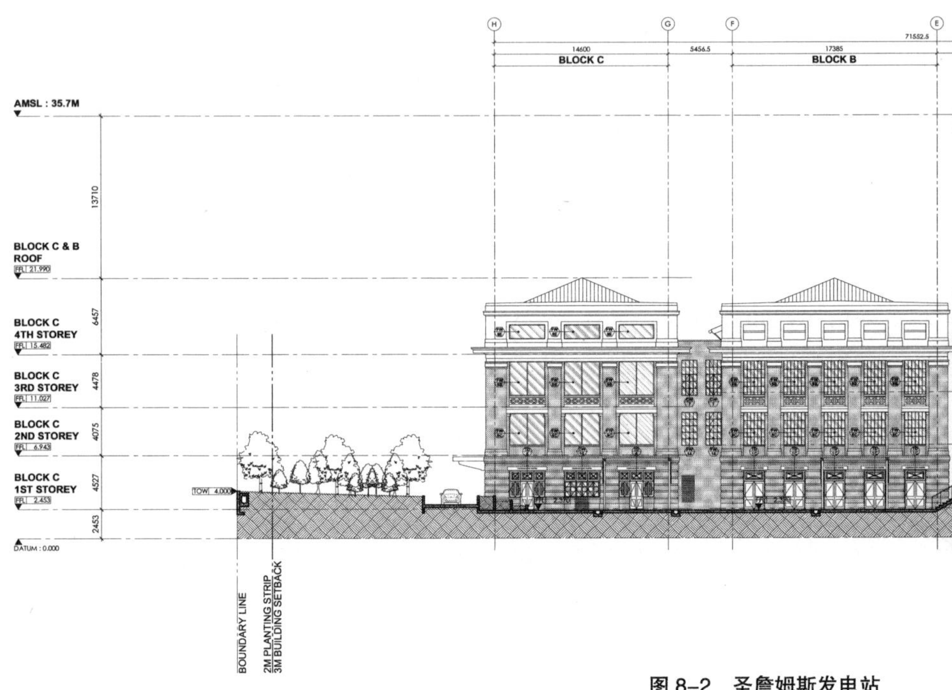

图 8-2　圣詹姆斯发电站

注：枫树集团绘制。

在早期的海上卡车项目中，我发现与潜在客户，以及已经在使用它们的客户，解释和讨论产品、技术与性能是很有趣的。这就是为什么我和杰克都喜欢开产品发布会。作为这家公司的拥有者，我们站出来解释戴森的发明以及这项技术有何不同，对我们整个家庭来说很重要。我们热衷于开发新技术，推出不同的产品，也愿意与世界各地市场的人分享。我喜欢听到第一手反馈。我很幸运，有优秀的人来管理戴森的日常业务，让我可以相当自由地专注于机械工程。

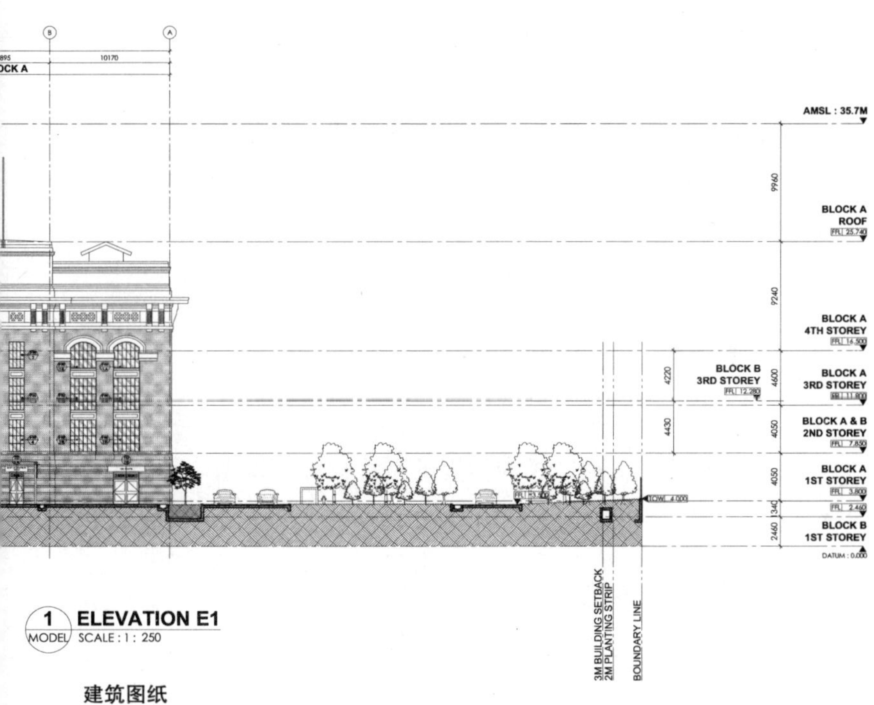

建筑图纸

印度是我们最近才进入的亚洲市场，我很享受在那里推出戴森产品的经历。自 2017 年以来，我们在印度销售的戴森产品包括：运行时间为 60 分钟的戴森 V11 无绳吸尘器，以及吹风机、美发造型器、冷风扇、空气净化风扇和戴森 Lightcycle 照明灯。戴森 Lightcycle 照明灯是杰克设计的，是照明领域的一次革命，它提供的光线可以自动调节颜色、温度和亮度，以适应当地条件和个人喜好。其 LED 灯的冷却方式十分巧妙，大幅延长了使用寿命。90 名工程师花了两年时间，制作了 892 个原型机才得到杰克想要的效果。印度是一个工程师国家，因此性能高超的产品会大受欢迎。

印度年轻的专业人士往往住在城市公寓里，没有家人帮忙打扫卫生，因此形成了一个全新的市场。但是，尽管市场很成熟，但印度城市的污染较重，与那里酷热潮湿的极端环境相匹敌，甚至更甚。对此我们有合适的产品，但由于没有百货公司或类似家乐福、好市多这样的连锁超市来销售，因此我们直接在官网和戴森官方体验店进行销售。

在一定程度上，我已经为印度的情况做好了准备。2016 年，我作为当时英国首相特雷莎・梅贸易访问团的一员，共同访问了印度。为了让我入住的德里酒店房间保持凉爽且没有刺鼻的烟雾，我同时配备了 5 台空气净化风扇。梅夫人派她的一名工作人员在走廊里问我是否可以借给她一台。我想，我们的空气净化风扇将会在印度大获成功。而且，由于我们来到亚洲，不断学习当地不同文化，并与亚洲人接触。这很令人兴奋，让我们专注于当下。

戴森既是一家英国企业，同时也是一家亚洲企业。我们的产品销往全球 83 个国家 / 地区，因此我们算是一家真正的全球企业。我们从英国起步，一直在英国发展，后来过了一段时间，我们 95% 以上的产品销往全球其他市场。我希望，我们能继续向印度尼西亚、越南等国家扩张。我们对现有的市场感到满意，但当我们接触和学习其他文化时，我们会有冒险、兴奋和开阔的感觉。

这种全球视角鼓励我支持英国脱离欧盟。我确实认为，英国需要在世界范围内自由竞争，这种信念植根于常识和我的个人经验。2016 年，戴森 19% 的产品出口到欧洲其他国家，81% 出口到世界其他地区。增长最快的市场位于海外，我们甚至要像大航海时代那样，要探索“未知水域”。

同时，欧盟地区人员自由流动也无法为戴森带来在英国所需的工程师。政策规定，我们只能雇用来自欧盟国家的工程师。如果我们想聘请一名外国工程师，如果幸运的话，需要四个半月才能走完政府部门的流程。希望这一切能变一变，让我们可以在全球范围内招聘。

英国大学 60% 的工科研究生和 60% 从事工程研究的人员都来自欧盟以外的国家，这加剧了英国当地企业的困难。在他们学成之后，英国能为他们做什么？我们往往把他们赶出去，就是这样。如果工科专业的毕业生、研究人员和博士们掌握着宝贵的技术，并把它们带回他们的国家来与我们竞争时，我们究竟为什么还要把他们全部赶走？

我认为英国与欧盟机构并不相容，我们不了解他们的游说集团以及运作方式。欧盟国家不喜欢我们干涉，不喜欢我们表达不同的观点，他们已经习惯了我行我素。这在他们推动每个国家权力的整合和瓦解中最为明显，他们有办法绕过他们认为尴尬的任何协议或承诺。我们重视自己的司法主权，但他们在对他们紧要的问题上认为，各方放弃坚持、进一步整合会有更大的好处。总而言之，这是一段不相容的“婚姻”。

过去 25 年来，戴森一直是国际电工委员会（IEC）的委员。IEC 是一个行业组织，一个由电器制造商组成的委员会，负责就标准和标准测试达成一致意见，因此我们很了解他们那些诡计和见不得人的勾当。例如，自 2014 年以来，我一直在与欧盟进行法律抗争，因为他们采用的能效标签的数据违反了他们自己的法律，使某个集团获得不公平的利益，这本身就是非法行为。在这个案例中，受益的集团指的是德国吸尘器行业机构。我会详细进行解释。

很长一段时间以来，我们一直支持一项非常明智的法规，该法规提议对在欧洲销售的吸尘器的能量瓦数设置上限。我相信我们是第一个这样做的制造商。我们觉得这是一个激励制造商提升机器能效的好方法。它将迫使企业投资于研发，以更有效地利用每一焦耳的能源。但其他制造商，也就是我们的竞争对手，不喜欢这种方法。我只能假设这是因为他们没有像我们的数码马达一样高效的马达。他们于是进行游说，使能效标签性能测试基于实验室内复杂的线路网进行，这些测试都不包含关于灰尘的测试。结果是制定了一项法规，规定在机器空置和未使用时对吸尘器的能效进行效率测试。无须多说，这与现实应用场景完全不同。

戴森机器经过精心设计，能效始终如一。我们在现实生活中使用许多不同种类的灰尘和碎屑对它们进行测试。其他产品显然不是这么做的，特别是袋式机器，当尘袋里充满灰尘或者气孔堵塞时，机器的能效就会下降。法规生效后，欧洲各地销售的许多吸尘器很快就贴上了“绿色 A 级能效标签”，这是欧盟委员会测试标准所授予的。然而，当你买回家使用时，尘袋和过滤器很快就会被灰尘堵塞。我们随后的测试表明，其中一些吸尘器的效率在“使用”时还会下降到 G 级。简而言之，标签上承诺的能效，你在家里使用的话根本实现不了，而你很有可能因为标签上的承诺购买了机器。这些标签欺骗了消费者，并使我们处于商业劣势。

一些制造商更过分，他们设计了一种绕过马达功率上限的方法，这在当时很奏效。他们使用电子设备来确保机器在空载和测试条件下使用较低的马达功率，但一旦在现实生活中使用，功率就会增加，因此表面上看起来他们的机器更高效。我们被迫对欧盟委员会提起司法审查，并对我们的竞争对手多次提起诉讼。

我们认为，这项规定对戴森极不公平。我们向法庭指出，当尘袋开始接收灰尘时，吸尘器的能效就会持续下降，因此“实际使用”或在家中的能效明显更差，不像他们的能效标签上所说的那样，所以消费者被严重误导了。我们的困境也说明了欧洲司法的复杂性。我们的案件最初于 2015 年 11 月被欧洲普通法院驳回；法院接受了委员会的一个相当奇怪的论点，即含尘测试是不“可信或可重复的”。但国际电工委员会早就设计了这种含尘测试，并被全球消费者测试机构和制造商广泛采用。

我们提出了上诉。2017 年 5 月，欧洲法院裁定“普通法院明显歪曲了戴森的立场”“没有考虑到某些证据”“违反了说明理由的义务”“犯了法律错误”，并“歪曲事实，没有履行其陈述理由的义务”。这些来自法庭的裁决很有分量。此外，欧洲法院在其裁决中还指示，在技术上可行的情况下，能效测试必须采用“可以在尽可能接近实际使用条件的条件下测量吸尘器的能效性能的计算方法”。

最终，在上诉中，普通法院同意我们的意见并废除了这项规定。最初尽管我们有强有力的理由，但胜算不大。有人告诉我，推翻欧盟法规的情况只有少数几次。

我们坚持这样做是为了保护我们的产品，并在此过程中揭示一些公司的不正当做法以及在欧洲游说的暗箱操作。作为调查的必要部分，我们可以使用“信息自由”请求来获取德国制造商与一位专员之间的通信，通信内容显示德国制造商游说欧盟以牺牲竞争对手为代价来获取利益。与此同时，欧洲消费者团体的陈述被忽视了。

这个案子花费了戴森数亿美元，耗费无数我们原本用来开发新产品的时间和精力。之后，我们又陷入旷日持久的争取损害赔偿的斗争中。是的，我们采取了法律行动来保护自己不受歧视性法规的影响，但从根本上来说，这是为了保护消费者不受欧盟官员和游说他们的欧洲制造商制定的误导性法规的影响。

这样的损害对我来说只是冰山一角。如果欧盟损害英国制造商的利益，那么英国加入欧盟的意义何在？作为一个主权国家，英国的制造商和消费者不应该更好地制定自己的法律，在世界各地进行自由贸易吗？充满活力和开放的新加坡模式肯定更符合英国人的特性。

20 世纪 60 年代，英国想加入欧洲经济共同体，但戴高乐将军发布了臭名昭著的“拒绝”政策，人们对此口诛笔伐。在当时看来，这是不友好和不礼貌的，但他只是实事求是而已。他 1940 年至 1945 年期间在伦敦度过，十分了解英国人。由于英联邦和英国人民的开拓精神，英国在全球贸易方面有着悠久的历史。这段建立在自由贸易基础上的历史对英国来说是一份幸运的遗产。然而，德国和法国将欧盟市场设计成一个单一、封闭的市场，通过征收高额进口关税来保护欧盟制造商和公司免受外国进口的影响。例如，烘焙咖啡和农产品的关税为 30%，汽车的关税为 10%，吸尘器和吹风机的关税为 6%。这项进口关税，直接由欧盟征收，即使是进口到英国的商品，税额也是到布鲁塞尔。我们在 1972 年加入欧盟，对澳大利亚、新西兰、新加坡、印度、加拿大和美国等以前的自由贸易伙伴来说，这种征税方式无疑是给它们一记耳光。

自从成为欧盟成员国以来，我们与欧盟的贸易顺差额下降了，而我们对欧盟的进口额却猛增。换言之，这对欧盟是一笔好交易，对英国则不然。在加入欧盟期间，我们对欧盟以外国家的出口一直在增加。这种趋势本身就说明了戴高乐的观点。

有些英国人认为，离开欧盟是一种自残行为。我不同意。自从 20 年前我们将生产转移到东南亚以来，戴森一直从欧盟以外的国家向欧盟（包括英国）进口产品，因此支付 6% 的关税。英国离开欧盟对我们来说并不是自残行为，因为在这 20 年里，戴森在欧洲的销售额一直在增长。实际上，汇率波动造成的损失远比进口关税更多。

在我撰写这段文字时，英国已经在世界各地签署了 63 项自由贸易协定，因此处于比欧盟成员国更好的世界贸易地位。也就是说，我们有机会蓬勃发展。此外，欧盟如果不和英国签署自由贸易协定，就会对自己造成巨大伤害，失去英国超过 1 000 亿英镑的进口贸易额。事实上，在最后时刻，欧盟已经同意了一项保护其与英国贸易的自由贸易协议，这是一个很好的先兆。欧盟需要这笔交易，并在此基础上发展。

我有一种感觉，英国与欧盟必须通过外交手段解决问题，而不是困在一起，这样一来，我们这种相隔一臂之遥的关系将拥有新的合作精神。我希望如此。和许多英国人一样，我一直喜欢游历欧洲，在欧洲国家做生意，我甚至多年以前就在法国安家了。

INVENTION

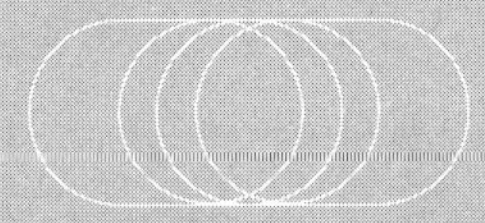

第9章

造 车

USUALLY IT IS BETTER TO START YOUR OWN RESEARCH OR YOUR OWN BUSINESS, WHICH ALTHOUGH SLOWER TO BEGIN WITH, DEVELOPS ORGANICALLY AND IS STRONGER FOR IT.

通常情况下，
自主研发或独立创业会更好，
虽然起步慢，
但可以让企业有机生长、
逐步壮大。

我经常被汽车车尾冒出来的黑烟吓到，小时候就这样。柴油车的废气尤其严重。无论是行人、骑自行车的人，还是跟在柴油车后面开车的司机，都会吸入大量的废气。仅在英国，每年就有34 000人死于吸入废气。废气具有致癌作用，尤其对肺部影响较大。我父亲因肺癌和喉癌早逝，也许部分原因就是这个，因此我一直对柴油机废气中的有害排放物十分反感。

1952年12月伦敦大雾霾期间，我恰好去那里旅行。烧煤产生的二氧化硫废气是这次大雾霾的罪魁祸首。当时，我只能看清楚手可触及的地方。后来，我得知至少有4 000人死于肺部疾病，大约60 000人因有害颗粒进入血液而死于心脏病。政府隐瞒了真实的统计数据，确切情况至今仍然无法得知。近年来，对于英国这样的国家来说，有毒烟雾已经成为过去了，主要是因为汽油和柴油发动机排放的黑烟减少了。这在一定程度上是因为颗粒物的粒径变小了。但是，即使如今的废气在肉眼看来可能比过去清洁，但它们并非无害。长期以来，对于内燃机和柴油机废气颗粒污染问题，传统汽车制造商和政府选择了视而不见。

气旋分离技术能够将气流中的灰尘颗粒分离出来。在开发气旋分离技术的早期，我需要计算颗粒的数量和大小，有的颗粒粒径小到只有 0.01 微米。当时，没有一个吸尘器制造商对测量灰尘颗粒大小感兴趣。这是一件难度很高、技术性很强的事情，但是，要想在过滤效率上实现有意义的突破，我必须做到这一点。

1983 年，我参观了美国明尼苏达大学的一家衍生企业。它研发了一款对我来说很适用的空气动力学粒子计数器。遗憾的是，这台机器很贵，而我当时买不起。在和这些美国人交流时，他们向我展示了一份美国矿业局的报告，这让我下定决心朝着一个新的方向迈进，即探索柴油机废气的危害。这份报告指出，如果实验鼠长期暴露在柴油机废气中，会患上心脏病、癌症，还会出现其他严重的健康问题。

回到马库，我们开始使用气旋分离技术和其他新技术开发各种颗粒捕捉器。我记得我还把柴油机过滤器带上了 BBC 的《蓝彼得》节目，并为主持人安西娅·特纳进行了现场演示！我们进行了大约 10 年的研究，开发了比演示时更复杂的方法。我们最终设计了一款完全不同的过滤器，能将颗粒捕获到一根带电的棒上。

技术成熟后，我们就在汽车行业内四处调研，向制造商和用户推销。但没有人想要把我们的颗粒捕捉器装在车上。他们认为，处理集尘这样麻烦的事，制造商或者车主不愿意做。有些人声称他们会使用陶瓷材质的颗粒捕捉器，但这种机器会像袋式吸尘器一样被颗粒堵塞。

柴油污染越来越严重。20 世纪 90 年代，英国和其他欧洲国家的柴油燃料比汽油便宜得多，那时在欧盟的支持和所谓的科学依据下，制造商声称柴油机废气比汽油机废气更清洁。虽然柴油机排放的二氧化碳确实比汽油机排放的少，但更要注意的是，柴油机排放的氮氧化物（NOx）和灰尘颗粒上的微量金属含量很高，十分危险。欧洲汽车行业对柴油的虚假宣传做得非常成功。它需要这样做，因为它在柴油汽车的生产上投入了大量资金，这与美国或日本的情况不同，那里柴油车很少见。

欧洲汽车游说团体成功了——托尼·布莱尔和戈登·布朗（Gordon Brown）两届新工党政府的首席科学顾问戴维·金与欧盟沆瀣一气，主张推广柴油而非汽油。2001 年，英国政府削减了柴油的燃油税，引发了民众购买柴油汽车的热潮。这个决定显然是错误且危险的。

肮脏的汽车尾气问题继续困扰着我。与此同时，2014 年，戴森正在开发更高效的电池，而且我们研究高性能电动马达已有一段时间了，同时我们也有关于空气净化风扇和暖风扇的研究项目，我们还一直寻求新的产品创意，包括头发护理方面等。我突然想到，将我们正在研发的技术组合起来，就可以推动电动汽车的发展。

当时，汽车行业仍然忽视电动汽车，业界对电动汽车采用率的预测值很小，预计到 2035 年只有 5% 的市场份额。我认为他们完全错了。人们必定不想到处制造污染。他们会放弃传统汽车，转向电动汽车，而且他们现在已经这样做了。当然，事后看来，将如此多的时间、精力、情感和金钱投入一个比我想象的要大得多的项目上是错误的。尽管如此，将我们的核心技术用于电动汽车的逻辑是令人信服的，因为这个市场被现有企业低估了。我们不仅要打造市场上最好的电动汽车，还要打造所有汽车中最好的一款。我们很有野心。

2014 年，我们开始在马姆斯伯里的一栋经过改建的 D4 大楼里组建优秀的团队。这里曾经是吸尘器的装配工厂。威尔金森艾尔建筑事务所把它变成了一个远离所有其他项目的秘密办公室和工作室。这里非常隐蔽，所以没人知道我们在做什么。这个项目很快就会发展起来。我们需要很多空间，如果我们要在英国制造汽车的话，就更需要空间了。在接下来的 5 年里，我们开发了一款科技感十足的概念车。在这个过程中，我们解决了许多传统上与电动汽车相关的问题，并取得了巨大的进步。我们还制造了一辆非常高效的原型车，并且准确投入生产。有太多东西需要学习了。

通常情况下，我们想完全自己动手，来设计一辆纯戴森电动汽车。当然，我们也犹豫过。例如，早些年，我们试图看看是否可以从其他制造商那里购买或开发一款底盘，就像特斯拉采用由莲花汽车制造的底盘那样。有那么一刻我们觉得，这似乎是一种聪明而简单的处理方式，然而，在探索之后，我们发现没有一家汽车公司能制造出完全符合我们要求的汽车底盘，于是我们决定从零做起。

自己开发底盘，成本是巨大的。不过，这确实具有长期优势，能让我们采用不同的底盘布局，为乘员和电池留出更多空间。至于续航里程，或者说一次充电可以行驶的距离，也许是这个项目的关键。即使是市场上最好的电动汽车，最大续航里程也只有 322 ～ 483 千米。我们的研究表明，电动汽车的续航里程达到 966 千米后，钟爱汽油和柴油汽车的人才会认真考虑电动汽车。有趣的是，我们还发现，人们开车长途旅行的距离在各个国家或地区都是相同的，甚至包括美国。

我们知道，我们需要在汽车续航里程上打败竞争对手。戴森电动汽车（代号 N526）的长轴上装有两层锂离子电池。即使是在寒冷潮湿的天气，开着车头灯和暖气的情况下，N526 的续航里程也能达到 966 千米。我知道有人会说，许多司机每天的通勤距离只有 48 千米，事实或许是这样，但我们发现，每个人每年至少要进行一次 900 多千米里程的旅行。驾驶 N526 前往距离伦敦 483 千米的纽卡斯尔旅行时，中途被迫停下来充电的情况根本就不会发生。虽然电动汽车充电速度确实在加快，但我们的目标是让 N526 具备汽油汽车的续航里程和便利性，直到汽油汽车消失为止，当然，也直到柴油汽车消失为止。如何实现 900 多千米的续航里程是我们的重点，这涉及如何最大限度地提高马达、驱动子系统、加热和冷却、车轮、轮胎和空气动力的效率。

要实现这一续航里程，意味着需要大量的电池。这些电池很重，占用了大量的空间。因此，戴森电动汽车将变得又大又贵。不仅电池昂贵，与它们相关的电池管理、电子电路和冷却系统组件也同样昂贵。降低电池成本本身并不能降低电动汽车的额外成本，除非电池管理、电子电路和冷却系统也得到简化。

在戴森，我们的科学家正在努力开发新一代紧凑高效的固态电池。在锂离子电池中，电荷通过液态电解液在阳极和阴极之间转移，这种电解液会变得过热，导致性能下降，阻止快速充电，并容易引起剧烈火灾。现代电池使用钴，但由于它是一种供应量较少的稀有金属，因此人们普遍认为不应该使用钴。固态电池是在超薄基板上放置沉积材料层，多个材料层放置在一起形成一个固态电池。这种电池不会出现过热和起火现象。然而，将大量金属沉积到超薄基板上并形成多层结构也存在问题。我们将用固态电池取代锂离子电池组，它除了大大提高效率之外，还能使我们的 N526 比之前的原型车（重达 2 600 千克）轻很多。

往常，在电动汽车的漫长历史中，电池一直是致命弱点。关于电动汽车的构想可以追溯到 19 世纪 20 年代末进行的实验。1859 年，法国物理学家加斯顿·普兰特（Gaston Planté）发明了铅酸电池，这引领了一场革命——19 世纪 90 年代，电动汽车开始流行。它们安静、精致、无烟，而且易于启动、驾驶和维护。到 1900 年，在美国生产的 4 912 辆汽车中，28% 是电动汽车，其中包括俄亥俄州克利夫兰市的贝克电动汽车。这款汽车造型精巧，定位于女性顾客，于 1899 年至 1915 年生产。

与燃油汽车相比，电动汽车率先突破了时速 100 千米的障碍。早在 19 世纪 90 年代，有些电动汽车就采用了液压刹车和四轮转向，这两项技术的诞生时间比燃油汽车早了几十年。

然而，由于亨利·福特自 1908 年起批量生产 T 型车，查尔斯·凯特灵（Charles Kettering）在 1912 年发明了电子启动器，以及美国汽油供应过剩，价格降低，早期电动汽车的命运被改变了，购买燃油汽车的理念影响了好几代人。从那时起，电动汽车被视为枯燥乏味的机器，即使它们有价值，也只是比运牛奶的平板车让人兴奋一点罢了。

当我们开始设计自己的电动汽车时，我们知道它必须很特别，但无论如何绝不是汽油车发烧友喜欢的类型。我们想要客户拥有一辆在短途驾驶和长途旅行中都很好用的汽车。每一处细节都很重要：电池充电的插孔必须像座椅、控制装置和方向盘一样牢固、精致和优雅，供暖和通风必须充分利用戴森在气流和低能耗方面积累的经验，电池必须是我们能提供的最好的，且远不止这些。我们期待着固态电池取代锂离子电池的那一天。这项技术就像电气工程领域的“圣杯”，世界各地多家公司都在努力攻克。

固态电池的原理自迈克尔·法拉第时代，即 19 世纪 30 年代就已为人所知，但汽车行业面临的挑战是，如何找到一种高强度和耐用的电池，使汽车能够轻松稳定地长距离行驶。就在 2012 年，《美国陶瓷学会公告》（*American Ceramic Society Bulletin*）的一份报告指出，鉴于目前的发展状况，一辆高档汽车需要 800 ～ 1 000 个固态电池，电池成本为 10 万美元。然而，与锂离子电池相比，固态电池具有多重优势，如高能量密度、耐火、充电速度更快、热量更少、重量轻、寿命长。

2012 年，我们投资了一些新技术领域的初创企业，重点关注与我们未来产品相关的技术领域。其中一家企业是 Sakti3，它是一家密歇根大学的衍生企业，总部在安娜堡。当时，它拥有固态电池开发方面最先进的团队。我们想进入这个领域，为我们的电动汽车和电池供电的吸尘器寻求思路。最初我们只是投资者，但很快我们看到它在做的事情存在巨大的潜在价值，我们决定直接收购 Sakti3，这是我们第一次也是唯一一次收购其他公司。

除此之外，我们并不从事收购业务。**收购可能是一种快速获取技术或业务的方法，可以增强公司的实力，但很难吸收他们的员工和做事方式**。通常，我觉得自己搞研究或者自己创业比较好，虽然起步比较慢，但会系统化地发展起来并因此变得强大。我们收购 Sakti3 的情况正好相反。这支才华横溢的团队确实推动了我们在电池方面的进步。在此之前，我们已经有一个电池技术的研发团队，但收购 Sakti3 使我们加快了步伐，日本和新加坡的新团队与英国和美国的团队一起工作，共同攻克电池问题。高容量电池组被设计为车身结构的一个组成部分，可以优化车身重量，增加车内乘员的可用空间，并且具有一定刚性，可在受到冲击时提供必要的保护。铝制电池组外壳形状十分灵活，我们因此可以在现有和新的戴森电动汽车中开发与安装各种尺寸和类型的电池，而无须大规模重新设计。

基于戴森多年来在数码马达方面的技术经验，我们开发了一个高效的定制化、集成式电动驱动单元（EDU），集戴森数码马达、单速变速器和最先进的功率逆变器于一身。这意味着电子设备可以在不影响汽车电池性能的情况下充电。我们在新款车型的前后副车架上分别安装了这些紧凑轻便的电动驱动单元。

N526 并不是一辆严格意义上的汽车，我们把它设计成一个平台，并以此为基础设计其他的车身样式。我们开发的第一款车型是 SUV（见图 9–1），它设有 7 个座位，尺寸与路虎揽胜大致相同，但底盘明显更低，后挡风玻璃极度倾斜。在以每小时 80 千米的高速行驶时，它能够自行降低悬架高度，达到较低的重心。如果是穿过洪水或在复杂的地形行驶，它可以提升悬架高度从而提高离地间隙。它的涉水高度可达 0.92 米，虽然我认为没有车主会驾驶它这样做，但人们确实会遇到被洪水淹没的道路。在发生洪水的紧急情况下，戴森电动汽车将发挥性能优势，护送你回家。车辆内部的独立空气悬架使用了交叉连接的防倾杆，摒弃了传统的钢制防倾杆，使车辆在拐弯时保持平稳。

这款车型长 5 米，拥有 24 英寸[①] 轮毂，提供了巨大的离地间隙，车底部特别平坦。它最出众的一点就是车轮的设计。车轮越大，滚动阻力越小。经过定制的大尺寸车轮具备较低的滚动阻力，可以更轻松地应对凹凸不平的路面条件。滚动阻力会持续消耗电能，不但会影响续航里程，还会影响极速表现。和亚历克的 Mini 一样，车轮巧妙地安装于车身四角。估计你在市面上找不到后轮位置如此靠后的车型了。得益于车轮的安装位置和尺寸，这款车型在舒适度和抓地力方面有意想不到的优势，它在坑洼和颠簸的路面上的优势尤其明显。除了具备较高的离地间隙外，它的接近角和离去角在业内也是领先的。这两个角分别是从水平路面上到陡坡和从陡坡下到水平路面时车辆前后的迎角，例如，在陡峭的河岸公路上行驶时，常会遇到这两个角度的问题。

① 约为 61 厘米。——编者注

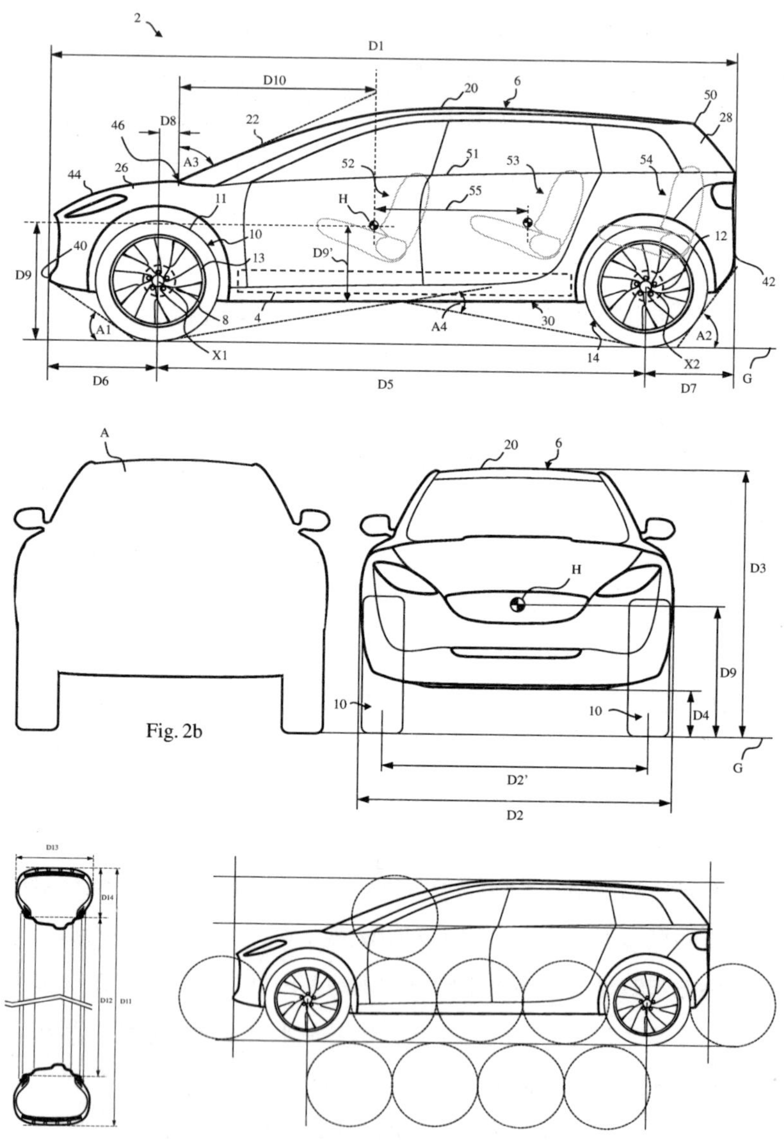

图 9-1 戴森电动汽车第一款车型

将车轮放置在车身四角有一个缺点：转弯半径增加。我们采用四轮转向克服了这一点，当后轮以与前轮相反的方向低速转动时，可以减少转弯半径。在高速行驶时，后轮可以与前轮同方向略微转动，以此保持稳定，这适用于在高速公路上变道的场景。

我们设计的车轮较窄，不易打滑，比宽断面轮胎更能胜任雪地行驶环境。事实上，我们的车轮比市场上任何其他车轮都大。市面上几乎难以找到这样的轮胎。我们去了米其林。他们的工程师很热心，和我们一起研究了新轮胎，但他们要收取50万英镑的开发费用。普利司通找到我们，免费开发了更好的轮胎，并以更低的价格卖给我们。

除了提供良好的离地间隙外，大车轮还提供了居高临下的驾驶视野。我认为，人们购买SUV是因为他们想更清楚地看到前方的道路，同时又害怕被困在洪水或田地里，在汽车后备厢二手市场上就常常出现车被困在田地里的情况。拥有我们的车，就等同于拥有了路虎全系SUV，而不仅仅是拥有了一辆“城镇大越野”。

车内最引人注目的是敞阔的空间感。这是因为车轮被安装在车辆四角的末端，加上没有侵入式发动机、变速箱和驱动系统的缘故，长轴距SUV在内部空间方面的优势得到淋漓尽致地展现，不存在外部车身庞大、内部空间狭小的缺点。

我们使用虚拟现实（VR）技术来设计和展示内饰，并与其他车辆进行对比。以亚历克的Mini设计原则为基础，我们的目标是打造一个完全平坦的底部。我想让第二排座椅和前排座椅一样，安全、可调整且符合人体工程学。为什么第二排座椅要做出牺牲？我们与法国大型汽车供应商佛吉亚（Faurecia）合作开发了这些座椅。我们最初的设计是让座椅在四条横贯整个车厢的轨道上滑动。

我恰恰不喜欢 20 世纪 30 年代扶手椅风格的传统汽车座椅，而且还认为现有的汽车座椅无法为腰部提供舒适的支撑。我们想要一款经过精心设计、品位更优雅、结构更合理、对身体的支撑性能更好的汽车座椅。在乘员入座后，座椅能够为腰部提供周全的支撑。这款车型拥有 3 排座位，可容纳 7 个成年人舒适地乘坐。我从来没有坐到过舒适的汽车座椅，很快，我发现原因是国家立法对座椅高度进行了限制，不允许设计者天马行空地设计。特别是，一些条款明确禁止设计柔软的或有弯曲度的座椅。这些法律条款还假定乘员发生碰撞时身体会后仰 10 厘米，因此，目前的头枕设计只有在发生碰撞时才会起作用。

最后，我们设法让座椅在符合这些法律条款的同时保持舒适度。我希望能让乘员清楚地看到座椅的结构，就像我最喜欢的埃姆斯软垫椅那样。它是美国 20 世纪 60 年代末的经典设计，舒适度极佳。我们的座椅比埃姆斯软垫椅多出更多的垫子，这增加了它的透气性，在炎热的天气里高透气性尤为重要。座椅的裸露框体由镁制成，轻而坚固，底部和背部富有弹性。框体表面经过阳极化处理，呈现出明亮的色彩。我们将座椅重量降至 20 千克以下，这至少是行业标准的一半，使整车重量显著减轻。减轻重量对于汽车的操控性、舒适性、制动性和续航里程来说都非常重要。

中国是世界上最大的电动汽车市场，我们询问了许多中国客户，发现潜在买家普遍期望电动汽车能在工作日作为通勤车，在周末作为家庭车。因此，他们更多的关注点在于前后座椅的设计要相同，并在相同的轨道滑动，这样他们就能最大限度地利用车厢内部，灵活地调整座椅。为了解决可能出现的手指或硬币卡在座椅缝隙的问题，我们遇到了无尽的挑战。我们尝试了所有方法，但最终觉得解决起来太复杂且牺牲空间，于是采用了传统的固定座椅的方法。不过，我们保留了我想要的车底完全平坦的方案。

这辆车的挡风玻璃很大，倾斜度比法拉利的还要大，这样可以降低风阻，提高能见度。为了让驾驶者有开阔的视野，这辆车必须很高，但高而一致的离地间隙意味着它仍然具有相当低的前轮廓、出色的空气动力学性能和真正的宽敞感。通过将仪表板放在尽可能低的位置，它的优势性能进一步增强。大多数汽车几乎都有一个突出的大仪表板，驾驶者不得不伸着脑袋才能看清前方。我不想这样，一方面是为了车内宽敞，另一方面是为了增强控制感。考虑到仪表板下方的设备数量和防碰撞结构，我的想法很难实现。

我希望这辆车里里外外都很简洁。事实上，我们设计了仪表板和控制装置，能够让驾驶员始终将视线放在前方的道路上。所有交互的控制装置，如灯光、指示灯和音频调节，都放在方向盘上。仪表板上没有控制装置，驾驶员无须低头去看，无须将视线从道路上移开，直接在方向盘上就可查看并操作开关。

我们还设计了一个增强现实（AR）抬头显示器 HUD。它能在挡风玻璃上显示卫星导航、车速、无线电台、剩余可行驶里程、道路警告标志（如限速、自适应巡航控制和其他警告等）。我们还计划在 2026 年进一步优化基于增强现实和全息投影的数字微镜装置。有了 HUD，我们就不需要在汽车中间安装屏幕了。令人讨厌的是，按照法律要求我们必须有一个安装在汽车中间的屏幕。我希望立法的速度能赶上技术的发展，因为这种屏幕会分散驾驶员的注意力，增加不必要的成本。

我们还在车内使用了自有的空气过滤技术来控制车内环境，不仅能够调节温度，还能净化空气，一举两得。电动汽车有 1/3 的电力用在了取暖和冷却上，因此我们回归基础，打算寻找一种高效、低能耗的系统以节省能源，并使用合理放置的辐射热板和加热板。目前的加热和冷却系统依赖于测量和改变车内空气的温度。然而，汽车很像温室，受太阳或外界温度的影响很大，这两种都是辐射温度，影响着汽车结构和乘员。在大多数通勤旅途中，汽车空气系统在汽车内部释放的冷暖空气没有足够的时间来改变车身和座椅的温度，这意味着乘员受汽车冷热辐射的影响很大。车内空气需要很长时间才能改变车内的温度。更糟糕的是，车内空气必须不断从汽车尾部排出，以使车内二氧化碳含量维持在适度水平，于是那些耗能巨大加热出的空气以高达每秒 70 升的速度被排出。因此，我们专注于提供辐射热并减少热风供暖，这大幅节省了电池能量。

我们重新设计了车灯灯光，主光束使用了矩阵自适应投影仪技术，侧灯和指示灯使用了带有活动边缘的方形亚克力板。当灯光亮起时，你可以从正面看到正方形的白光或橙光。但是从侧面看，你只会看到正方形的一个边缘，即一条笔直的、非常明亮的线，以独特的方式告诉你灯光的状态。方形亚克力板由隐藏的 LED 提供光线，它的一个特点是可以将光传导到你需要的地方，它实际上是光管。

我们从零开始建立了电动汽车的基本设计准则。彼得·甘马克与一个马达团队，以及我们的空气动力学团队成员一起专职负责这个项目。我们非常关注汽车的空气动力学性能，这对于电动汽车的续航里程来说至关重要。我们制作了碳纤维 1/4 比例模型，并在比蒂奇附近的威廉姆斯车队风洞中进行测试，从中我们学到了很多。接着，我们在纳尼顿的汽车工业研究协会风洞中测试了一个全尺寸模型。我们还去了通用汽车公司之前在贝德福德的 M1 测试跑道，对 10 辆竞争对手的汽车进行测试，分析优缺点。这很有趣，我们做了很多分析。作为“新人”，我们需要这样做。

这辆汽车没有特意做外观设计，它的外观源于工程和空气动力学的要求。在车的造型方面，我也没想过选择别的方式。我和彼得·甘马克与团队一起用油泥制作了 1/4 比例模型，我们都很享受这个制作过程。这些模型是为了测试成形效果和空气动力学性能的。油泥是能快速完成设计的好材料。制作过程包括：在烤箱中将油泥加热到 60℃；从烤箱移出，并在基材如木头上添加几层热油泥；待油泥变硬后，进行刮削，并根据需要添加少量等待变硬。为了制作全尺寸油泥模型，我们购买了在轨道上运行的大型铣床。全尺寸油泥模型通常重达 4 吨，有时还会配备真正的轮子。令人惊讶的是，1/4 比例模型非常误导人！全尺寸模型展示了未来你会看到的汽车。虽然铣床可以切割完整的形状，但修改通常是手工完成的，我们需要用手添加油泥并刮削成型。完成后，油泥被扫描到计算机中，铣床切割出一个新的全尺寸油泥模型。

油泥模型主要用来测试合规性、防碰撞结构和空气动力学性能。其外部形状的每一部分，以及用于冷却的进气口，都会影响空气动力学性能。车头的形状需要能穿过空气，尽可能少地分流空气，并且尽可能地平稳。一些空气会钻入车下，因此车头形状对于空气动力学性能和升力都很重要。一些空气则平滑地越过发动机盖、挡风玻璃和车顶。还有一些会在车的两侧来回飘荡，车轮拱因此会产生扰动。最后，在车后部，外观设计需要减少紊流吸力，那会使汽车减速。所有这些因素促成了最终的样式。

我和彼得·甘马克一起做了汽车外观设计。我们向有经验的汽车工程师征求了意见，但没有聘用外部工作室。设计汽车涉及各种技巧，一开始我们主要是通过反复试验来学习的。例如，我们了解到，当你尝试在汽车车身划出一条又长又直的线条时，它最终看起来好像在中间下垂。你只要稍懂一点曲率知识就能将线条画直。我本应该从我在家里和学校学到的古典文学中知道这一点：古希腊建筑师使用凸线来达到同样的效果，通过给帕台农神庙中的寺庙柱一个轻微的凸曲线，它们会看起来很直。

我不是汽油车发烧友，不参加赛车或拉力赛，业余时间也不看汽车杂志。我只在工程和设计方面对汽车真正感兴趣，而我最喜欢的汽车根本没有特定的风格，比如早期的雪铁龙 2CV、路虎和

1970 年的原版路虎揽胜。路虎揽胜是由汽车工程师斯宾·金（Spen King）和戈登·巴什福德（Gordon Bashford）设计的。当他们把原型车展示给罗孚的首席设计师戴维·贝奇（David Bache）时，戴维·贝奇说除了改进格栅、灯、镜子、门把手和徽章外，其他都不用改。

我也特别喜欢雪铁龙 SM，这是一款可追溯到 1970 年的豪华旅行车，由罗伯特·奥普朗（Robert Opron）设计。它的外观令人兴奋，装有旋转前照灯、速度感应转向、液压气动悬架，即使它以 80 千米 / 小时的速度飞驰而过，也不会惊动打瞌睡的警察；它还有护理床式软垫座椅和引人注目的玛莎拉蒂发动机，基于上述这些，我认为 SM 是有史以来最好的燃油汽车。它可能有半个世纪的历史了，但它在舒适性和独创性方面赢得了人们的青睐。我购买了一辆，打算在我们的汽车项目开始时向设计工程师展示，鼓励他们大胆创新。

2016 年，伊恩·米纳兹（Ian Minards）从阿斯顿·马丁公司离职后加入我们，并开始组建生产团队，配置设备。此时我们已在汽车生产线方面进行了很多探索。传统汽车行业人员的技能往往是在几十年的集体经验中学会的，我们认为最好将他们和戴森人结合起来，从全新的角度来处理问题。在阿斯顿·马丁公司之前，伊恩·米纳兹曾在捷豹工作，并参与了 1991 年 XJS 的最后一次迭代，这款车型最初由空气动力学家马尔科姆·塞耶（Malcolm Sayer）设计；伊恩·米纳兹还参与开发了 XJS 的替代品 XK8。在阿斯顿·马丁公司，伊恩·米纳兹致力于开发速度很快、性能强大的汽车，包括 V12 Vanquish，这款汽车是 2002 年 007 系列电影《择日而死》中的机械明星；他还开发了 2016 年推出的时速 322 千米的 DB11，这之后他觉得是时候迎接新的挑战了。

电动汽车项目最初只有我和彼得·甘马克，后来发展到 10 个人挤在一间狭小的办公室，等再壮大到 90 人时，伊恩·米纳兹加入了我们。伊恩·米纳兹回忆说，当时一半人在研究马达，一半人在研究空调系统，只有两个人在研究底盘，他们还没有任何经验。到 2019 年年中，电动汽车团队继续壮大到 500 人，我们拥有了一款非常有说服力的汽车。它拥有极其坚固的硬质铝车身和底盘，地板下方的两层圆柱形电池堆中安装了高性能的 150 千瓦时锂离子电池组，为一对 194 千瓦的戴森数码马达提供动力，驱动 4 个轮子。两个数码马达一个在车头，一个在车尾。扭矩矢量和牵引力控制系统确保汽车能够平稳、笔直地完成从静止到起步的过程。为了保证能立即提供 650 牛米的扭矩，我们设计了一款复杂的驱动系统。尽管车身重达 2.6 吨，戴森电动汽车百公里加速可达 4.6 秒。它的最高时速约为 201 千米 / 小时。

这是一个相当大的工程。我们的电动汽车高度原创、精益求精、低调奢华，不同于道路上的任何其他汽车。它不仅仅是一台机器，也给了我们开发新技术的动力，我们可以将这些新技术应用于未来各种产品中。当我第一次驾驶这辆车时，那种感觉和我第一次使用我们的吹风机原型机或吸尘器的感觉完全一样。我很享受这种感觉，但我马上寻求改进，这是工程师的本能。

到 2018 年，我们必须决定在哪里制造它。我们本可以在哈拉温顿园区，但我们需要政府的帮助。我和电动汽车项目的主要成员一起去见了时任商务能源与产业战略部部长格雷格·克拉克（Greg Clark）。我们解释了自己的计划，并阐述了我们希望得到的帮助。当我们在会上问他是否可以资助我们时，他断然拒绝了。我指出，他刚刚向捷豹路虎拨款 2.5 亿英镑用于新柴油发动机工厂的建设，但他坚持不支持我们。我很无助，他甚至都不愿意考虑一下。

接下来的一周我在新加坡。我应邀会见了李显龙总理，他给了我莫大的帮助。他把我介绍给了他的团队成员，他们立即着手寻找土地，并向政府申请发展补助金用于建造工厂。我从新加坡回来后要求与首相特蕾莎·梅会面，但她拒绝见我。考虑到英国政府的态度以及电动汽车的主要市场是中国的事实，在英国制造并将产品运送到数千千米外的想法似乎有点愚蠢。即使在哈拉温顿，我们也需要建造一座新工厂，无论筹划多么完美，都会让我们陷入漫长的规划许可等待中。此外，我们当时在英国的工程师数量也不够。

所有迹象都指向新加坡，新加坡也恰好是东盟自由贸易区的一部分，而中国是电动汽车的主要市场。我们开始在新港区的填海土地上规划新加坡工厂。鉴于在电动汽车上投入了很多，我们规划了一个大型工厂。一些供应商，包括刹车、汽车玻璃、车门紧固件、线束、座椅框架、座椅等专业部件的制造商都在附近，仿佛随时可为我们所用。

但事实并非如此，我们在汽车行业是新人，所以供应商向我们收取的费用比老牌汽车公司高，一方面是因为我们的订单量没有保证，另一方面是因为我们需要的一切零部件都需要专门定制。正因为如此，我们采购汽车零部件的价格比现有制造商采购的价格高 25%。这辆车的制造成本会很高。我们开销巨大，材料的成本很高，而且由于我们计划直接销售而不是通过经销商销售，因此我们需要在每个目标国家或地区设立仓储设施，融资交易。此外，还有一个显而易见的事实，你生产的汽车越少，每辆汽车的成本就越高。在相对较低的销量下，我们不得不以 15 万英镑的价格出售这辆车。然而，没有多少人会接受这个价格。

不过，虽然目前尚不明显，但那些转向生产电动汽车的传统汽车公司正在蒙受巨大损失。这是因为你根本无法以合理的成本制造电动汽车，传统汽车公司愿意制造它们的原因是电动汽车有助于它们产品的废气排放符合某一特定范围。因此，他们如果在电动汽车上亏损，那么可以从燃油汽车上赚回来，同时还能赢得美誉。与此同时，特斯拉已经筹集了 230 亿美元的股东资金、拨款和其他款项，而我们连这个数额的一小部分都无法得到。在本文撰写之时，埃隆·马斯克正在筹集另外 60 亿美元。

商业市场瞬息万变，我们在最后一刻决定停止生产。N526 是一款出色的汽车。它具有高效的电动机，符合空气动力学的性能，驾驶体验感也很棒。我们永远不可能从中赚钱，尽管我们对这个项目充满热情，但我们不准备拿戴森的其他产品冒险。

各大汽车公司突然快速发展电动汽车的主要原因是大众“柴油

门”事件，这一丑闻使行业局面几乎在一夕之间发生了彻底改变。2015 年秋季，美国环境保护署在一名独立调查员的调查结果中发现，大众汽车约在 1 100 万辆汽车中对涡轮增压直喷柴油发动机进行了编程，使得它们在实验室检测期间启动排放物检测系统，从而达到法规要求，而在平时上路时，它们却在秘密地排放不合要求的氮氧化物和颗粒物。无论制造商和政界人士如何“漂绿”，或回避测试报告，都无法掩盖柴油发动机根本上很脏并危害健康的事实。

大众汽车并不是唯一一家在“柴油门”事件中被曝出的汽车公司。在 2015 年曝光之后，新的游戏开始了。从现在起，汽车制造商别无选择，只能转向电动汽车。挪威计划到 2025 年实现全电气化，中国和德国计划到 2030 年实现全电气化，英国目前已将这一日期提前到 2030 年。截至 2019 年 12 月，全球汽车有 480 万辆是电动的，即每 250 辆汽车中有 1 辆电动汽车，其中一半电动汽车在中国。电动汽车开始受到民众认可，但在制造电动汽车和配套设施，以及如何提供电池充电所需的电力上，我们显然还有很长的路要走。

对我们来说，“柴油门”既带来了发展机会，也让我们产生了一些担忧。诚然，我们欢迎汽车行业和车主摆脱柴油机，但这也让我们有些担忧，因为各大汽车厂商正迫不及待地投身电动汽车的生产，这将大幅降低电动汽车的价格。他们之所以能做到这一点，一个很重要的原因是，通过生产零排放的电动汽车中和燃油汽车的排放量，以此证明他们达到了环保指标。因此，制造成本高昂的电动汽车大多亏本出售。特斯拉甚至以数百万美元的价格向内燃机制造商出售其碳中和指标，以增加收入。我不确定这笔交易是否合乎道德。到 2019 年，传统汽车公司转向电动汽车生产的态度已非常明朗，虽然他们对“柴油门”的反应有所延迟。这意味着我们将很难以高昂的价格竞争，继续前进的风险非常大。

终止一个项目是一件可怕的但必须做的事情。每一个参与其中的人都为他们所做的事情感到兴奋。我们真的认为，我们正在做的是激动人心、具有划时代意义的事情，促进了电池和马达领域的飞速发展。突然间，所有的梦都破碎了。我们意识到，我们让很多人失望了，包括研发人员，还有想要购买它的人。我们付出了巨大的人力成本，却没有完成我们倾注了全部心血的项目，这让我们非常失望。就像我当时说的，它把我们的心都撕碎了。

我们试图尽可能让团队人员保持精简，而我们一宣布项目终止，掠食者们就行动起来了。汽车公司和猎头机构在当地的酒店开设了招聘点，招收我们的前员工。我相信他们每个人都很快进入了新角色，而那些想继续留在戴森的人现在也开始做其他项目。我们之所以能够快速推动戴森的新项目，是因为我们拥有大量不同的人才，许多留下来的人才现在都在领导大型团队。

早在 2014 年，我们就意识到，我们已经进入了一个竞争激烈的领域，但我们认为，竞争对手大多忽视了人们对电动汽车的需求。我们没有预料到“柴油门”，也没有预料到后来的情况会有如此大的变化。幸运的是，我们能够承受 5 亿英镑的代价并生存下来。不过，我们确实在电池、机器人技术、空气处理和照明等领域学到了很多东西，也了解了虚拟工程技术可以作为一种设计工具，以及最终如何更快、更便宜地制造产品。这些都是对未来有价值的教训。

在研发电动汽车的过程中，我们买下了哈拉温顿的废弃机场。那里非常广阔，曾是英国皇家空军的一个飞行基地，靠近马姆斯伯里。我们买下哈拉温顿的初衷是将它作为开发、测试以及可能生产汽车的场地。它的地理位置很特殊，为我们当前和未来的开发工作提供了巨大的空间。

事实上，离马姆斯伯里不远的地方有3个废弃机场。随着汽车项目的启动，我们知道我们急需与之相匹配的大规模厂房。向国防部咨询购买或者租赁其中一个机场似乎是个好主意。鉴于国防部拥有威尔士郡的全部土地，但只使用了其中的一小部分，我原以为竞标3个机场中的一个会很容易，尤其是在国防部缺钱的情况下。

我首先将目光投向了莱纳姆皇家空军基地，它的3条长跑道非常适合测试汽车，现在跑道上全是太阳能电池板。但事实证明，哈拉温顿拥有两条跑道、多条滑行道以及宽敞的机库，它是更好的选择。但国防部拒绝了我们，3个机场都不允许我们购买。我不知道为什么。最后我去见了首相戴维·卡梅伦和财政大臣乔治·奥斯本。在他们的帮助下，我得以继续尝试购买哈拉温顿。

我说“尝试购买”，因为事实证明这是一个耗时两年的曲折过程。机场地块的主要部分是在20世纪30年代从5户农民手中强制购买的。他们有很多后代，我们必须找到他们的后代，并进行谈判，这就是英国所谓的“克里切尔高地规则”（Crichel Down Rules）。这意味着我们必须联系以前的所有者，无论多长时间以前，而且必须以市场价格从他们那里购买土地。早在20世纪30年代，5户农民就已经获得了土地的交易金，但令人难以置信的是，我们仍须向他们的后代支付溢价。这是我们做过的最复杂的谈判。

一些家庭意见不一致，也不着急交易，但我们的时间紧迫。2017年2月，我们终于买下了机场各部分的永久产权。此后，哈拉温顿机场周围的所有者向我们出售了一些土地，于是我们拥有的土地面积达到300万平方米。

然后，我们开始对场地和建筑物进行艰苦地修复和翻新。英国到处都在拆除机场，我想保护哈拉温顿机场，让它成为戴森的新研发中心。我们将在这里开发最新的技术，但我也计划让飞机重新降落在这里。当我公开说出这话时，当地居民非常愤怒，甚至连800千米以外的阿伯丁居民也正式表示反对。尽管如此，我仍然希望每周至少有一架第二次世界大战时期的战斗机在这里起飞和降落。事实上，我希望将历史悠久的战斗机收藏品从它现在的家——达克斯福德机场，重新安置到这里。

投资哈拉温顿机场是一次商业冒险，但我乐在其中。例如，机库建筑十分可爱，却长期被人忽视。我认为这些机库从建造到我们买下，期间没有经过任何维护。克里斯·威尔金森将4个关键机库改造成优雅、光线充足的高科技空间并重新投入使用。将它们翻新，同时减少碳足迹，比在这里建造新建筑还要昂贵。

对我来说，哈拉温顿机场的建筑、工程和设计故事很有吸引力，这从许多极富创新且宽敞的建筑中就能看得出来。事实证明，这些在 20 世纪 30 年代就很特别的建筑，现在对我们来说是无价之宝。而对我们最有影响的是，那个时代的皇家空军机场就已经追求高质量的设计和工程了。

在空军部的资助下，英国皇家空军与工程建筑局合作，在第二次世界大战前的 5 年内投资了数十个新机场，他们确实非常明智。1931 年至 1935 年，首相拉姆齐・麦克唐纳呼吁皇家美术委员会监督他们的设计和规划。由于这些是技术驱动的重大项目，人们很担心它们如何融入英国乡村以及应该代表什么形象。

因此，哈拉温顿机场让人津津称道的是它的建筑——苏格兰建筑师阿奇博尔德・布洛克（Archibald Bulloch）在这里设计建造了新格鲁吉亚式住宅和行政大楼，风格与 20 世纪伟大的英国古典主义者埃德温・勒琴斯（Edwin Lutyens）和雷金纳德・布洛姆菲尔德（Reginald Blomfield）的较为相似；而它的机库和技术大楼处于新设计和施工技术的前沿。在哈拉温顿机场，设计圈是方形的：新机场将代表现代和传统的完美结合。三层楼高的军官餐厅用当地的石灰石粉饰墙壁，门厅和正厅用抛光橡木板装饰。机库设计和最具前瞻性的欧洲工程师及建筑师的思想一样与时俱进，其中两个已经被威尔金森艾尔建筑设计事务所改造成戴森办公室和车间（见图 9–2）。

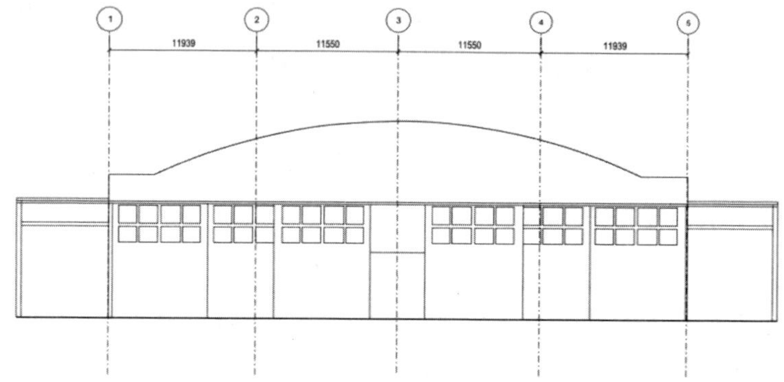

85 号机库

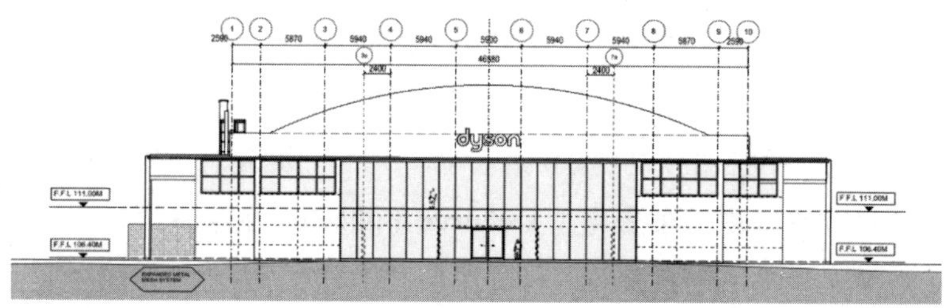

86 号机库

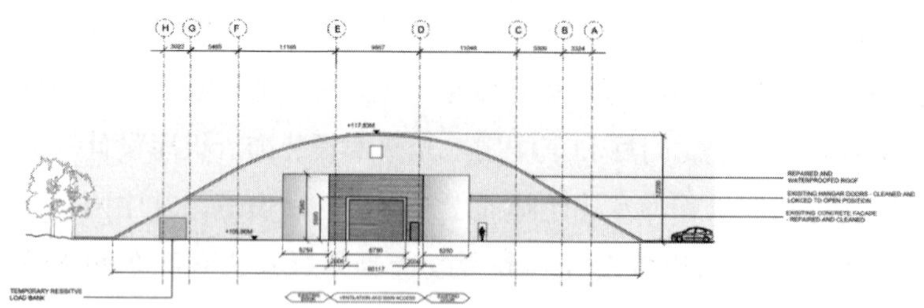

181 号机库

图 9–2　机库

机场周围是 20 世纪 30 年代后期典型的 E 型机库。这些弯曲的混凝土建筑采用土和草皮搭建而成的屋顶，非常小巧。从路上或空中看，它们可能会被误认为是威尔特郡著名的新石器时代古冢。想想埃夫伯里的巨石阵，以及耸立在低地上的壮观的西尔伯里山，这里就像古埃及金字塔在英格兰的优美回声。

不过，据我们所知，西尔伯里山是一个坚固的人造土山。哈拉温顿机场 E 型机库防弹门由砾石填充而成，门后面是一个相当壮观的空间，没有一根柱子，上方是巧妙的混凝土屋顶结构。这种设计是从胡戈·容克斯（Hugo Junkers）的作品衍生出来的。胡戈是一名德国发明家和实业家，以发明飞机而知名，例如，以他的名字命名、在德索大量生产的 Ju 87 斯图卡俯冲轰炸机就是他发明的。

胡戈是一名左倾和平主义者，是包豪斯的主要赞助人之一。他在将新设计学院搬到德绍时发挥了关键作用。在设计飞机之前，他曾成功发明并制造了浴室用的燃气热水器和暖风机。1925 年，胡戈获得了“薄板”，或者叫分段屋顶预制结构系统的钢结构开发的专利。胡戈的网状钢框架被证明是飞机机库的理想选择。他设计的“薄板”机库因创新的结构和建造速度，以及“建筑之美”而受到追捧。

哈拉温顿的混凝土 E 型机库，即半圆形屋顶覆盖草皮的机库，虽然采用了简化的建造体系，但设计理念源自德国，因此它既见证了航空技术与建筑之间不断发展的关系，也见证了处于战争敌对方的工程公司进行技术转让的历程。Kier 公司于 1938 年建造了 E 型机库。80 年后，它参与了两个戴森 D 型机库的修复工作。

D 型机库主要用作飞机储存中心，由钢筋混凝土柱建造。土柱支撑着混凝土弓弦肋板或桁架，形成屋顶。15 间分隔室的墙壁由坚固的 36 厘米厚的钢筋混凝土打造，其上设有大钢窗。门由 6 片钢板组成，通向从建筑物两侧突出的混凝土门架。这些机库是在法国建造的，在那里，先进的混凝土工程不仅影响了机场新建筑，特别是在图卢兹附近的蒙托德朗机场，还影响了奥古斯特 · 贝瑞和古斯塔夫 · 贝瑞的设计理念，他们设计的邯锡教堂仍然是混凝土建筑的杰作。在某些灯光下，D 型机库可能会被误认为是寺庙。

1937 年 6 月，当哈拉温顿机场开放时，它的跑道一开始是草地，后来是试验性的停机坪，在这里服役的第一架飞机是双翼飞机。如果你在 20 世纪 40 年代参观过鼎盛时期的哈拉温顿机场，那你会对聚集在那里的英国皇家空军飞机的数量和种类印象深刻，甚至惊诧不已，从蚊子、飞鸟和兰开斯特，到道格拉斯波士顿、北美米切尔和 GAL 运兵滑翔机，这里应有尽有。尽管哈拉温顿的空军中队参与了巴斯和布里斯托的防御战，但该机场主要是为培训空勤人员和飞行教员，以及飞机储存而建造的。

在前空军基地开发汽车，也提醒人们注意汽车和航空工业之间迷人的关联和协作成果：巴克敏斯特曾在 1933 年设计出 Dymaxion 汽车，这是一种公路飞艇；飞艇设计师保罗 · 贾雷（Paul Jaray）为汉斯 · 列德文卡（Hans Ledwinka）的“太脱拉”（Tatra）汽车设计了流线型车身；而工程师和前空军飞行员希克斯顿 · 沙逊在瑞典萨博所做的工作极富开创性。

我们所有的汽车发明家、设计师和工程师，都和航空业人员一样，关心流线型化、风洞测试、成本，也越来越重视人体工程学。可以说，**不管是设计吸尘器还是飞机，我们设计产品的方式都要与人类生理和认知能力相协调**。当我们在风洞中开发电动涡轮机时，我们对比测试了劳斯莱斯航空发动机，它可能比我们的微型马达大得多，功率更大，然而优越的气流技术是两者都能成功运转的重要因素。

2020 年 3 月 13 日，首相鲍里斯·约翰逊（Boris Johnson）突然给我打电话，说他在 6 周内需要 50 000 台呼吸机来应对新型冠状病毒肺炎疫情。4 天后，这一项目被公开宣布。我们重新启用了哈拉温顿那栋用于研发电动汽车的楼。幸运的是，我们有一个尚未使用的新工厂来生产呼吸机。我们最初构建了一个小规模团队，由工程师和设计师组成，先了解呼吸机的临床需求和规格。在第一个周末，我们制作了许多不同的原型机，复杂程度不尽相同。

由于可能出现原材料供应紧张问题，我们特意避免使用传统的呼吸机组件，而是使用我们知道的现成的组件。我们的团队迅速在英国和新加坡发展到约 450 人，因此可以实现 24 小时的工作周期，并充分利用我们的全球供应链和技术。我们的新加坡工程团队在英国团队睡觉时工作，反之亦然，但我们依然经常熬到深夜。

这是一个非凡的项目。我们从临床医生那里得到的反馈很好，两周内我们就开发了一台可以进行临床测试的新呼吸机。随着项目的推进，我们购买了所需的稀有组件，并在短短 6 周内达到了医用级别，并进入可制造阶段，将整个哈拉温顿机库变成了医用级别产品的生产车间，里面挤满了戴森员工，他们在组装机器时保持社交距离。

团队干劲儿十足。他们从商业项目研发部门转移到这里，当然，那些项目因此被推迟了。我们想过呼吸机只会让我们花钱，而不是赚钱，但我们出于正确的原因坚持做了。在这个危急时刻，整个国家都在努力，我们只不过是其中的一分子。我对团队的反应并不感到惊讶，这就是我们的工作方式。在新型冠状病毒肺炎疫情最严重时，团队成员不分昼夜坚守在岗位，远离家人的陪伴。他们是无私的。同时，我们的工程师也在短时间内取得了巨大成就。公司上下很多了不起的人都为这个项目做出了贡献，不仅有工程师，还有给我们做饭的人、保护我们不受病毒侵害的清洁工、每隔几个小时给我们量体温的人、安全小组、为生产工作准备好机库的小组，等等。我们能如此迅速地交付设备，离不开他们的辛勤工作。

这个项目的管理工作非常困难，原因之一是规范在不断变化。我们是应内阁办公室的要求和命令设计制造呼吸机的，一名工作人员向我们提供了规范。据我所知，他既不是临床医生，也没有与卫生服务部的医疗设备审批部门联系过。他最初告诉我们要做一个独立的便携式呼吸机，有自己的气泵，由带有 HEPA 滤网的电池供电。这款呼吸机要能够辅助或替代患者呼吸，并与患者的呼吸频率保持一致。

同时，内阁办公室聘请了首批顾问。他们以毒理学为依据，谴责用气泵为呼吸机提供空气的想法，而忽略了我们已经为此方案安装了 5 个 HEPA 滤网。我们不得不改变设计，使呼吸机由市电供电，并以医院的压缩空气作为空气供给源。但我注意到，毒理学顾问并没有对医院压缩空气供给进行毒理学分析。我们完成了这个设计，然后被告知必须加入真空机制来吸出肺部积累的垃圾。我们在设计中采纳了这一点。接着，我们又被告知呼吸机必须同时提供辅助呼吸和替代呼吸功能。我们也融合了这一点。不同之处在于，呼吸机有一根管子，在患者处于麻醉状态时，将管子插入患者的喉咙使呼吸机替代患者呼吸；而辅助呼吸装置通过面罩工作，就像氧气面罩一样，可以让患者保持自己呼吸的习惯，使康复的可能性大幅增加。我们的设备必须同时做到这两点。

所有这些原型机的开发、构建和测试，以及组件采购都在 6 周内完成了。同时，我们在哈拉温顿机场和新加坡建立了医用级别产品的生产车间。新加坡车间将为东南亚提供呼吸机，并满足我们从世界各地收到的紧急订单需求。

我们的设计比传统的呼吸机小得多，只有公文包那么大，可以放在床头柜或手推车上（见图 9–3）。它是一个铝制的盒子，带有一体式 PC 板，这种 PC 板类似于我们为洗衣机开发的控制面板，在当时还是首创的。透明 PC 板的背面印有图案，使得图案不会轻易磨损。PC 板上面的薄膜提供了一个卫生的、可擦拭的、防水的表面。此外，PC 板上有一个小的凸起的圆顶，当按下时，可以快速控制开关，进而驱动下方 PC 板上的触摸开关。PC 板背面印有图案，在 PC 板上留下一些圆形和条形空隙，以便下方 PC 板上的灯光可以透过这些空隙，作为发光的指示灯。

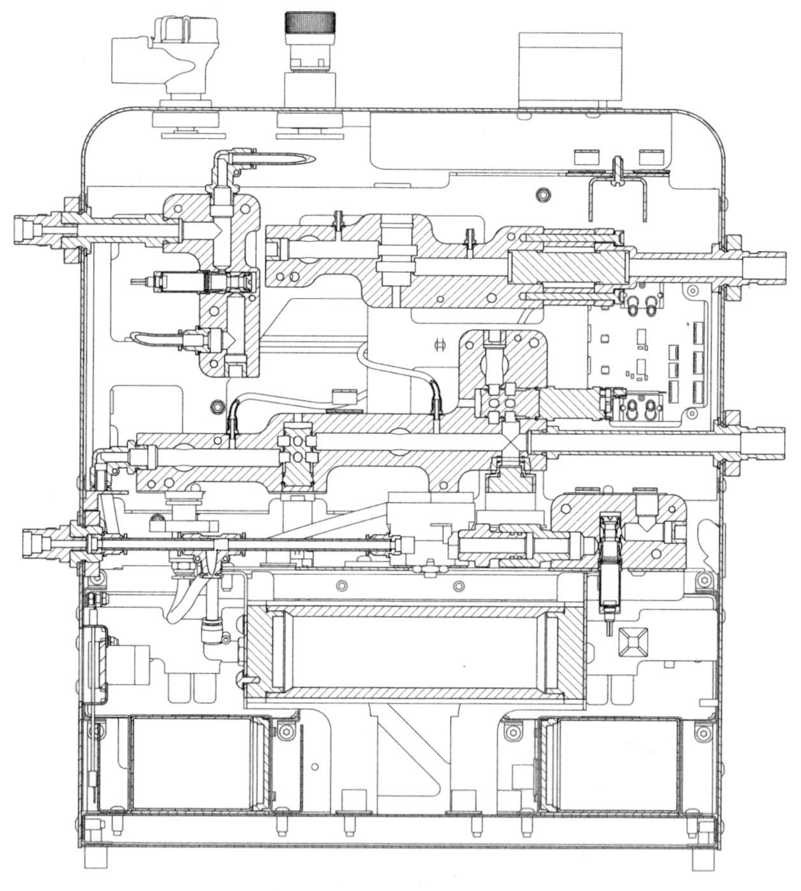

图 9–3　呼吸机剖面结构图

到 2020 年 4 月中旬，全世界的临床医生都清楚地认识到，不到万不得已，最好不要让患者使用呼吸机，它只能作为最后手段。

除了医院库存的呼吸机外，医院不再需要呼吸机了，需求在一夜之间消失。内阁办公室花了几个星期才向我们承认不需要我们的努力了。我们决定自愿承担所花费的2 000万英镑费用。

内阁办公室向我们提出了几乎不可能实现的请求：在几周内从零开始设计、开发和生产大量的呼吸机。他们不断对自己想要的东西做出根本性的更改，然后，由于医疗思路的转变，他们根本不需要或不想要它了。他们请来了一大堆顾问，在我看来，这些顾问是通过制造不必要的障碍并拖延进度来赚取高昂费用的。

我在英国观察到，政府公务员对私营企业的人极其不信任，近乎仇恨。这很奇怪，因为他们的薪水是由创造财富的私营企业纳税人支付的，而他们却鄙视这些人。无论公务员做得好不好，他们的薪水都有保障，即便是在经济衰退时。这种安全感可能是他们对私营企业持有蔑视态度的原因，而在私营企业中，我们只有给他人提供物有所值的东西，才能获得报酬和工作机会。**我们对所做的事情有一个衡量标准——为客户服务**。而与之形成鲜明对比的是，公务员不需要客户，也不是任何人的仆人。

与政府等级制度不同，戴森的管理结构非常灵活，这有助于个人快速做决定并完成工作。我们周围都是合适的人，每个人都知道自己的角色。考虑到员工可能会因感染病毒而无法到岗，我们也做了很多交叉职能设计，我们详细了解彼此的角色和责任。有了如此清晰的目标、方向，以及对公司理念的理解，我们的员工可以运用专业知识发挥最大的作用。

在很多方面，我们平时也是这样运作的。我们的组织结构十分灵活，产品团队中的每个人都能保证按时交付产品。所有必要的专家，如软件和电子工程师，都各司其职。我们还有许多其他专家，可以空降到不同团队来帮助解决问题。**我们总是在做我们以前从未做过的事情，每天都在解决问题**。**我们行动迅速，不断失败，不断学习**。我们响应政府向我们提出的支援呼吸机的请求，因为我认为这样做是正确的。

遗憾的是，我们的善意在 2021 年 4 月下旬遭到了 BBC 的质疑。他们歪曲事实，肆意抹黑首相和我，让别人以为我们很“卑鄙”。BBC 政治评论员劳拉·库恩斯伯格（Laura Kuenssberg）撰写的报道发表在重要地区的选举之际，这是对政府多数派的考验。她的报道重点集中于我发给首相的短信上，在此之前我向英国财政大臣提出澄清“英国税收规则如何适用于为呼吸机项目工作的非英国雇员”的请求。

在 BBC 的报道中，我是在“游说”首相，尽管是他先联系我，而不是我先联系他。而且由于在英国“游说”总是与“卑鄙”混为一谈，我“显然”是在寻求某种形式的不正当优惠待遇。为了证明他们的论点，我被描述为“杰出的保守党支持者”。然而，我想从首相那里得到什么样的好处，谁也说不出来。呼吸机项目非但没有任何收益，反而让戴森损失了 2 000 万英镑。我一点也不想偷偷摸摸，我将这些短信副本作为谈话记录发给了内阁办公室和财政部的官员，这正是引起 BBC 关注的原因。此外，短信只是一种特定的交流方式，我相信 BBC 记者们也会使用，这一点都不卑鄙。

他们把我描绘成“杰出的保守党支持者”是完全错误的。我从未参加过保守党的社交活动。我没有花一分钱去竞选。我不喜欢也不想像政治家那样装腔作势。劳拉·库恩斯伯格说我曾在保守党会议上发过言，我确实有过，尽管她没有考虑到我也曾在工党会议上发过言。两次发言都是为了让英国政治家更了解工程，以及告诉他们我们需要更多工程师。

BBC 后来承认，之所以说我是“杰出的保守党支持者”，实际上是因为选举委员会登记册上的一笔慈善捐款，即詹姆斯·戴森基金会曾赠予威尔特郡工程节 11 450 英镑。这是一份慈善礼物，旨在鼓励学童未来从事工程技术职业。它不是政治性的，也不是针对保守党的。众所周知，注册的慈善机构不得向政治事业捐款。在我看来，这篇报道纯粹是对我和首相的诽谤。

我为戴森对呼吸机项目做出的贡献感到自豪。当时，我和数百名在危机中为该项目付出所有的戴森人都深感失望。他们如此抹黑我们的努力，只是为了政治诽谤，而不是拯救生命。值得欣慰的是，部分媒体确实对 BBC 的说法进行了调查，发现这些说法完全是假的。这种试图用卑鄙的政治叙事使戴森和我陷入泥潭的做法失败了，因为这不是真的。虽然花了一段时间，但最终 BBC 确实为它的错误报道道歉了：

致詹姆斯·戴森爵士：

我们承认，我们在报道詹姆斯·戴森爵士与首相的一些短信时说他是一个杰出的保守党支持者，事实并非如此。詹姆斯·戴森基金会捐赠了一笔善款，只是为了支持威尔特郡工程节为学童举办的活动。我们承认，这并不意味着詹姆斯爵士与任何政党有关联，我们希望澄清事实。詹姆斯爵士还对我们报道的其他方面的准确性表示担忧。我们希望明确表示，詹姆斯爵士联系了内阁办公室，以响应首相直接向他提出的呼吸机紧急援助请求，由此产生的2 000万英镑费用他的公司自愿承担，以帮助应对国家紧急情况。他给首相的短信后来也发给了其他官员。我们很抱歉，这些事实并未全部反映在我们的报道中，我们为没有如实报道而道歉。

2021年4月21日星期三

新型冠状病毒肺炎疫情让企业和公众面临了近几十年来最困难的情况。随着世界开始复苏，许多经济体面临着严峻的未来，但西方经济体与亚洲新兴经济体和发展中经济体之间的差异显著。2019年12月，西方国家的国债占GDP的103%，一年后升至124%。亚洲国家的国债占GDP的比例从53%上升至63%，表明这些经济体虽然受到新型冠状病毒肺炎疫情的影响，但其运行状况比西方高效得多。西方经济体的经济活动在2019年12月至2020年12月期间收缩了5.8%，而亚洲的这一数字仅为1.7%。根据国际货币基金组织的数据，亚洲国家预计到2026年平均每年增长5.9%，远高于西方国家的情况。

做生意非常不容易，一些企业似乎已经开始远程办公了。我们发现，对于制造实体物品来说，远程办公非常不理想。我们的工作需要物理交互和专业设备，因此封锁给我们的一些项目带来了重大挑战和延误。我们所有产品都需要多年的培训、研究、设计和测试，这些需要实验室和设备，无法在家完成。如果没有这些，或者工程师之间没有面对面的讨论和交流，研究的进展就会变缓。尽管如此，我们在英国的园区在整个新型冠状病毒肺炎疫情期间仍然开放，供人们使用呼吸机。我们一直在尽最大努力保持项目正常进行：重视后勤员工的工作；增加数千张新办公桌，让员工保持社交距离；而且，我们没有按照政府的建议，我们从一开始就强制戴口罩。

我们在 30 天内开发了一种全新的呼吸机。很幸运，英国疫情没有严重到要大量使用呼吸机，但我们一刻也不后悔我们为国家抗疫做出的贡献。呼吸机不是我们主动选择制造的产品，因此这场冒险就此结束。戴森在这个项目上花费了大约 2 000 万英镑。虽然我们业务所在的国家和地区政府在危机期间提供了资金，但我们没有接受过任何一笔款项，也没有让任何员工停工。

当呼吸机项目结束时，我们意识到我们需要将一些开发项目从马姆斯伯里搬到哈拉温顿，给它们提供更多的发展空间。值得庆幸的是，园区得到了很好的利用，并为我们提供了大量空间用于吸尘机器人、环境控制类电器和照明灯的研究与开发。我相信我们将在这里开发出更多令人兴奋的未来技术，翱翔蓝天——这并不仅仅是字面上的意思。

INVENTION

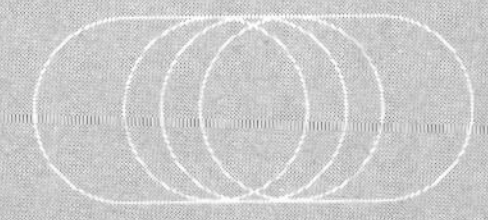

第10章

农　业

FARMING IS A VISCERAL FORM OF MANUFACTURING WITH MUCH TO TEACH US.

农业也是
一种制造业形式，
可以教会我们
很多东西。

我天生不擅长务农，但我已经对它产生了热情。如今，我在林肯郡、牛津郡、格洛斯特郡和萨默塞特郡拥有1.5万公顷的高产优质农田。戴森农场已经发展成为我们家族企业中越来越不可或缺的一部分，它利用了最新的科学技术，向人们展示农业如何创造利润，如何使我们减少对进口食品的依赖，以及如何真正长期实现可持续发展。

我们似乎可以将农业和科技业务以共生关系结合起来，如把豌豆和吸尘器、土豆和吹风机结合起来，我们希望找到新方法来提高戴森产品和戴森食品的性能与可持续性，这种设想似乎有些奇怪。然而，农业和制造业并没有太大区别。农业也是关于生产东西的，例如生产食品，而且，就像工厂需要良好的设备一样，农业设施应该也设计精良，建造精良，并且使用先进的技术，像最好的工业机器一样高效和可持续地工作。最初，我们的农业经营完全独立于戴森，悄悄地发展和改进工作方式。现在，我们看到了让农业和科技业务紧密关联，对两者都有利的机会。

戴森一直致力于用更少的资源，制造性能更高、经久耐用的机器。通过开发新技术和对现有版本的升级改造，更轻便的机器得以问世。它们消耗更少的能源，不仅有利于保护地球环境，而且使用感更好。例如，我们的无绳吸尘器比以往的同类产品重量更轻，耗电更少。这是通过采取一种完全不同的方法，从头开始开发新技术、马达和电池来实现的。

材料科学、能源开发和能源储存是技术升级的核心。而农业能带来的贡献颇多，可以育成材料、创造能源，这些都能用于我们的机器中。同时，戴森技术，包括机器人技术、基于视觉的传感技术、人工智能和储能技术，将进一步推动我们的农场进行技术创新，从而提高效率、生产更优质的产品。

戴森有限公司（Dyson Ltd）和戴森农业（Dyson Farming）两家企业的相似之处超出了预期，两者的未来都依赖于研发投资和持续改进。我希望戴森农业能够为农业的必要转型做出贡献，同时保护农村，并推动可持续发展取得重大进展。

粮食生产的可持续发展和粮食安全对国家的发展至关重要。英国目前有 30% 的食品来自进口，这是没必要的，因为我们几乎可以种植所有东西，且由此产生的交通运输会导致碳足迹过高。同样热衷于重新开垦农场的生态斗士们表示，他们根本不考虑食用空运过来的鳄梨和其他进口食品。在我们的温室内，我们可以凭借肥沃的土壤和充足的降雨，种植我们需要的食物。只有这样，农业才有真正的机会来推动技术革命，反之亦然。如前所述，我们已经开发在产品中使用农业材料的方法。到目前为止，这还是公司机密，但这项研究很有趣，我们正在取得进展。

可持续农业无须依赖“漂绿”，它更大程度上与能源和材料的循环及再循环有关。制造业也应该如此。我们要努力通过精益工程和回收利用来最大限度地减少材料用量。斯斯文文地抵消碳足迹还不够，我们必须从源头解决问题。我们一直试图这样做，但似乎总是有改进的余地，以及通过发明和创新而彻底改变的空间。工程师和科学家已经做了一些改变，也正在做更多改变，并将持续改变，评论家无休止的哗众取宠终究是徒劳。

农业也是一种制造业形式，可以教会我们很多东西。在大规模重复生产中，所有的基础工作都必须是正确的。无论是排水系统、沟渠、轨道、树篱、墙壁、土壤质量、林地、除草设施，野花、昆虫、鸟类和其他野生动物的培育，农场建筑、机器和庭院的质量，还是农民及其员工的福利，一切都必须是最高标准的，人和其他的一切和谐地共同工作。农场的设备、轨道、沟渠和院子没有理由凌乱、泥泞或不整洁。我们应该始终保持高标准。

我们目前购买的农场里，只有一个是投资充足、维护良好的。投资与维护不足使得农场变得破旧和低效。那些农场大多排水沟堵塞，沟渠杂草丛生，轨道破旧。它们缺乏粮食储备，杂草丛生，轮作不当，缺少篱笆，连围墙都倒塌了。不过，这并不是因为农民对经营农场兴致不足，事实上大多数农民对此充满热情，但因为农场普遍缺乏资金和行业利润而无法继续。没有一个农场拥有现代化的粮库，因此他们将粮食储存和干燥工作承包出去，这进一步削减了他们的微薄利润，同时失去了优质粮食库存带来的附加值。最初几年，我们不得不在基础设施上投入巨资，才能使我们的农场高效运转并真正实现盈利。

然而，说上面那些还有点早。我需要回顾一下我在北诺福克的童年和成长经历。北诺福克当时是一个深入北海并与英国其他地区隔绝的偏远农村，经济状况不佳，而且通信随着农村铁路的废弃也衰落了。这甚至早于20世纪60年代理查德·比钦（Richard Beeching）实施“比钦大斧”政策，此政策曾导致数千千米的英国铁路干线关闭，使许多城镇和村庄与世隔绝。

我小时候和一些农民的儿子在霍尔特的格瑞萨姆学校上学。农场包围了我们的小集镇。十几岁的时候，我每天都在农田里跑来跑去。学校放假期间，我在当地农场工作。戴尔德丽在大学时代也加入进来。尽管我们后来不在农场工作，过着截然不同的生活，但我开发气旋吸尘器的巴斯福德马库和我们在马姆斯伯里的工厂都在农村。我一直都想拥有一个农场，但直到最近我才看到我能为农业做出什么贡献。

当然，我从来没有兴趣投机农田或为了提高声望而占有土地，我也不认为我们可以从农业中赚钱。从2013年开始，情况很快发生了变化，当时我们买下了3 000多公顷的旧诺克顿庄园，它横跨林肯郡以南几千米处的荒地和沼泽地。那里有营养丰富的黑土，长期以来一直是种植豌豆和马铃薯等作物的理想之地。

庄园本身曾经是里彭伯爵的，在我们买下它之前，它曾多次易主并被拆分成 3 个独立的农场，后来，我们把它们又重新合并在一起。这个庄园的部分历史也引起了我的注意，那就是它曾尝试使用农业以外的技术实现机械化。在第一次世界大战期间，诺克顿庄园经理、苏格兰人韦伯少校曾在西线服役，他看到穿越湿地的轻型窄轨铁路十分高效。在 1919 年，韦伯少校萌生了从法国加来海峡省阿拉斯首府的陆军剩余军资处购买铁路轨道和机车车辆的想法。法国陆军上校普罗斯珀·佩肖特（Prosper Péchot）发明了这些东西，他从 19 世纪 80 年代末开始就与铁路机车工程师查尔斯·波登（Charles Bourdon）和保罗·德考维尔（Paul Decauville）一起工作。虽然这些轻型铁路在战时的法国被用来运送军队、装备、物资、武器、弹药和伤员，但在和平时期的林肯郡，它们肯定能派上用场。

韦伯少校做到了。最终，诺克顿铁路延长到 37 千米。以前的货车车厢和救护车厢，现在满载着从农场收上来的庄稼。铁路还为偏远的农舍运送邮件、补给品和淡水。它还把一堆堆的马铃薯挖掘机、牲畜的食物和水、撒播用的泥土和煤炭运送到沼泽地水泵站。最重要的是，它将数千吨马铃薯从田间直接运送到林肯至斯利福德线上的一个干线车站，从那里可以将它们分发到英国的任何地方。

火车头起初是用小型 Simplex 汽油机车，后来更换为柴油机车。直到 20 世纪 30 年代中期，前往干线车站的重型火车都行驶在蒸汽机车后面。白天，蒸汽机车的水箱从竖管中补给水，其中一根竖管的形状像漂亮的凹槽古典柱，我们已经把它修复并放回了原来的位置。蒸汽机车与用于犁地、脱粒和拉动货车的蒸汽牵引发动机共用这根竖管。

1936 年，一家非常成功的企业史密斯薯片公司（Smith's Crisps）收购了诺克顿庄园。人们对薯片的狂热需求让铁路一直全速运转。直到 1960 年，新的农田公路和卡车替代了传统的运输方式，铁路才被关闭。铁路的机车库就是现在的蜂巢（The Hive），即黄蜂巢（Wasp's Nest）的会议中心，它是庄园上的一个别致的小村庄。我们在翻修后的建筑内铺设了一段新的窄轨轨道，这不仅仅是为了怀旧，更是为了提醒我们技术创新如何在诺克顿的历史中发挥了关键作用。

史密斯薯片公司售出了几百万包薯片。20 世纪 50 年代，当我们和父亲在诺福克北部海岸的布莱克尼海角航行时，我们常常在莫尔斯顿的海锚饭店（Anchor Inn）停下来喝点姜汁啤酒，当然了，还会来点史密斯薯片，那些蓝色的盐卷总是藏在防油包的某个地方。薯片是史密斯先生在伦敦发明的，除了收购诺克顿庄园，他还在悉尼建立了一家工厂，在那里它仍然叫史密斯薯片。令人失望的是，它在英国的名称已经改了，现在叫沃尔克斯（Walkers）。

在我们的诺克顿和卡林顿农场，向东走大约 32 千米就是大海，肥沃的土壤滋养着那一带，那里就是芬兰区，它包含英格兰大约一半的一级农业用地。但是，直到 17 世纪，当荷兰工程师被请来排水时，芬兰区处处都被水浸透了，几乎无法耕种。荷兰工程师开创性地进行排水工作，但情况时好时坏。直到 18 世纪末 19 世纪初，在土地所有者、工程师，以及发明家约翰·伦尼（John Rennie）的

2020年，新型冠状病毒肺炎疫情导致世界停摆，我们在巴黎旗舰店举行网上发布会，推出戴森Corrale美发直发器。

位于新加坡滨海湾的圣詹姆斯发电站最初由英国人建造，现在正在改造成为一个全新的开放型戴森总部和研发中心。

它拥有新加坡最高的落地窗。

图为计算机模拟的戴森电动汽车，看上去即将从哈拉温顿出发。它的续航里程可达966千米。

戴森电动汽车像Mini汽车一样，将车轮安装在车辆四角的末端，这样乘客就可以享受更大的车内空间。

车内带有宽大腰部支撑的座椅是对伊姆斯夫妇的软垫椅的致敬，我非常喜欢他们的设计。

伦敦《星期日泰晤士报》对于我放弃造车的报道。

报道中的图片是我和一个汽车油泥模型在哈拉温顿机库里的合影。

THE SUNDAY TIMES

RICH LIST | INTERVIEW

"I BLEW HALF A BILLION QUID... ...ON A CAR"

Sir James Dyson spent £500m developing an electric car to rival Tesla's. Then he scrapped it before the first prototype took to the road. He tells *John Arlidge* why

UNPLUGGED Sir James with the Dyson electric car at his firm's research centre in Wiltshire

为紧凑且节能的电动驱动单元的剖面图，它含戴森数码马达、电力电子器件和前后轮的速器。

（右）我正在制作汽车油泥模型。

位于林肯郡诺克顿的戴森农场，我们在这里培育、起垄和种植马铃薯。

3台豌豆收割机在诺克顿工作。

数十亿颗豌豆可以在120分钟内从田间到达冰箱。

我们在林肯郡卡灵顿使用沼气发电厂提供的电力和热量，种植了750吨反季节英国草莓。

位于威尔特郡马姆斯伯里园区的戴森工程技术学院学生宿舍是由许多个吊舱组成的，吊舱的墙壁和天花板都采用了交叉层压木材。

桌子和长凳由我设计，英国Centrium公司负责制作。

新月形学生宿舍区的一部分。这些吊舱由卡车运送，用起重机放置到位后连接起来。每一个吊舱在放置时都需根据前后左右和上下的位置精确操作。

2020年戴森设计大奖的可持续发展奖由菲律宾玛普阿大学学生卡维·埃伦·迈格获得。他发明了一种革命性的环保材料，可以将蔬菜废料转化为贴在窗户玻璃上的紫外线隔离薄膜，使建筑物能够像太阳能农场一样发电。

（对页，上）

2017年9月，马姆斯伯里戴森工程技术学院第一批学生入学。

这些才华横溢的年轻工程师于2021年9月毕业。

（对页，中上）

克里斯·威尔金森设计的圆屋是一个咖啡馆、图书馆、电影院和演讲厅的集合体。

（对页，中下）

新戴森大楼于2021年9月开放，是STEAM（科学、技术、工程、艺术和数学）跨学科教育的新中心，位于诺福克郡我的母校格瑞萨姆学校的中心，其轻质钢架上装饰着绿色植物。

（对页，下）

顶部照明的中央空间集中在一个巨大的礼堂楼梯上。我们首先在马来西亚的研发中心做了这项尝试。

永远是乐观主义者：2019年，就在新型冠状病毒肺炎疫情袭来，我在哈拉温顿园区的85号机库公布了戴森的六年计划。

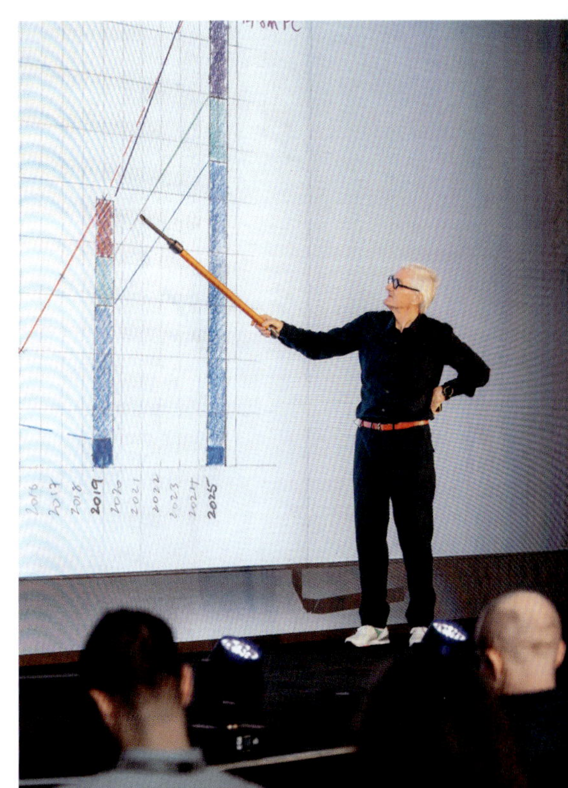

2015年我的儿子杰克加入戴森时，我们在马姆斯伯里的Mini切割车里见面。我们的衣服都是我的女婿伊恩·佩利设计的。

戴尔德丽除了设计地毯外，还在继续作画。图为1996年，她在普罗旺斯工作时。

共同努力下，芬兰区的土壤改造取得了真正的进展。约翰 · 伦尼的父亲是一位农民。芬兰区的工程设施有人造河流、运河、沟渠和堤岸，景色优美，令人难忘。它们由水泵站供水，水泵站的电力供应，19 世纪 20 年代采用蒸汽机，一个世纪后用柴油机，如今使用电力。这些设施养育着这片土地，提供了让所有人受益的丰盛食物。重要的水泵站共有 286 个，都是全自动的，它们全天候工作，时刻预防洪水泛滥。在 24 小时内，它们可以抽完相当于 16 000 个奥林匹克运动会规模的游泳池的水。

20 世纪 50 年代，政府向农民发放了补助金，并通过在农田和农田周围的沟渠里铺设多孔瓦管改善排水系统，将水引入更大的沟渠和堤坝。在过去的 50 年里，管道堵塞，沟渠被泥巴、灌木和树木填满。排水不畅会导致农作物减产或死亡。我们已经清理了沟渠并进行了深挖，以使跨场地管道中的水能够排入沟渠，同时清理或更换跨场地管道。我们还拖拽不锈钢堤，让它们形成纵横交错的排水通道，它们排水效果很好。

我们一直在尽自己的一份力。我们在诺克顿建造了一个 23 万立方米的水库，以维持整个庄园全年的水位平衡，而在微观尺度上，我们通过灌溉带向土豆等作物滴灌供水。芬兰区是一片沼泽地，需要不断监督和维护，包括每年清理芦苇以防止水道堵塞，这项费用由农民自己承担。但如果技术和基础设施到位并不断发展的话，就可以最大限度利用资源，哪怕是一滴水，也可以更加高效地利用，使环境更加友好。

我们在水库边布置了一个特别设计的饮水装置，这样野生动物们可以过来饮水。一些鸟类，包括蛎鹬、翠鸟和白鹭，把这里当成了繁衍栖息地。水库周围遍布着 15 公顷的野花，所以这里也是蜜蜂和蝴蝶等授粉昆虫的天堂。我们的工程设施完全融入其中，一点也不突兀。

发明及其创新，从 17 世纪末开始就彻底改变了英国农业。1701 年杰思罗·塔尔（Jethro Tull）子爵发明了马拉式播种机，1786 年苏格兰工程师安德鲁·米克尔（Andrew Meikle）发明了脱粒机。机械使英国农场的生产力提高了许多倍。诺福克的土地状况之所以发生了革命性改善，是因为当地农民，尤其是居住在雷纳姆霍尔庄园的农业发明家查尔斯·汤申德（Charles Townshend）采用了四轮耕作法，在田地依次种植小麦、大麦、三叶草和萝卜。这四种作物会以不同的方式作用于土壤，彼此受益。

英国的农场变得非常多产，英国人口迅速增长。有了大量的食物和劳动力，新一代的工厂主就能够大有作为。17 世纪和 18 世纪英国农业革命不仅使牲畜质量大幅提高，也对工业革命起到了很大的推动作用。

反过来，工业革命也促进农场的生产力节节攀升。19 世纪 50 年代，托马斯·埃夫林（Thomas Aveling）在罗切斯特的肯特作坊修理农业机械时，曾看到 6 匹重马拖拉着固定在它们身后的蒸汽机在农场进进出出。他把这比作“6 艘帆船拖着 1 艘轮船”。他说，这种想法是“对机械科学的侮辱”。1859 年，这位 35 岁的农民兼机械师发明了蒸汽牵引机，进而催生了内燃机拖拉机。最终，农业机械与数字技术相结合，成为戴森农业如今使用的新一代机器。

我买下农场始于一次与尼克・沃博伊斯（Nick Worboys）的谈话，他是一个农民的儿子。当我购买了那座相当破旧的格洛斯特郡庄园作为住宅时，他来到我这里工作，担任多丁顿庄园的地产经理，而10年后，诺克顿庄园的一部分才开始出售。尼克非常热情，告诉我英国最好的农田在林肯郡和诺福克。当尼克代表我们买下诺克顿时，我们开始思考如何才能在农业上取得成功。

我们买下诺克顿3个农场后，第一个任务就是投入资金，大力推进基础设施的更新和重建。附近拥有土地的农民看到我们对农场的修复，想知道我们是否愿意购买他们的农场。我们之前从未与农民接触过。事情和我们想的不太一样，他们有的出价很高。将农场维护得最好的农场主当属迈克尔・科尼什（Michael Cornish）。我认识他和他的父亲，他们在我研发球轮手推车时就拥有了林帕克集团。他想将农场转手，并认为我们会培育和开发他心爱的农场。

如果我们能够振兴农场、提高产量，我们或许可以改变英国对进口食品过度依赖的状况。从长远来看，大规模系统地规划将大幅降低我们购买食品的能源成本和由此产生的碳排放。同时，如果我们能够利用最新技术对农场废弃物巧加利用，将它们转换成能源，我们可能会成为英国国家电网的供电商。

这越来越有趣了。虽然这不是一个全新的想法，但我认为，如果能够直接从农场销售食品，我们就可以减少像超市这样的中间商，从而获得远高于农场往常的收入。例如，如果你在维特罗斯连锁超市以 1 英镑的价格购买一包豌豆，农民可以得到大约 20 便士，即超市售价的五分之一。我知道这是因为超市采购量通常为数千吨。如果这听起来对农民来说有点苛刻，那还有更苛刻的情况。超市只在需要豌豆时才付钱，而农民提前种豌豆、收豌豆，承担所有风险，充当了超市的银行。我们光是购买 3 台豌豆收割机就花了 180 万英镑。我们擅长种植豌豆，而且我认为我们是英格兰最大的豌豆种植商，但从中赚得很少。2020 年，由于天气原因，我们的豌豆损失惨重。对于大自然的馈赠，我们决不能视为理所当然。

食品市场从根本上讲是扭曲的，所以我们正在研究如何改变商业模式。如果我们能够直接向消费者销售，减少中间商，我们就可以减少对于国家补贴的依赖。随着英国脱欧，反对农业补贴的声音越来越大，这意味着补贴将减少，对于大农场主打击最大。与此同时，这些反对者支持农民将农场重新开垦成观光休闲场所，以此赚钱。他们没有提到，如果真这样做，我们将不得不进口我们所需的所有食物。有人认为，大农场主正在将农业补贴收入囊中。但是，其中一些补贴是针对已被证实对气候和环境有益的环保做法，农民往往为此付出很大成本，乃至赔钱。反对者们不知道，无论是大农场主还是种植规模较小的农民，种植粮食都很难不亏本。

这将是农业补贴的第二次重大改革。在 1992 年之前，整个欧盟的农民都获得了农产品的“价格支持”。当土地统一税率政策出台时，它被视为农业的救星！我不确定英国农民会怎么想，与获得良好补贴的欧盟农民相比，这项政策会让英国农民处于明显的商业劣势。根据我的经验，超市通常寻找最便宜的货源。随着货币价值波动，它们将纷纷转向欧盟农民。对英国农民来说，在没有补贴和公平竞争环境的情况下经营农场可能会激发新的思路、发明和创新。然而，农民也可能会放弃种植粮食，致使英国需要进口越来越多的粮食。

当然，食品生产问题已经是老生常谈了，零售商拿走了最大的利润份额。这很像我刚开始做吸尘器业务时的情况，批发商和零售商赚去了大部分的钱，这就是为什么今天戴森用直销的方式售卖产品。直销我们的农产品不是一件容易的事，但我们正在努力。我们直接供应餐厅，也正在研究食品包装和市场。你现在可以直接从我们这里购买戴森豌豆、戴森土豆、戴森牛羊肉以及戴森草莓。

除了粮食和蔬菜，我们还发电和售卖电力。我们的林肯郡农场通过沼气发电厂为 10 000 多户家庭供电。如果我们能以比现在更低的价格向家庭出售电力，我们将非常高兴。但在英国，供应商英国国家电网并不直接收取电费，几家电力“零售商”垄断了供电市场。这来自所谓的监管机构英国天然气电力市场办公室（Ofgem）的恩赐，它们就只是中间商，在处理用户的需求时，除了打开计算机程序，制备和邮寄账单外，什么也不做。它们既不发电，也不承担风险，还不用维护基础设施。剔除中间商和不创造价值的人，在英国应该会广受欢迎。这意味着风险承担者和生产者有可能获利，消费者有可能支付更少的费用。为什么英国天然气电力市场办公室阻止制造商直接向用户供电呢？

我们在农场大展拳脚的时候，诺克顿辉煌的日子已经过去很久了。当游客们问到这么大的庄园里房子在哪里时，我们只能指指诺克顿大厅的废墟。大约在我们和地方议会讨论修复房子的时候，它莫名地失火了。

这座现已成为废墟的房子虽然是都铎式建筑，但实际上它的历史可以追溯到 1841 年。在它之前，这里是一座詹姆斯一世和查理一世时代的早期建筑，据说 1837 年被大火烧毁，这场大火给人们留下了深刻的印象。之后，诺克顿大厅从废墟上被建立起来了。第一次世界大战期间，诺克顿大厅是美国士兵的疗养院。第二次世界大战时，它再次成为一所军事医院。接着，它由英国皇家空军经营至 1983 年，然后由美国空军经营至 1995 年。在 2000 年被开发商购买之前，它曾被短暂地作为住宅使用过。也许有一天，我们能够买下这座废墟，修复它，使诺克顿大厅再次变得特别，并具有一些新的、有趣的用途。我们长期扎根农场，管理这片庄园和其他庄园，我们等得起，时间会让一切走上正轨。

诺克顿大厅的废墟靠近古老的林地，这片林地多年来一直被霸道的杜鹃花侵占。它也是光彩夺目的橡树的家园，其中一些橡树树龄超过 600 年。第一次步行穿过这片林地时，我们觉得很棒，但显然它还需要多加管理。幸运的是，我们有雄厚的资金足以投资这里。我们投入资金，将一支团队如今于此，团队成员包括干劲十足的农业毕业生、相关学科包括新学科的专家，以及一名敬业的林地管理者。

我们除了牧羊人和农场经理之外，还雇用了农学家、研究人员、工程师、无人机飞行员和技术数据分析师。在这里，某个经历风吹日晒、躬耕于田地的人，很可能是土壤研究领域的博士。在诺克顿投资先进的现代机械的同时，我们也在研究最天然的方法以滋养土壤，从而使农场摆脱对化肥的依赖。

许多不关注农业的人很可能对农业和科学的结合产生怀疑，然而，今天的创新越来越多地来自大自然本身，这些创新对土地和野生动物有益而无害。

这样做的原因很重要。在诺克顿，我们可以用所谓的“绿肥”或促进土壤肥力的植物来改良土壤。这些作物被称为“覆盖作物”，通常在夏季收获和来年春季播种之间种植，通过保留氮、减少土壤侵蚀和控制杂草来改善土壤，从而避免使用除草剂。我们已经做了大量的研究和试验，以找出最有效的覆盖作物配方。这里不需要农药和化肥，植物群和动物群就会大量繁殖。我们的目标是建立健康的平衡状态，这样我们就可以种植大量健康美味的食物，同时让大自然生机勃勃。

穿过诺克顿，你会看到棕色的野兔在田野上奔跑，秃鹰和红隼在追逐兔子，猫头鹰在日落时从我们做的几百个盒子里探出脑袋。我们的林地里有无数的蝙蝠和蜻蜓，也有很多生性腼腆的动物。

我们没有在马铃薯地里喷洒杀虫剂来预防害虫，特别是蚜虫，而是将一排排马铃薯植物与草甸花散播在一起。这需要减少一定比例的马铃薯植株，但草甸花吸引了以蚜虫为食的瓢虫，因此保留了更多的马铃薯。这些花还吸引了蜜蜂、其他重要的传粉者和以昆虫为食的鸟类。

我们还种植了树篱，来保护表土免受林肯郡平原上的强风侵袭。树篱也是鸟类的避风港，当然它本身就是一道靓丽的风景线。我很高兴，这里既漂亮，又是最有生产力和最可持续发展的农田。

在格洛斯特郡和萨默塞特郡农场，我们正在干石墙协会的帮助下重建 24 千米长的科茨沃尔德干石墙。我喜欢这样的工作场面——我们有一个只在墙的一侧就可以建造干石墙的工匠。这听起来似乎没什么大不了的，除非你能想象到它的麻烦，如果没有这名工匠，我们就必须不断翻到墙的另一侧，以及必须在每一侧都放足够的石头。我们那位工匠只需要在一侧放一堆石头。我钦佩这种工匠技艺。干石墙不用砂浆建造，它的建造成本很高，尤其是在专业工匠十分紧缺的情况下。

当我们住在科茨沃尔德时，戴尔德丽和我试图建造一堵 1.8 米高的石墙。在我们重建它之前，它在一场暴雨中倒塌了。那时我们还没有理解干石墙的微妙结构。后来我们学习并重建了它。这些石墙有很大用途，自青铜时代以来一直如此。它们充当领土边界，在烈日、狂风和大雪中为绵羊提供庇护，也是许多苔藓、地衣、小型鸟类、哺乳动物、无脊椎动物、蜥蜴、昆虫和野花的家园。你会在那些很难建立树篱的地方看见它们。干石墙是英国风景中美丽而经久不衰的一部分，在科茨沃尔德和约克郡山谷的一些干石墙已经有数百年的历史了。

保护和开发野生动物资源，同时保持自然平衡，实现有效耕作，这是做好土地管理的一部分，也是我们的宗旨。在这方面，我们的巨型联合收割机就很令人激动。它们采用了最新的数字技术，能够以农民之前无法想象的精度在田地里耕作。我们将 GPS 和信标系统结合使用，才促成了毫米级的精度。无人机对我们田地的每平方毫米进行勘测和地图绘制。这些数据会被编程到联合收割机中，使它在收割时能绕开地面上鹳、田鸡和近乎灭绝的沼泽鹞的巢穴。我们看到诺克顿和卡灵顿的沼泽鹞数量显著增加。通过运用最新技术，我们在让鸟类茁壮成长的前提下，不断提高农业效率。

我们的拖拉机和收割机还可以精确地播种、施肥和收割庄稼，这意味着浪费会很少。我们可以在让大自然生机勃勃的同时提高农业效率。对我来说，这一切再正常不过了。我绝不是一个穿着粗衣的环保主义者或过激的环境还原专家。我也不打算成为这样的人。相反，我的目标是成为一个种植尽可能多的优质食物、高产且有利可得的农民。此外，在发明、创新和科技的帮助下，我可以和我的同事们一起重塑农场，使人类的需求与自然的需求保持平衡。

人们很难忽视最新的农业机械。例如，收割机是结合机械和数字技术的巨大且高度复杂的机器。我们有几台克拉斯联合收割机，它们来自德国。事实上，克拉斯公司发明并制造了欧洲第一台联合收割机。然而，在 20 世纪 30 年代初期，克拉斯兄弟四人的生意却很难得到德国农民的支持。

他们面临着亨利·福特曾遇到的难题。“如果我当年去问顾客他们想要什么，”福特说，“他们肯定会告诉我，一匹更快的马。”福特带来了安全可靠且价格合理的汽车，农民们如鱼得水。奥古斯特·克拉斯（August Claas）带头挑战德国农村的守旧者，他说：“那我们先自己做出来吧。”于是，他们兄弟四人合作设计并制造了联合收割机。当农民们看到功能强大的克拉斯联合收割机时，他们当然想要了。

这让我想起了自己的经历，当时的吸尘器制造商拒绝了我的无尘袋吸尘器原型机。如果你对自己的发明有信心，你必须尽力为它付出，这既是为了证明自己的想法是对的，又是为了改变市场，让市场接受它。克拉斯兄弟彻底改变了欧洲农业。但在 1943 年，他们不得不放弃生产，因为当时纳粹德国正面临绝境，战斗机、坦克等武器的价值高于最新的农业设备。费迪南德·保时捷设计的采用气冷式发动机的大众汽车也遭遇过同样的待遇。最终，英国人看到了克拉斯兄弟联合收割机的重要性，纳粹政权倒台后不久，也是英国人的订单使这家公司重回正轨。

克拉斯联合收割机高效可靠，但并不便宜。迄今为止，我们投资了 1.1 亿英镑，其中一部分用于购置机器。机器的成本远远超出了土地购买成本。2020 年 8 月在《泰晤士报》上刊登的一篇文章有点令人恼火：8 月是全国新闻业最无聊的季节，这篇文章大肆渲染说我为了避税而购买农田。

著名军事历史学家马克斯·黑斯廷斯（Max Hastings）爵士在

那篇文章中写道：“那些只在农村投机的亿万富翁们应该将眼光投向石油期货和吸尘器。”我在给报纸的信中说，我认为这“侮辱了我在农场雇用的 169 名聪明而敬业的人……他们一门心思地推进业内最先进的技术，我们应该祝贺他们正在取得的巨大进步”。

我还在信中罗列了我们一直在采取的举措，以及我们为改变英国农业，使之更好地服务于消费者、农村和农民自己而付出的努力。

“如果这是避税，”我写道，“我为什么要为这一切操心呢？有更简单的办法能解决问题！”我那时刚好向英国财政部交了一大笔税。按照他们的说法，我一定是疯了才会不辞辛劳地投入巨资，进行这种卓有成效的新商业冒险，去雇用这么多人。值得称道的是，《泰晤士报》的编辑约翰・威瑟罗（John Witherow）派特稿记者爱丽丝・汤姆森（Alice Thomson）来看看我们在做什么，结果她看到了一幅生动而真实的戴森农场画面。

戴森农业发展迅速，已经成为英国最大的农业企业之一。我们不想为了名头而扩大规模，我内心深处也没有太多要尽可能多地保存、保护和培育好这片英国农田的浪漫主义情怀。我们是想从规模经济中获益。

规模越大，伴随的可能性和责任就越来越多。例如，我无意成为房东。当我们开始购买农场时，我想要的是没有住宅区的土地。不过，我们现在在农场里拥有大约 300 处房产，其中 180 处可供出租。我们在多余的农场园区修复谷仓、砖块和燧石建筑，每一处都经历了高标准的翻新。我对诺福克北部的燧石、砖瓦和瓦片农舍印象很深。林肯郡的农场建筑与那里很相似，能够修复它们并将它们变成我们在旧农场的家庭住宅是一件令人愉快的事情。

在林肯郡农场，我们建造了两座沼气发电厂。它们从玉米等作物和农场废料中产生沼气，为奥地利制造的 1 119 千瓦的颜巴赫发动机提供燃料。我们用沼气发电厂产生的热量来烘干谷物和加热温室，以及发电并输送给英国国家电网。尽管发电厂的机器需要经常保养和定期维修，但它们能全天候运转。沼气发电厂还为农场生产有机肥料。我们院子里还有排水系统。卡灵顿庄园沼气发电厂里的多余热量和气体通过排水系统释放热量，使我们能够在新大型温室里种植反季草莓，并烘干粮仓中的谷物。

由荷兰承包商建造的金银花结构的温室，是约瑟夫·帕克斯顿（Joseph Paxton）设计的水晶宫的轻量级现代版本。这个温室的设计目标是每年从 70 万株草莓中收获 750 吨草莓。现在，零售商在冬天不需要购买国外采摘的草莓了，而草莓也无须漂洋过海才能到达英国的家庭、餐馆和酒店。在戴森，我们每时每刻都努力让我们所做的每一件事都富有成效，以更少的资源做更多的事，并创建一个循环生产系统。我们的目标是通过该系统回收利用一切，无论在农场还是在工厂，我们都是这样做的。

当然，我们还有很长的路要走。我们还需要在视觉系统和机器人技术方面取得新的突破，戴森农场目前仍需要熟练的工人来分拣土豆和挑选草莓。到现在为止，人类的眼睛和手可以比机器更快地发现未成熟的草莓或坏掉的土豆。

那么，我们的农场能给戴森其他业务带来什么？一个答案是我们每年生产的数百万种产品有可能使用新材料。我们的科学家和研究工程师正在努力寻找材料方面的长期解决方案。土地至少可以提供一种思路，即玉米淀粉。玉米淀粉来自土壤中生长的植物而不是土地本身，它是可持续的。多年来，从玉米淀粉中提取聚乳酸（PLA）已成为可能，我们日前正在用甜菜生产聚乳酸。这是一种碳中和与可生物降解的替代石油基塑料。在农场种植有机塑料的想法听起来很令人兴奋，不过现在还为时过早。虽然 PLA 被越来越多地用于制造食品容器、包装甚至茶包的商品塑料，以及用于 3D 打印，但它不适合作为工程塑料制造吸尘器和吹风机等。

我想说，如果你能预见到戴森在 5 年、10 年、20 年或 100 年后的发展，无论是我们的产品还是我们的农场，情况都会大不相同。这一切都非常令人兴奋，我们应该有理由保持乐观。

此外，我对我们现在正在做的一些事情也有所保留。在我看来，一直有一个问题，即生产能源是否胜过生产粮食。比如，我们应该投入多少精力和资金用于发电？一方面，我们可以生产“生物电”这一点是令人满意的。另一方面，我们是否应该种植玉米供给沼气发电厂，而不是用土地种植农作物养活人们？这是值得怀疑的。尽管如此，我们还是很好地利用了热能和废料副产品。

当然，我也有自己独特的喜恶。我讨厌风力涡轮机，它们会破坏景观，杀死鸟类和昆虫，但是林肯郡海岸的巨大风力发电场与英国国家电网相连，就在我们农场大片土地的上方，我们对此无能为力。

我也讨厌太阳能电池板。你会看到它们毁坏建筑物，并横穿在更适合种植粮食的田地上。某些时髦观点认为，英国乡村应该变成户外乡村休闲中心，让人们四处游览，沉浸在大自然中，以鲜花代替庄稼。我对此感到困惑。谁将为此目的耕种数百万公顷的土地？用我们自己的食物养活我们自己的国民难道不是最重要的吗？这就像“英国不需要或不想制造”的论点。当我们选择种粮食时，我们确实生产得非常好，但规模太小，不足以阻止英国从世界各地进口大量原本没必要进口的主食，更不用说那些异国情调的水果和蔬菜了。

我们为什么要指望贫穷国家的人们为我们种植粮食呢？他们原本应该解决自己的粮食问题，特别是那些缺水或因种植而肆意砍伐森林的地区。有人认为，英国人既不想在工厂做苦力，也不想在土地上劳作。然而，这正是发明、创新和科技能够真正帮助我们的时候。我们将越来越依赖数字技术和机器人技术来为我们耕种，与此同时，我们将与自然和谐相处并从中学习。我完全无法忍受英国农业走上英国制造业的老路。

INVENTION

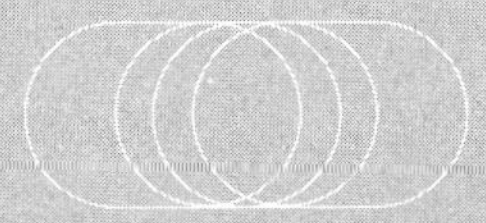

第11章

教　育

INVENTION
IS A
HUMAN
IMPERATIVE.

发明是
人类的
当务之急。

我在马库制作了 5 127 个气旋吸尘器原型机，除了最后一个之外，其他的都失败了。然而，在努力解决问题的同时，我也经历了一个自我教育和学习的过程。每一次失败都教会了我一些东西，促进我向可行的原型机一步步迈进。了解到这一点以后，我每天都在质疑和学习。当然，这就是工程师们所做的，他们小时候通常是好奇心重的孩子，会把玩具、钟表、收音机，甚至是运用最新技术的装置拆开，但不一定能把它们重新组装起来。

在学习和实践过工程学之后，没有什么比亲眼看到一次测试失败更有启发性的了。这就是为什么戴森没有技术员。我们的工程师构建原型机，然后严格测试它们，以便正确地理解它们是如何失败的以及为什么会失败。制作零件并进行测试的行为非常重要，它能让你发现用不同方式做事的机会，让你有希望做得更好。

在实践中学习、重复学习、通过失败来学习，这些都是行之有效的教育形式。但我的观点是，随着变革和竞争的加剧，对所有领域中初出茅庐、着眼未来的工程师而言，从踏进学校开始的教育是必不可少的。自从戴森成为一家全球科技公司以来，我更加坚定这一观点了。我认为，我们错过了一个巨大的机会，那就是忽视那些对不接地气的学术理念毫无兴趣的年轻人。

年幼的孩子喜欢制造东西。通过双手来实现想法、表达自我符合人们与生俱来的好奇心和探索欲，却常常被那种认为天生的创造力没有任何好处的教育体系所扼杀。父母和学校被驱使着让孩子读高中、上大学，且教育系统的运作形式更偏重于智力开发，这些在英国尤其严重，讽刺的是英国还曾是工业革命的发源地。由于学生面临着升学考试的压力，制作东西会被认为是浪费时间。

由于这种观念普遍存在，设计和技术在学校课程中的地位非常低。学校在这方面往往欠缺足够的设备，同时合格的老师也少之又少，结果就是工程师严重缺乏，以及人们普遍认为工程师和技术员在职业选择与社会地位方面明显不如银行家、网红博主以及品牌经理。

然而，全球经济正在以前所未有的速度迅速发展。在新技术的驱动下，经济发展需要大量技能水平高、创造力强的工程师。机器人技术、视觉系统、信号处理、机器学习、计算机架构和系统，以及空气动力学、声学、热力学和结构分析等都需要工程师。当然，我们可以下定决心不接触这个新世界，只顾自己的一亩三分地。然而，无论这个提议多么有吸引力，都不会改变第四次工业革命还将持续下去的事实。

第一次工业革命时期，铁路被用于运送货物和教会传教。和现在一样，寻找合适的工匠和工程师来修建铁路也面临着严峻的挑战。在技术教育方面，英国政府行动迟缓，铁路公司和它们的员工不得不自行解决这个问题。19 世纪 30 年代，苏格兰出现了第一家机械工程研究所。在接下来的 10 年里，研究所逐渐增加，并开设到了英国南部边境。1855 年，大西部铁路公司在斯温顿开设了机械工程研究所。这个研究所的哥特式复古建筑也许更像一个教堂，而不是一个工业车间。这一点意义重大，因为那时人们对铁路有一种宗教般的狂热。而大西部铁路公司的这座研究所建筑则是所有铁路“教堂”中最高的。

这些学院也是学习、娱乐和提供社会福利的场所。斯温顿机械研究所以拥有英国第一家借阅图书馆而自豪，其综合医疗保健体系更是第二次世界大战后英国国家医疗服务体系的典范之一。我的教父在战争期间经营过一段时间的大西部铁路集团公司。这些研究所也得到了工业慈善家的资助，包括世界著名铁路工程师罗伯特·斯蒂文森（Robert Stephenson）、蒸汽锤和打桩机的发明者詹姆斯·内史密斯（James Nasmyth）以及机床师约瑟夫·惠特沃斯（Joseph Whitworth）。约瑟夫·惠特沃斯创办的惠特沃斯机械工程进步奖学金至今仍在颁发。这笔钱来自他 1868 年向政府捐赠的 12.8 万英镑，相当于现在的 700 万英镑。

英国公众普遍意识到新工程技术取得了巨大进步，这不仅是因为铁路时代的到来，也是因为 1851 年举办的大型展览，即首届世博会。全英国有三分之一的人参观了这次展览。展览在一座真正具有革命意义的建筑——帕克斯顿设计的水晶宫里举行，展览内容包括生产工艺和正在运行的机器，以及大量英国制造的出口到世界的产品。展品总共有10万件，而参观者则数以百万计。那时人们家里还都是用臭气熏天的土厕所，但在这次展览中他们惊奇地看到了一种自动投币式的冲水马桶。

这次展览获利丰厚，收入被用于建立维多利亚与艾尔伯特博物馆、自然历史和科学博物馆，以及帝国理工学院、皇家艺术学院、皇家音乐学院和皇家阿尔伯特大厅。这使得高水平的公共和职业教育达到了前所未有的规模。迄今为止，1851年展览委员会颁发的研究生奖学金资助了13位诺贝尔奖获得者。我之前曾在这个委员会任职数年。

与此形成鲜明对比的是，2000年的千禧年展览会却没有出现什么颠覆认知的东西。在建筑师理查德·罗杰斯设计的宽敞可爱的格林威治“千年穹顶”里，那场耗资巨大的展览会却没有什么特别新颖或值得一看的内容。那场盛大展览本意是为大肆宣传的新千禧年而举办，但它没有展现出深度，没有工业成果，也没有任何吸引人的魔力。千禧年展览会很难对未来的诺贝尔奖得主起到激励作用，更不用说资助他们了，它只是一个由雄心勃勃的政治家牵头建立的面子工程罢了。总而言之，它花费了10亿英镑，却没有教给我们任何东西或给我们带来启发，也没有留下什么可以传承的。1851年的首届世博会有三分之一的英国人参观，但千禧年展览会只有不到十分之一的英国人参加。想象一下，如果把这笔钱花在奖学金上，对那些致力于为全世界数百万人创造创新理念、更好产品和更幸福生活的年轻人来说，会有多好。托尼·布莱尔的新工党政府在 1997 年执政时继承了“千禧经验”项目，我曾期望它取消该项目，转而建设社会急需的新医院。

从某种意义上说，千禧年展览会反映了英国在科学、工程和技术教育等方面所做的努力，远远达不到千禧年所需的规模。这种问题的出现可以追溯到第二次世界大战结束时，当时一项新的教育法案明确规定了新一代儿童的教育方式。这一法案规定要开办一些经过严格筛选的、旨在为大学培养年轻生源的文法学校，为那些缺乏学术天赋的人开办现代中学，以及为培养新时代技术人才开办技术学校。理论上这些新时代技术人才将会弥补工程师和技术工人的巨大缺口，因为 1939 年至 1945 年，成千上万的工程师和熟练技术工人被杀害了。

但是实际上，只有寥寥几所技术学校真正建立起来。有些学校花了太多的时间试图模仿文法学校的教育方式，还有一些学校则转而教女孩们如何做饭和管理家务。而且不论何时，这类学校都没有足够多的合格教师。此外，这类学校及其课程也面临着工会的强烈敌意。当时工会势力强大，它们将“技术员”视为工业学徒不必要的竞争对手。仅有不超过 3% 的英国学生就读于技术学校。而在工会抵制日渐消退的当下，新一代综合性学校在“设计和技术”课程方面依旧无法提供什么帮助，至少大部分学校是这样。学校的“设计和技术”课程均面临课程资源不足、地位低下的情况，课程所需的所有帮助均需要通过外部获取。

当然，我们的中学和大学需要教授哲学、伦理学、纯粹数学等科目，音乐和艺术也应该是必修课。然而，为了使知识经济和互联经济顺利运作，工程师严重不足的问题必须加以解决。但是，近年来教育越来越关注年轻人的考试成绩。这种像鹦鹉学舌般地，在考试中复述书本内容，然后转头就忘的方式是错误的。这种方法可能适合某些专业，虽然我想不出是哪一种，但对于需要解决问题的学科，比如工程，它根本行不通。学校考试成绩好的人不一定是工作出色的人。学生按照教科书的思路学习会得到奖励。如果他们独立思考或者质疑教科书上的知识，考官就会给他们打低分。

我喜欢协和式飞机工程师的故事。尤其是在超音速客机的早期设计阶段，他们制造纸飞机，并在绘图室里扔纸飞机，测试对理想机翼的设想。其中一些纸飞机模型保存在南肯辛顿的科学博物馆里。老师和考官可能都不赞成在课堂上扔纸飞机，但这件事是一个让人愉快的提醒：扔纸飞机可能会引导一些年轻人做出有史以来最伟大的设计。

孩子似乎天生就有制造、实验和玩耍的欲望与能力，这是很多成年人都没有的天赋。尤其是在未来的机器人领域，人类需要比以往任何时候都更有创造力，去梦想、发明和制造一些机器用算法难以想象和塑造的东西。弗兰克·惠特尔就很好地印证了，无须擅长学校考试也能改变世界。他 15 岁离开学校后，成为一名试飞员。他一生都在不断学习、顽强奋斗，首先在剑桥获得双学位，然后发明了喷气发动机，改变了航空业的进程，并由此改变了我们的生活。

教育应该是教导学生解决问题，而不是仅仅为了通过考试而死记硬背。解决问题是年轻人天生就擅长的事情。由于工程师非常短缺，我们需要找到一种教育年轻人的方法，使工程领域展示出它原本的精彩。仅在英国，我们就急需大约 60 000 名工程师。部分原因是学校不教授类似学科，而且有太多年轻人觉得这一领域不适合他们。工程确实是关于建造桥梁、隧道的，也许还包括飞机，这些都是令人兴奋的工作。但当今工程的内涵不只这些，它还涵盖广泛且综合的领域，包括软件、机器人、视觉系统和虚拟现实。它的主题可以是帮助年长者、体弱者和病人，也可以是清洁海洋和环境，开发可持续的材料，使用较少的能源发明新的产品，构思生产能源的材料，当然，还可以发明尚不存在的东西。

可悲的是，鲜有媒体鼓励年轻的工程师走这条令人兴奋的道路。在英国，社会上下仍然对制造业抱有轻视、厌恶的态度。人们无法自己更换插头、修理割草机或在墙上钉一幅画，往往被视为文化高雅和社会优越的标志。然而，我们的类人祖先在大约 300 万年前发现工具时就开始了发明和创造的故事，并在此过程中找到新的方式给自己提供食物和衣服，创造新的住所形式。从那时到青铜时代，发明和创造的进展似乎很缓慢。然而，受到古希腊和古罗马的伟大文明洗礼，它加快了进程，途中虽遭遇一些小插曲，但在工业革命之前爆发出一股发明的狂潮。从那时起，尽管战争、恐怖主义和倒退的意识形态一次又一次地动摇着基于善意的技术进程，但发明总会催生新的发明。

如果数百万年前人们没有首次发明手动工具，后来就不会有电灯、电话、自行车、公共汽车、火车、汽车、飞机，更不用说计算机、人造重力和宇宙飞船。因此，发明是人类的当务之急。虽然发明的道路上充满了失败，但只要对制造新事物坚持不懈，无论是印刷机、蒸汽火车、电话、电视、喷气发动机、万维网，还是无袋气旋吸尘器，你就会守得云开见月明，还会为潜在的数十亿人带来前所未知的利益。

对于热爱发明的人来说，发明的动力无法抗拒。发明家本意并不在于赚钱，如果他们想要赚钱的话，那他们的梦想通常不会实现。至于孩子，他们需要一边学习，一边实验和玩耍。有时他们会在学校或者家里顺手制作一些方便实用的东西。同样，他们可能会做一些看起来很有趣但不太有意义的东西，或者至少现在还不具备什么意义。

今天的年轻人对可持续发展和关爱地球的议题有着自己的想法。通过戴森设计大奖，我们看到年轻工程师有能力发明新的解决方案：我们需要更多学习了科学和工程的年轻人来解决问题，而不需要那些每天哗众取宠的社会活动家。我们希望年轻人能够富有想象力地思考，并打破固有知识的藩篱，戴森想要的年轻人就是这样的。尽管颠覆性的想法不能保证成功，但它与市场研究、商业计划和战略投资不同，它可以通过直觉、想象力和冒险精神彻底改变公司及其财务状况。

我在皇家艺术学院的时候，政府常常将制造业视为踢来踢去的政治皮球，而不是创造力的熔炉。在失业率高得令人无法接受的地区，工厂是降低失业率的有效工具。中央政府对就业困难地区的新兴制造厂给予了慷慨的资助。然而真正的问题是，尽管政府拨款使得企业乐意在远离其核心业务的地方建造新工厂，尽管有一些成功案例，但工厂真的可以在这些地区立足吗？在大多数高失业地区，当地劳动力不具备相应的职业技能，或习惯于以截然不同的方式工作，当地政府也没有对技术教育进行适当投资。

比如，1963 年，鲁兹集团（Rootes Group）在格拉斯哥附近建造了新的林屋工厂（Linwood plant），用于生产希尔曼顽童小轿车。这款车是亚历克设计的 Mini 汽车的主要竞争对手。林屋工厂创造了 6 000 个就业岗位，但结果非常糟糕。它的失败经历让鲁兹集团在经济上举步维艰，这家历史悠久的英国汽车企业集团最终被美国汽车业巨头克莱斯勒收购。林屋工厂于 1981 年关闭，数千人被迫失业。在希尔曼顽童匆忙投入生产后，从克莱德河多余的造船厂抽调来的工人在汽车工程方面能力不足，汽车制造做得非常糟糕。从爱丁堡公爵把第一批汽车开出工厂的那一天起，劳资关系就一直不好。林屋工厂的故事显示了政府对工程和制造业漠不关心、丝毫不了解，他们在工业中玩弄政治，这对商业和人与人的关系都会产生巨大危险。时至今日，很少有国会议员在工厂工作，也很少有人在工厂工作过。他们的整个职业生涯都是全职政治家。

在 2002 年，在公司的资助下，我们成立了詹姆斯·戴森基金会。我们这么做，一方面是为了提高人们对工程学的认识和理解，另一方面则是因为我对教育感兴趣。我们做的第一件事就是回到中小学之中，鼓励年轻人，带着他们一起畅游工程技术的海洋，分享我们的兴奋和激动。

我们首先参观了当地学校，之后我们年轻的戴森工程师开设了“大师班”。参观韦斯顿伯特学校时，我们发现，在设计和技术课上没有可以做实验的产品。于是，我们把吸尘器送到学校，自己开班，让学校的课程更精彩、更有针对性。我们了解到，让年轻人解决问题真的可以让他们兴奋起来。这一发现是一个巨大的转折点：这就是年轻人的思维方式和工程学之间的关键联系。

我们寄出了大约 1 000 个“Roadie”盒子，盒子上贴着写有“首先发现问题”的标签。其中还包括“挑战卡”，要求学生接受当时流行的挑战，如弹珠赛、气球汽车比赛和水下火山。与此同时，我们开始向学生介绍天才发明家、工程师以及发明的世界。我们介绍了猫眼，它是一种解决汽车前照灯夜间不亮的辅助装置，能帮助我们在夜间驾驶时保持行车安全；还介绍了小轮山地自行车、凯夫拉碳纤维、特斯拉线圈、测地线圆顶、计算机程序、记忆泡沫、美国发明家爱迪生、可塑胶水苏格鲁、挡风玻璃雨刮器、工程师伊桑巴德・金德姆・布鲁内尔、魔术贴、拉链和智能叉车。

2000 年，托尼・布莱尔在宣布新的“学院”计划后不久，问我是否考虑参与这一项目。这些是独立于教育部的州立学校，旨在提高市中心的教育标准，由企业管理，企业需提供部分资助。考虑到可能的挑战和我们的兴趣，我说“是的，我很乐意”，并承诺为这个项目提供 1 200 万英镑。

我们想要建立一个六年学制的职业技术学校，为当地的高等学府巴斯大学和布里斯托大学提供生源。这两所大学都拥有优秀的工程学院，并教授年轻人设计、技术和工程。巴斯市议会建议我们买下老斯托瑟特和皮特码头的起重机工厂，重新开发这一地块。巴斯早年生产的新式蒸汽和电动起重机早已成功销往世界各地。

我们买下的地方位于下布里斯托路，面朝埃文河，离杰里米在 20 世纪 60 年代建造的罗托克总部很近。巴斯市政府表示，他们非常希望拆除这座维多利亚时期的工厂。我们请克里斯·威尔金森设计了一个新的建筑方案。这座工厂原先的设计师托马斯·富勒（Thomas Fuller）当时已经从巴斯搬到了加拿大，他设计了位于渥太华的加拿大议会大厦。我们收到了几封来自加拿大和其他地方的抗议信。

我去英国遗产协会（English Heritage）拜访负责“挂牌”的尼尔·科森斯（Neil Cossens）爵士，试图说服他们不要把这座建筑挂牌。因为挂牌意味着必须将这座建筑费劲地恢复原状，不能拆除。他告诉我，巴斯市议会，也就是那些要我们拆除它的人，在两年前就申请了这座建筑物的挂牌资格。

克里斯·威尔金森设计了另一个方案，将托马斯·富勒的工厂合并进来。时间一分一秒地流逝，费用一分一毫地增加，我们满足了市政府的所有规定和要求，包括建造一座新的河堤、一条供行人使用的路边拱廊、一条人行道，以及一座横跨埃文河的供消防车使用的桥。在这时，虽然我们已经有了一个出色的设计方案，但令人奇怪的是，巴斯市议会出尔反尔，要求我们与巴斯斯巴大学共享场地。我说这个地方不够大。市议会随后要求对整个地块进行密封投标。谁愿意出最高的价格呢？但是，我们输给了巴斯斯巴大学，这让我们又陷入了困境，而更令人无语的是仅仅 6 个月后巴斯斯巴大学就退出了这一项目。

我们真的被人耍了，但情况也变得更糟。我还没来得及在市议会关于这一项目的公共规划许可会议上发言，就听到了环境署的长篇大论，谴责这一地点的选择和城市建筑师的设计，敦促人们投票反对我们的建筑。虽然投票结果显示我们获得了更多支持，但在对方城市建筑师的坚持下，这项计划被提交给了内阁大臣埃斯特尔·莫里斯（Estelle Morris）。市议会后来告诉我们，城市建筑师的意见是完全错误的。接到艾斯特尔·莫里斯的电话时，我正在中国，她说，很遗憾，结果无法改变。

我们在这个项目上花了 400 万英镑，投入了大量的时间和精力，而当我前往下议院去见布莱尔政府的教育大臣埃德·鲍尔斯（Ed Balls）时，这个项目最终走向终结。我想知道，政府是否还在认真对待巴斯学院这个教育项目，他说："没有。"至少，我们弄明白了政府的态度。

2010 年，工党政府被保守党和自由民主党联合执政所取代。新任教育大臣迈克尔·戈夫（Michael Gove）表示，他想重办巴斯学校。在这之前，我应新任首相戴维·卡梅伦的邀请撰写了一份报告，题目是"机智的英国：让英国成为欧洲领先的高科技出口国"，探讨了英国如何重新唤醒其“天生的发明才华和创造力”。

我在这份报告中完整地提出了自己的观点，以及英国一些主要的实业家、科学家、工程师和学者的观点。正如首相希望听到的那样，英国可以成为欧洲领先的新技术生产国，在工业、科学和技术领域创造更多的就业机会和财富。当时英国正处于经济衰退的深渊，政府显然过度依赖金融了。然而我们应当看到，截至 2010 年，英国已经培养出 116 名诺贝尔奖得主，仅次于美国，美国当时的诺贝尔奖得主为 320 人。而在 2010 年，美国人口是英国的 5 倍。

政府面临的最大挑战是如何营造一种科学、技术和工程备受尊重的文化。归根结底，这需要教育。我们需要像 10 年来一直在做的那样，在继续教育和高等教育中培养对科学、技术、工程和数学（英国课程中的 STEM 科目）有兴趣的年轻、有创造力的学生。

我曾表达过，如果能找到理想的学生人选，我可以一夜之间再雇用 3 000 名工程师。但他们并不存在。在调查中，学生们纷纷表示，他们想成为时装模特、网红博主、名人或仅仅是富人。但如果科学课程具有激情和创造性，学生们很可能会乐于在工程、科学和研究型公司工作。

除此之外，政府还需要将我们在世界知名大学的知识商业化，鼓励“蓝天”研究的实际应用，以创造世界一流的产品。我写到，必须有新的方式为高科技公司等提供投资资金，并为研发提供新的、坚定的支持。有了政府的长期愿景、关注和支持，英国才能凭借创新天赋推动自己走出衰退。2008年全球经济大幅下滑，但我会说，我们有非常非常聪明的头脑，还很执着，这实在太好了。

戴维·卡梅伦和财政大臣乔治·奥斯本随后将报告中的财政建议写入法律，核心是对研发支出的高额税收予以减免，减免额最高可达支出金额的220%。这样做的目的是让政府不必挑选那些众所周知的“金玉其外，败絮其中”的人，而是帮助那些真正投资于企业发展的人。在纳税年度结束时，把钱花在研究上的科技企业家，即使他们可能还没有纳税，也能100%收回他们花在研究上的钱。投资科技初创企业的人也获得了税收减免。初创企业不可避免地存在风险，制定这些措施是为了鼓励投资者支持初创企业，同时也为创业者提供所需资金。我很高兴地跟大家说，从2010年税收优惠政策出台到2018年，英国企业的研发支出翻了一番。

不管怎样，我们很高兴迈克尔·戈夫支持巴斯的学校，所以我们回到市议会，说我们得到了教育大臣的批准。因为学校的位置特殊，以及议会对消防桥架、河岸自行车道和许多其他附加设施的要求这个项目成本很高。但市议会拒绝了，他们有足够的学校。从那以后，埃文河遗址上就再也没有发生过什么事。但是詹姆斯·戴森基金会以一种平静而坚定的方式拒绝放弃巴斯。虽然我们与地方及国家政客的接触让人沮丧，但我觉得我们真的必须做点什么来证明设计和技术在学校中的价值。

2012年，我们决定将基金会的资助项目聚焦于5所巴斯学校，即拉尔夫·艾伦学校（Ralph Allen）、丘谷学校（Chew Valley）、海斯菲尔德女子学校（Hayesfield Girls）、威尔斯威学校（Wellsway）和莱斯灵顿学校（Writhlington）。学校投入了四分之一的资金支持我们。我们把现实生活中的工程技术，以及 3D 打印机和激光切割机等高科技设备带进了教室。该项目持续了 6 年，在此期间，巴斯学校对新设计和 GCSE 技术课程的接受率从 23% 上升到 32%。2012 年，只有 16% 的女孩选择了设计和技术，但 2018 年这一比例高达 38%。

该项目向学生们介绍了工程的真正含义，使他们有可能将来从事工程类职业。在参与项目的女孩中，表示有兴趣成为工程师的有三分之一。课程成功的地方在于学生们对他们未来可能从事前所未有的工作感到兴奋，因为到他们离开大学的时候，科技已经有了巨大飞跃。此外，这些设定的项目还能解决现实世界的问题，并与学生生活息息相关。喜欢这些课程的老师们发现，它们有助于提高学生的数学和物理能力。

到了第三年，我们真的觉得自己取得了一些成就。学校、学生和老师都不受国家政策的不利影响。对于我们和学校来说，这一切仿佛是一次冒险，非常令人兴奋。但当我们在 2015 年与政府交谈时，身为教育大臣的迈克尔·戈夫正忙于削减全国各地学校的设计和技术课程。这导致当年学习设计和技术课程的学生人数暂时下降。我认为，这更多的是因为父母担心学这些课程无法帮助孩子考大学，而非学生自己的态度。这一数字在 2017—2018 年再次回升。在基金会与巴斯 5 所学校合作的 6 年中，整个英国设计和技术课程接受率下降了 54%。这非常令人难过，我觉得应该让大家知道。

40% 的英国雇主报告说，科学、技术、工程和数学专业学生短缺。社会显然迫切需要更多的工程专业毕业生，但迈克尔·戈夫继续将重点放在英语学士学位和学校的核心科目上，而牺牲了设计和技术课程。经费削减使情况变得更糟。与其他基于教科书的课程相比，设计和技术是一门昂贵的课程，因为它需要工具和设备。学校很容易通过放弃设计和技术课程来大幅削减预算。因为一部分政策原因，申请英国大学工程课程的学生不再需要达到设计和技术 A 级水平。这意味着学术与实际研究和制造进一步分离，就好像设计和技术只是属于男孩们的小打小闹，在学术上既不严谨，也没什么挑战性。

2010 年，戴维·卡梅伦邀请我加入首相商业咨询小组，我做了 5 年。我们每 3 个月在唐宁街 10 号会面，讨论企业面临的问题。当然，我代表了工程、技术和制造业，不断强调社会需要更多工程师以及技术对创造出口的重要性。我也是私营企业的唯一代表，而私营企业在政界总是被忽视。在政界，上市公司和游说团体英国工业联合会拥有强大的话语权。

有一次，迈克尔·戈夫参加了在威斯敏斯特举行的首相商业咨询小组会议。我不能说太多，但我毫不犹豫地表达了我对设计和技术课程降级的沮丧。我能做什么？基金会能做什么？ 2016 年，我去威斯敏斯特和高等教育与科技国务大臣乔·约翰逊（Jo Johnson）会面。会议一开始就很糟糕，因为我去了厕所，发现英国政府大楼里安装了外国品牌的干手器。它比不上戴森，用完之后我的手还是湿的，所以我又开始抱怨了。我不知道他后来是否换过干手器，但值得称赞的是，乔·约翰逊开始解决工程师短缺的问题。如果我在教育系统中找不到任何学校来提高工科毕业生的数量和质量，那我为什么不自己创办一所大学呢?

当时，乔·约翰逊正在通过议会制定他备受争议的高等教育和研究法案。如果这项法案通过并实施，它将赋予新的教育提供者授予学位的权力，那么戴森就有机会了。我虽然对从零开始创办大学的想法感到非常兴奋，但完全能意识到约翰逊法案的危险性。全国学生联合会对此表示反对，称之为“教育市场化”。由牛津大学校长彭定康勋爵领导的上议院持有明显的反对意见，理由是相同的。巴斯大学、剑桥大学、牛津大学和伦敦帝国理工学院也对乔·约翰逊的法案表示不满。

我也很清楚将大学变成大企业的危险性，校长将扮演首席执行官的角色，管理人员会追逐高薪。我也不认为我们扩大规模吸引外国留学生，是图他们的钱而不是为了吸收他们的文化和知识。我觉得仅仅追求眼前利益是错误的。

我与政客的接触基本上不太愉快，尽管有所疑虑，我还是决定要满怀热情。在戴森，我们当然有充分且非常重要的理由来接受约翰逊的倡议。多年来，我们一直在大量招聘毕业生，当你在马姆斯伯里的校园漫步时，你会感觉它更像一所大学，而不是一家公司。戴森员工的平均年龄不大，我们工作很卖力，但我们也很愉快。

如果我们只在狭窄的工程领域开展工作，开办大学的想法根本不会奏效。但是由于我们跨学科工作和研究，我认为我们可以在诸多方面为潜在的本科生提供正确的经验，如流体动力学、新技术电池、软件、新马达技术、涡轮机开发、人工智能、算法、电子、机器人、空气动力学等。我们还有一些土地可以用来建一个大学园区。

我们联系了一些大学来合作，因为在最初几年，我们不可以自称大学或授予官方认可的学位。但那些大学拒绝了。罗素大学集团这一由研究型大学组成的大学集团，对我们进入大学教育领域表示了一些担忧。考虑到我们是这一领域的无名之辈，这似乎很奇怪。华威大学制造工程学院（WMG）敢于与我们合作。这个庞大而有影响力的学院与行业的研究和教育项目合作十分密切。它的主要创始人之一是库马尔·巴塔查雅（Kumar Bhattacharyya），即后来的巴塔查雅勋爵，一位英国印度裔工程师、教育家和政府顾问，他为我们扭转了局面。从那时起，我们只对华威大学赞不绝口。

这一切都发生得非常快。在我与乔·约翰逊会面后的 18 个月内，我从基金会初步支出 3 500 万英镑成立了戴森工程技术学院，并收到了第一批 44 名本科生。他们都是来自英国各地的拔尖的 A 级候选人。他们选择了我们，所新成立的、有风险的学校，而不是伦敦帝国理工学院、牛津大学和剑桥大学等名校。在马姆斯伯里看到这些朝气蓬勃的年轻人，我感到既欣慰又激动。2017 年，BBC 广播 4 台一播出我们学院成立的消息，就有 900 人申请这 44 个名额，我们完全没有预料到。

我们确实有一些吸引人的地方：不收学费；本科生每周在戴森工作 3 天，与年轻的戴森工程师一起从事真正的研究项目，领取适当的薪水，剩下的 2 天上课。当第一批本科生在 2021 年完成四年制课程时，他们应该是没有债务的。大多数英国毕业生在走上社会的那一刻就背负着巨额债务，这让我觉得不太正常，也令人悲哀。我们的毕业生将认真学习，以工作谋生，并获得丰富的经验。他们不会与戴森捆绑在一起，毕业后他们可以去喜欢的地方。他们在经济上什么都不欠。但我还是希望尽可能多的人愿意和我们在一起。

从零开始创办大学的想法带来了许多问题，既包括实践问题，又包括场地问题。让本科生住在哪里呢？我请克里斯 · 威尔金森设计一个马姆斯伯里的学生住宿方案。他的第一个设计方案是学生区块楼。我希望学生们来到马姆斯伯里加入我们时，觉得自己是独立的个体，住在让自己有感觉的房间里。我希望宿舍是建在工厂里的，并且与我们制造的产品有关联。

我想起了加拿大蒙特利尔世博会上名为“Habitat 67”的参展建筑，它由建筑师摩西 · 萨夫迪（Moshe Safdie）设计，这种混凝土盒式公寓以直角并列，一个悬在另一个之上，相互叠加。我们的公寓用交叉层压木材，作为地板、天花板和墙壁，制成矩形盒子。交叉层压木材是一种永续材料。绝缘层放在盒子的外面，整个结构用铝包裹。交叉层压木材能从大气中吸收碳，而且这种材料具有极好的隔热性能，我们几乎不需要额外供暖，因此我们的学生宿舍具有绿色可持续性。

因此，我和克里斯·威尔金森商定了一些新设计：在工厂建造一组吊舱，每个吊舱都是一间房屋，将它们组装在可以俯瞰威尔特郡乡村的地方。在整个计划中，许多固定间隔的吊舱被用作厨房，学生可以在里面做饭、吃饭和洗衣。乔·克罗恩，我们出色的米其林三星级主厨负责教他们做饭。我们还专门设计了一个吊舱，用于学生在线购物。我真的很喜欢一体的厚曲木板设计，用这个概念我设计了摆放在吊舱里的桌子、文件存储柜和长凳。（见图 11–1）

吊舱由起重机吊升到位，在我们的休闲园区中心形成一个半圆。克里斯·威尔金森在半圆中心建造了圆屋咖啡馆、图书馆、俱乐部和一个独立的飞机库形状的体育馆（见图 11–2），除了这些，校园里还有戴森的其他咖啡馆和实验室。我们知道我们要接管照顾这些年轻人，他们许多人是第一次离开家，更重要的是他们的这段大学旅程并不轻松。校园里的本科生，其中三分之一是女性，一年工作 47 周，比其他大学的 22 周长得多，但他们肯定已经准备好迎接挑战了。

到 2020 年，我们已有 150 名本科生，也成为英国第一个获得新学位授予权（DAP）的机构。获得这项权力并不容易，但为之努力是非常正确的事，因为我们获得了信任的，可以托举年轻人的未来。就我们而言，我们对这些年轻工程师以及他们将开创的革命性技术充满信心，所以对他们进行投资，创造环境鼓励他们冒险和产生新想法。他们的愿望是毕业后长期留在这里，迅速成为企业的领导者。通过这种方式，我相信戴森工程技术学院代表了一种现代的、具有前瞻性的、与职场密切衔接的 21 世纪教育理念。

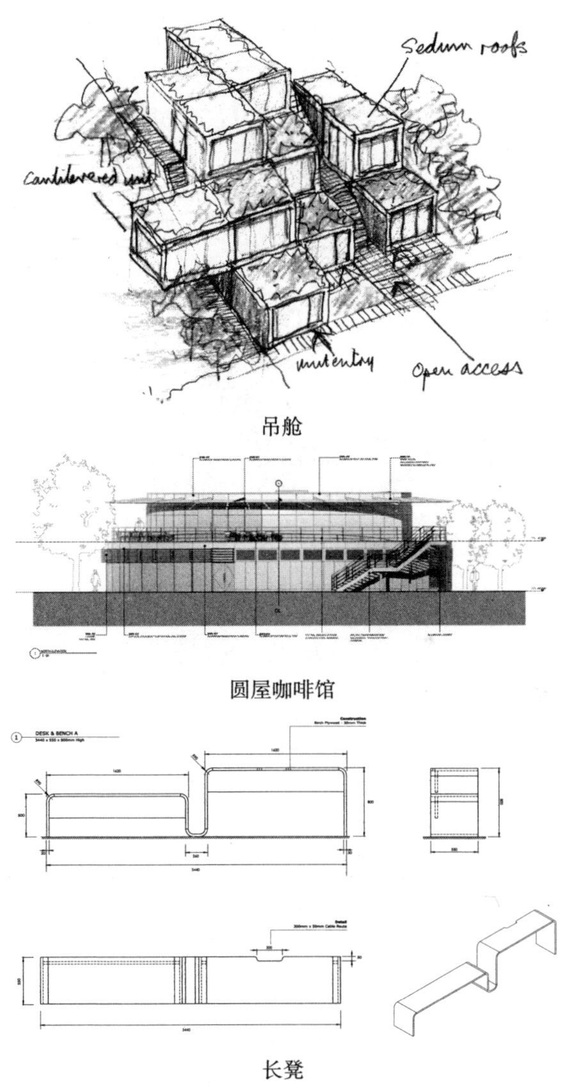

吊舱

圆屋咖啡馆

长凳

图 11-1　马姆斯伯里宿舍的设施

注："吊舱"和"圆屋咖啡馆"两幅图由威尔金森艾尔建筑事务所绘制。

宿舍区

校园全景

图 11-2 马姆斯伯里校园

注：威尔金森艾尔建筑事务所绘制。

这些学生在戴森工程技术学院接受了独特的教育。他们和世界上最好的工程师和科学家合作，向他们学习并参与发明。那些人都是真正的实践者。学生在快速投入生产的产品研发上广泛学习跨学科知识。这不适合胆小怯懦的人。他们一年在这里待 47 周，而且要待 4 年而不是 3 年，我估计这相当于传统大学授课时间的 2.5 倍。此外，学生们参与研究真实的产品。我们积极鼓励他们反向思考、提出全新的想法，旨在给学生插上翅膀，帮助他们获得学位证书，使他们能够创造性地翱翔天空。经过培训，他们一毕业就是专业人士。

我经常被问到下一步要做什么。扩张吗？招收更多学生？建设更大的校园？事实上，我想保持校园当下的规模。我们有条件扩建哈拉温顿校园，但我认为空间再大一些会破坏学生在这里的特殊体验。一方面，学生与工程师的比例存在失衡的危险；另一方面，我不想失去我们在这里的兴奋感。

不管怎样，我们希望尽快提供硕士学位和博士学位，如果没办法马上实现的话，我们可能会在新加坡开展类似项目。我们希望我们的本科生具有在我们海外中心工作的经验。他们对此感到非常兴奋，但在 2020 年新型冠状病毒肺炎疫情下，无论是政治还是实际因素，都意味着这暂时是不可能的。

我们所做的当然是很有价值的。2020 年 10 月的一天，我突然收到一封电子邮件。我在这里分享的原因很明显：教育是如此令人兴奋和有益的事。

早上好，詹姆斯，

感谢您的表扬，感谢您在 2017 年创办了戴森工程技术学院，我在这里过得很愉快！

我简要介绍一下自己今年所取得的成绩：

· 在华威大学工程学第一年的学位课程中平均成绩是第一名。

· 为戴森数码马达公司高级测试系统和验证团队设计并构建了一个自动化系统。

· 完成 LabView 核心课程 1 和核心课程 2 认证。

· 成为 AWS 认证的云实践者，同时在戴森的布里斯托办公室为戴森云基础设施进行了成本优化改进。

· 在戴森数码马达机械团队工作期间，了解了转子动力学并使用 CAD 构建了一个可视化装置。

· 发起并领导了一个关于从我们的水道中捕获微塑料的暑假系列项目，该项目获得了“与联合国可持续发展目标最相关的项目”奖。

祝一切顺利！

威廉·索伯恩（William Thoburn）

戴森工程技术学院学生

我和杰克一样向本科生讲授设计。我喜欢向他们展示工程和设计合二为一的产品，比如 1962 年阿切勒·卡斯蒂格利奥尼（Achille Castiglioni）为 Flos 灯具设计的 Toio 落地灯。它是围绕“能找到的”组件设计的：一个垂直的钓竿，配有钓鱼线，一个密封的汽车前照灯和一个外露的变压器。这种变压器冷却效果很好，还能起到镇流器的作用。这是一个表达其工程想法的设计，同时是一个优雅和睿智的艺术品。我由衷地喜爱它。这是一盏非常好的灯，即使已经诞生 60 年了，它还是一如既往地让人感觉到新颖。我不要求大学生们离开校园做出一个与 Toio 灯相当的现代作品，但是要理解好的设计一定是由功能引导的，而不是为了设计而设计。

除了我们刚刚起步的大学项目之外，基金会出于纯粹的利他原因长期资助大学研究项目。基金会的宗旨是激励下一代工程师。我们与剑桥大学、帝国理工学院和皇家艺术学院紧密合作，还与南安普顿大学、利兹大学和纽卡斯尔大学资助的研究项目建立了更广泛的联系，我们的许多马达团队成员都在这些大学里学习。最近，我们还与新加坡、马来西亚和菲律宾的大学也建立了广泛联系。

剑桥大学戴森工程设计中心是由尼古拉斯·黑尔建筑师事务所设计的，为 1 200 名支持世界领先研究的研究生工程师提供空间。建筑本身就是建筑技术和功能的试验台。其基础桩、混凝土柱和地板部分中的光纤传感器能产生有关温度和结构张力的实时数据，提供建筑如何运行的图示。尼古拉斯·黑尔（Nicholas Hare）说：“其结果是，这座建筑更像是一个有生命的生物，而不是一块被动的材料。我们可以询问建筑物感觉如何，而建筑物可以回答。”

我们已向剑桥大学捐赠了 800 万英镑，用于建造一个研发实验室和设计制作车间，并另外提供 1 000 万英镑用于支持流体动力学教授讲座。我们与剑桥大学能源系的惠特尔实验室密切合作，专门研究热流体和涡轮机械。这个实验室对我来说很特别，尤其是因为它是由惠特尔在 1973 年开设的，我们在这里测试了我们的家用涡轮机械——微型马达，还测试了强大的劳斯莱斯航空发动机。劳斯莱斯是我们的工业合作伙伴，除此以外，我们的合作伙伴还有西门子、三菱重工和未来推进博士培训中心（the Centre for Doctoral Training in Future Propulsion）。

2019 年 5 月，在帝国理工学院戴森设计工程学院成立 5 年之际，我们将它搬进了位于南肯辛顿展览路和帝国理工学院路交叉路口的新家。那是一座漂亮的四层爱德华七世巴洛克式大楼，它之前是一个邮局。这座建筑的历史可以追溯到英国皇权达到鼎盛的时期。英国在第二次世界大战后放弃了扩张帝国，但它在先进工程和设计方面的全球影响力仍然相当可观。这座红砖波特兰石头建筑就在科学博物馆的隔壁。我为它们成为邻居感到高兴。几十年来，许多英国孩子对科学博物馆里的科学和技术感到兴奋，其中一些后来到了帝国理工学院学习。

维多利亚和阿尔伯特博物馆就在马路对面，它与皇家艺术学院有着学术联系。实际上，皇家艺术学院建校时也在这里，后来搬到了阿尔伯特纪念馆对面通往肯辛顿戈尔的路上。帝国理工学院的新戴森学校开设了一门实用性很强的四年全日制工程硕士课程，它的报名人数多次爆满，报名者中 50% 是女性。我希望这能向政治家展示工程教育的重要性和吸引力。

将我的名字放在这些建筑和项目上似乎是一种展示个人虚荣心的行为，但在美国传统中，这是一种鼓励他人为大学捐钱的方式。其目的不是将教育私有化，而是投资于英国缺乏且急需援助的教育领域，无论是现有的大学还是像戴森工程技术学院这样全新的学校，它们都在为英国的教育做贡献。

尽管我于 1969 年就从皇家艺术学院毕业了，但我仍然与它保持着联系。这里 80% 的学生学习设计而不是美术，因此校名是一个误称。我特别热衷于通过设计工程课程来支持皇家艺术学院在工程和设计方面的开创性教学，这项事业符合我的心意，我也一直在进行布道。我招募的所有早期工程师都是这门课程的毕业生。他们在 20 世纪 90 年代初成为最终学位的考官。几年后，在斯诺登院长的领导下，我被票选为学院学术委员会委员。特伦斯・康兰爵士接替斯诺登担任教务长，我于 2011 年接替特伦斯。

我对皇家艺术学院非常喜爱和自豪，不仅仅因为它是我的母校。它由阿尔伯特亲王于 1837 年作为政府设计学院设立，目的是在工业革命的高峰期改进工业产品的设计。它与皇室之间的联系因菲利普亲王得以延续。菲利普亲王热爱设计工程，对什么是好设计、什么不是好设计非常敏锐。皇家艺术学院的主校区是 20 世纪 60 年代经典的卡森康德合作事务所设计的大楼，位于肯辛顿戈尔。它的学生全部是研究生，一年一度的毕业展通常被认为潜藏着未来设计趋势和未来的明星设计师，也是伦敦最受欢迎的景点之一。皇家艺术学院多年来在艺术与设计学院中一直保持着世界领先的地位。

当皇家艺术学院需要扩大其在巴特西的校园时，詹姆斯·戴森基金会很乐意提供帮助。我们出资 500 万英镑建造了靠近巴特西大桥的新詹姆斯·戴森大楼，其中一部分将容纳“孵化器单元”。已毕业的设计师和工程师可以在那里继续开发他们的毕业项目，投入生产，然后出售。在这里，他们可以参加研讨会，获得专利商业化建议。皇家艺术学院将把他们与投资者联系起来，为他们募集早期资金。

早年，我担任皇家艺术学院创新董事会主席，负责管理学院的这一领域。它取得了巨大的成功。硅谷投资者支持的初创企业中如果有 10% 成功，那他们就很幸运，而皇家艺术学院孵化器单元的成功率为 90%。事实上，整个学院从其课程中产生的初创企业数量是该领域第二高的剑桥大学的 20 倍。我相信这是因为产品创意来自富有想象力的工程师和设计师，他们对自己的产品充满热情，而非来自那些只是为了成为企业家而碰运气的人。

有一次，我带当时的财政大臣乔治·奥斯本参观了帝国理工学院和那里的学生项目。我和他谈论工程和技术的重要性时，他问：“设计的重要性呢？”我解释了一下。后来，切尔西庄园向皇家艺术学院提供了在巴特西购买整个街区的机会，他们需要 5 400 万英镑才能买下。我想起了乔治在帝国理工学院说的话，于是写了一封非常简短的信，只提到皇家艺术学院催生了最多的初创企业。当我收到回信时，我非常惊讶和高兴，他真的提供了 5 400 万英镑！

与帮助启动皇家艺术学院孵化器单元相似，我设立了“戴森设计大奖”，旨在鼓励本科生使用技术和设计开发解决问题的方法。两者的成功证明了年轻人确实在产品和技术方面创造了成功的变革，并且是通过将研究和设计两个学科结合起来实现的。这也打破了工程师和设计师无法开创和经营成功企业的神话。

当我试图筹集资金开始经营吸尘器业务时，我没有成功，所有的风险投资家都拒绝了我，甚至有人说，如果我能够从家电制造行业里请到合适的管理者去经营我的项目，他们可以考虑我的申请。当时家电制造行业即将销声匿迹，因为从整体上看，其产品缺乏竞争力。

到 2020 年，詹姆斯·戴森基金会每年为超过 20 万名学生提供服务，我们为慈善事业捐赠了 1 亿英镑。在我看来，全世界对工科学生鼓励最大的方式之一就是戴森设计大奖。它成立于 2002 年，这自然源于我的请求，即设计应与工程和技术相结合，包括发明和解决问题。戴森设计大奖旨在挑战大学生，让他们通过一种可以投入商业生产的产品来解决他们最关心的问题。

令人惊讶的是，参赛作品的数量如此之多，世界各地的学生都有绝妙想法，以及他们都渴望让世界变得更美好。从一开始，学生就致力于解决残疾人、患有消耗性疾病的人和老年人遇到的问题。近年来，关于促进可持续发展的想法越来越多。在选择获奖者时，在更多类别的精彩项目和专注于可持续发展的项目之间进行选择让人觉得不太公正，现在，我们除了现有的广泛类别之外，还提供了一个关于可持续发展的特殊新奖项。

到 2020 年，我们已在 27 个国家或地区举办该奖项的评选活动，并资助了 200 多项发明。我们在每个国家授予一名冠军和两名亚军，并颁发两个国际奖项，一个是国际冠军，另一个是可持续发展奖，两者的奖金均为 30 000 英镑，另外还分别向他们的大学提供 5 000 英镑。奖金可以帮助他们创业，使他们像许多人一样制造他们为之努力的产品，或者让他们有更多的时间进行研究。令人难以置信的是，60% 的获奖者后续成功地将他们的想法商业化了。

例如，2020 年，来自西班牙塔拉戈纳的朱迪特·吉罗·贝内特（Judit Giró Benet）开发了 Blue Box。这是一种家用生物医学乳腺癌检测设备，使用尿液样本和人工智能算法来检测疾病的早期迹象。我曾不幸目睹了乳腺癌对我家人的悲惨影响，作为科学家和工程师，我们应该尽一切努力战胜这种可怕的疾病。朱迪特从一篇文字上读到狗可以检测人类癌症，于是开始了这个项目。该设备连接到云端的应用程序，后者可以整理数百万癌症患者的数据并确定癌症和乳腺癌的类型。这种方式可以实现更精确的治疗，同时让全世界更加了解癌症。该设备还控制与用户的所有通信，如果样本测试呈阳性，它会立即与医疗专业人员联系。Blue Box 致力于改变社会对抗乳腺癌的方式，让女性能够在家中检测，使她们有机会避免在乳腺癌晚期才得到诊断，使筛查成为日常生活的一部分。

这一点非常重要，因为根据疾病控制和预防中心的数据，40% 的女性跳过乳腺癌筛查钼靶摄片，导致三分之一的病例在晚期才被发现，从而导致患者生存机会降低。选择跳过钼靶摄片的女性中，有 41% 表示她们感觉身体不疼，所以跳过了这项筛查。但是，新型冠状病毒肺炎疫情阻止了朱迪特在加州大学欧文分校的研究，我希望她未来取得成功。

2020 年可持续发展奖得主是卡维·埃伦·迈格（Carvey Ehren Maigue），他是位于菲律宾首都马尼拉的玛普阿大学的学生。他将废弃农作物制成发电薄膜铺在窗户上，使普通窗户玻璃像装上了太阳能电池板。卡维的决心和坚持给我留下了深刻印象。在 2018 年未能获奖后，他坚持并进一步更新了他的想法。决心和坚持将是支持他走过漫长商业化道路的重要品质。

卡维所用的材料中有一种粒子，它在吸收紫外线后可以发光。当粒子静止时，它们会释放多余的能量。这些多余的能量以可见光的形式从材料中释放出来，然后可以转化为电能。因为这种粒子借助紫外线发光，所以在太阳不照射的情况下也可以发电。

如前所述，卡维发现应用于玻璃的薄膜可以由废弃的农作物制成。这很明智，因为菲律宾气候灾害多发，农民因此损失了大部分农产品。卡维并没有让作物腐烂，而是试图将它们用作基材的紫外线吸收化合物。在测试了近 80 种不同类型的当地作物后，他发现了 9 种有潜力、可以长期使用的作物。

这是两项非常有望成功的突破。他俩是我们众多获奖者中的其中两个。我们的获奖者太多了，一章根本写不完。我不得不再提几句来说明发明如何影响聪明的年轻人的头脑，让他们在很小的时候就能设计出产品，满足日常生活，以及创造工作机会并让他们做出提升生活品质的产品。这些人不是在夸夸其谈和哗众取宠，他们实际上是在推动变革。

2020 年英国全国冠军是 Tyre Collective 轮胎颗粒收集器。团队成员是 4 名学生，他们着手解决轮胎磨损这一影响巨大但鲜有讨论的微塑料问题。每次车辆刹车、加速或转弯时，轮胎都会磨损并抛出微小的碎屑。仅在欧洲，每年就会产生 50 万吨的轮胎颗粒。这些颗粒很小，足以通过空气传播，对健康产生不利影响。它们可以被卷入水道和海洋，最终进入食物链。

Tyre Collective 轮胎颗粒收集器安装在车轮上，通过利用旋转的车轮周围产生的各种气流，基于静电收集轮胎排出的颗粒。在他们试验台的受控环境下，原型机可以收集从轮胎排出的 60% 颗粒。这些收集的颗粒可以回收利用，重新用于新轮胎或其他材料。

在澳大利亚，来自墨尔本斯威本科技大学的爱德华·利纳克尔（Edward Linacre）发明了空投灌溉系统，并于 2011 年获奖。空投灌溉系统将空气泵入旱地的地下管道，使温度降低到冷凝点。产生的水分被转移到植物的根部，否则这些植物在极端干热的条件下会枯萎和死亡。爱德华曾研究过纳米布甲虫，这是一种生活在地球上最干旱地区的奇妙物种。那里每年降水只有 1 厘米左右，甲虫通过消耗清晨收集在其背部亲水皮肤上的露水来生存。即使是最干燥的空气也含有水分子，而且仿生学显然是工程师“武器库”中的强大武器。爱德华的研究表明，在最干燥的沙漠中，每立方米空气也可收集 11.5 毫升的水。

其他令人难忘的项目包括：伊西丝 · 希弗（Isis Shiffer）的 Eco Helmet 生态头盔，这是一种蜂窝状折叠纸头盔，专供自行车租赁公司使用；詹姆斯·罗伯茨（James Roberts）的 mOm 婴儿恒温箱，一种低成本的、电子控制的充气式恒温箱，旨在减少难民营内儿童过早死亡；露西 · 休斯（Lucy Hughs）的 MarinaTex 生物材料，这是一种可生物降解的一次性塑料替代品，由有机鱼类废物和在当地采购的红藻制成。这些获奖项目令人鼓舞的是，因为通过该奖项，我们看到了获奖者之间实现真正的性别平衡。

戴尔德丽和我对健康很有兴趣，这在詹姆斯 · 戴森基金会对医学研究的贡献中能够体现出来。到 2020 年，我们已通过“抗击乳腺癌”机构、儿童癌症慈善机构 CLIC Sargent、脑膜炎研究基金会、大疱性表皮松解症[①]治疗基金会，以及前一级方程式赛车冠军杰基 · 斯图尔特（Jackie Stewart）的“与痴呆症赛跑”机构为这项真正重要的事情捐赠了 3 500 万英镑。

我们还通过詹姆斯 · 戴森基金会和我们的家庭慈善机构詹姆斯和戴尔德丽 · 戴森信托基金，为 2012 年在巴斯皇家联合医院成立

① 一种影响全球超过 500 000 人的遗传性皮肤水疱疾病。

的戴森新生儿护理中心捐款。医院请求戴尔德丽画些装饰画。她给了他们一幅巨大的三联画，挂在正对入口的墙上。这座由费尔登·克莱格·布拉德利工作室设计的阳光柔和的建筑，为需要特殊医疗护理的新生儿，通常是早产儿提供了新的治疗方式。它有一个特别令人满意的计划，就是当孩子们逐渐康复，快乐地走出去进入广阔的世界和家庭时，让他们在大楼里四处活动。我们资助的研究发现，在接受研究的婴儿中，90% 在戴森新生儿护理中心新楼护理的婴儿回家后可以顺利使用母乳喂养，而在以前的产前大楼老楼护理的婴儿中，这一比例为 64%。这项研究还表明，婴儿在新楼休息得更好，平均睡眠时间比老楼长 22%。

这项研究是世界上第一个使用加速度计来测量婴儿呼吸和睡眠模式的研究，借助于极低功耗的独立无线设备监测他们对周围环境的反应。这项技术通常用于飞机和智能手机，现在越来越多地用于体育运动。例如，巴斯橄榄球俱乐部使用该技术来分析球员的训练技术和体能状况。与其他包括心电图、呼吸机回路信息在内的测量侵入性方法相比，它的侵入性要小得多。

红外跟踪技术被用于精确定位建筑物中员工的移动轨迹，并测试设计的效率。研究发现，新楼的护士在病房和婴儿在一起的时间增加了 20%，这意味着护士花在照顾婴儿上的时间多了。

勒克斯表被用来根据特定的时间、日期和外部天气条件进行光测量。它测得新楼的自然光照增加了 50%，这确保了更自然的昼夜节律，让婴儿、父母和员工感知到一天的变化，帮助婴儿形成睡眠和饮食习惯。

声压级计读数用于测量每小时的平均分贝水平。新楼的噪声水平比旧楼平均降低了 9 分贝以上，新楼护理室的噪声水平更低。有人认为，婴儿睡眠的增加与背景噪声的减少有关。

如果产前门诊将我们带回生命的最初阶段，那么格瑞萨姆学校将把我带回到我能记得的最早的日子。2019 年，戴尔德丽和我向格瑞萨姆学校捐赠了 1 875 万英镑，用于支付新的戴森大楼的费用。这个大楼被学生称为蒸汽大楼，名字相当老派，可能代表科学、技术、工程、艺术和数学系。我希望它能提高我的母校在科学方面的表现。对，就是科学和艺术并重。在这里，我们想要调和 C. P. 斯诺所说的“两种文化”——科学和艺术，并将发明、创新、设计、工程和技术编织在充满活力的年轻头脑中，当然，也编织在那些辛勤工作而富有天赋的老师头脑中。

戴尔德丽和我喜欢支持那些鼓舞人心的领导者的创新想法。当我与格瑞萨姆学校的校长道格拉斯·罗伯（Douglas Robb）交谈时，他说他希望学校能够站在鼓励学生学习工程和科学的前沿。我希望这座大楼能做到这一点。我观察到，从 6 岁左右开始，孩子们就非常投入，很有创造力。他们脑瓜里装满了点子，而且很好奇，想知道如何制造东西。然而，这些特点却从他们身上消失了，一部分是系统原因，另一部分是因为学校教学没有跟上技术变革的步伐。通过在这座大楼创造的特殊新空间，我希望我们能够培养、启发和教育更多才华横溢的年轻人。

这些空间将配备最新技术，从机器人和编程，到人工智能和机器学习，以确保最高水平的教学。新的戴森大楼还将为格瑞萨姆与当地其他学校的合作提供机会。格瑞萨姆学校还将与戴森工程技术学院建立联系。这座大楼由克里斯·威尔金森设计，平衡了学校中心教堂的工艺美术风格，它将面对一个巨大的正方草地。除了在这个美妙的小教堂里练习了10年唱歌外，我在1947年还在这里受洗。祭坛旁边还有一块迷人的拉丁文纪念牌，是为了纪念我父亲。

这座新建筑由粗大的钢托梁和巨大的玻璃板构成。它极富工程之美，但被生长在它上面的植物弱化了。里面会有一些意想不到的空间，比如有一个拥有巨大楼梯的礼堂，可以作为聚会和坐下的地方，在这里，那些崭露头角的年轻科学家和艺术家可以分享他们的学识。

自从我离开家乡去伦敦上艺术学院后，我就再也没有回过格瑞萨姆学校。我应前任校长约翰·阿克尔的邀请参加了一次演讲日活动，并担任颁奖嘉宾。我被一群老师和学生们用3台戴森吸尘器演奏作曲家马尔科姆·阿诺德的作品逗乐了，其中一位老师还教过我。通常，演讲日在浪漫的大露天剧院举行，小时候我们就是在这里为来访的父母表演莎士比亚戏剧的。

在我们捐款后不久，我很高兴见到我的老校长洛吉。遗憾的是，在我带他参观蒸汽大楼之前，他就去世了。他和我们家是关系亲密的世交。我非常愿意为学校捐款，因为这是我回报他和格瑞萨姆学校的方式。在我父亲去世后，格瑞萨姆学校一直对我非常仁慈。

很长一段时间里，我一直待在格瑞萨姆学校。我不仅在那里上学，还住在那里，充分利用了那里的场地和设施。当我动身去伦敦的时候，我很难忘记这里，这里有田园诗般的环境和我儿时的朋友们。当然，我的父母曾经在这里过着比我那时更美好的生活。

格瑞萨姆学校培养了大量的科学家和发明家，当然也培养了演员、音乐家、诗人、农民和间谍。我们的家庭慈善箴言是一句拉丁语，正如我父亲所期望的那样——“Numquam Tendere Cessa”（永远不要放弃尝试）。这是我对格瑞萨姆学校及英国和世界各地的学院、大学、实验室、工厂、艺术学校的后辈年轻人的希望。继续奔跑，不要放弃尝试，我认为这样非常好。

INVENTION

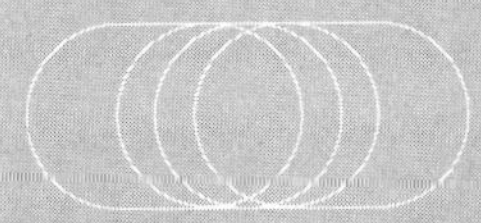

第 12 章

创造未来

WE MUST KEEP ON RUNNING AND WE REALLY CAN DO BETTER!

我们必须继续向前，
我们真的可以做得更好！

从许多方面来说，我都过着一种看似矛盾的生活。我似乎一部分在未来，一部分在过去。除了睡觉之外，我把大部分时间都花在实验室里，与周围的戴森工程师和科学家一道，探索种种想法，塑造 5 年、10 年甚至更多年后的未来。我们的生活充满挑战和挫折，而所有这些都让生活更充实。但我也对过去近乎痴迷，对那些塑造我们世界的故事、艺术品和空间极其热爱。修复旧的，增加新的，已经成为我生活的重要部分。它们对我来说十分重要，就像发明对于未来也十分重要一样。对于一个现代设计师和工程师来说，热衷于翻修听起来可能很奇怪。然而从过去的时光以及过去塑造世界的人身上，还有很多东西值得我们学习。翻修不是怀旧，而是对这个世界上已取得的进步加深理解，并在此基础上再接再厉。

也许这与我的处境有关：我早年失去了父亲，杰里米在我职业生涯的早期赋予了我超越年龄的责任，而且我极其幸运地拥有一个支持我的妻子和家庭，这些都给了我自力更生和追求理想的信念。我真的很喜欢制作东西，只要有可能，我就自己独立完成，并在这个过程中不断学习。不管在工作中还是在家中，这个特点都显得名副其实。从我们收购的那些研发基地就可以明显看出，在不同的时候，我不得不成为水管工、泥水匠、电工，最重要的是，我还必须在需要时成为挖掘机司机。我还为家里设计了新家具和配件。

在过去 19 年里，戴尔德丽和我在多丁顿庄园进行了大规模修复，这是我热爱制作的有力证明。多丁顿庄园由詹姆斯·怀亚特设计，建于 1798 年至 1818 年之间。我们购买它时，发现房子急需翻修，但我们决定不找工程承包商，而是自己动手，循序渐进，边学边做，并招募真正有热情和专业知识的人来组建我们的团队。这是一个长期的、有益的，但尚未完成的挑战，我们对 20 世纪 30 年代建造的旧游艇 Nahlin 的翻修也一样。我们正在对这艘体型巨大、损毁严重的游艇进行修复和翻新，它确实非常大。

与工作更贴近的案例是修复惠特尔喷气式发动机。我们很喜欢它，按原始技术规格对它进行了修复，并不时在马姆斯伯里的停车场启动它，这是修复过去的又一个好案例。我们当初得到它时，发现它需要精心修复和保养后才能启动。但惠特尔发动机并不是什么旧世界的产物，它体现了弗兰克·惠特尔的革命性理念，在飞机如何以比 1930 年更高的高度、速度和平顺性进行飞行的问题上，惠特尔给出了有效的解决方案。他在 23 岁时提出一种全新的航空发动机概念，这既不寻常，也很脆弱。谁愿意相信惠特尔的想法？当然不是政府专家。他不得不独自一人继续研发他的项目，他的坚持和付出，彻底改变了每个飞行员的飞行方式，也改变了第二次世界大战的进程。

惠特尔发动机可能最大限度激发了我的灵感，但我们的园区还有很多类似的设计和工程标志物，每一个都藏着自己的故事。我们的一家校园咖啡馆里挂着一架英国电气公司制造的闪电喷气式飞机，我们的一个办公区里有一台协和式飞机的发动机引擎，另一个办公区里停着一辆被剖成两半的 Mini 汽车，停车场里还有一架鹞式喷气式飞机。Mini 汽车是一个很好的例子，它的故事告诉你，不应该听从市场调查。鉴于市场调查的结果，英国汽车公司取消了两条计划设立的 Mini 汽车生产线中的一条。市场调查结果显示，人们对车轮如此小的汽车缺乏购买欲望。结果在引领潮流的 Mini 汽车上市之后，英国汽车公司的产量始终未能满足市场需求。我在这里不想列举更多的例子，但每一件这样的艺术品都有自己的故事，讲述了如何克服困难取得进步，以及为什么相信自己的想法和进步如此重要。

这些历史片段都表明，局外人很难理解一个全新的想法，也很难对它感到兴奋，这就需要发明人独立并坚守信念。我也理解，对于一个局外人来说，他很难理解发明新技术、设计和制造产品然后向世界销售的挑战和刺激。可耻的是，在《学徒》（*The Apprentice*）或《龙穴》（*Dragon's Den*）等电视节目中，创业和商业被描绘成一种野蛮的努力，这只会强化观众们对商业原有的坏印象。一些优质产品通过《龙穴》节目声名大噪，但消费者未必会把它作为自己的第一选择。

企业家可不是媒体想象中的大男孩。企业家要创造新产品和新机会，并在这个过程中创造有回报的就业机会。企业家最好成为不断更新、推动进步的循环过程中的一部分。当然，这并不容易。盈利与亏损、成功与失败之间其实只有一步之遥。一旦周围环境发生变化，你需要随之做出改变，重塑你的事业。就像在你认为自己已经完全了解情况，并且明白事情如何运作之时，它却毫无征兆地发生了变化。到处都布满了陷阱。

我已经到了担心一切的地步。就像一部老式美国西部片中展示的那样，一位美国骑兵军官说道："我不喜欢现在的情况，中士，这似乎过于安静了。"话音刚落，就有一支箭落在他的胸口上。每一天都是一场冒险，也是对意外的一种回应。即使有些事情似乎停滞了，但公司必须不断向前。**为了生存，公司必须不断发展和创新，变得越来越好。没有比满足现状更危险的事情了。**

戴森公司取得成功之后，一些英国人就总问我什么时候要卖掉公司，好像我只是暂时屈尊在一个阴暗肮脏、缺乏创造力的制造业世界里。当我赚到人生第一个 100 万英镑时，他们认为我该摆脱汗渍渍、脏兮兮、严酷而又乏味的生活，去成为一个无所事事、逍遥隐居的地主了。不管怎么说，当一个人受过良好教育、有能力做一些"富有创造性"的事情之时，他为什么不选择待在办公室或工作室里，而非要扎根工厂呢？

英国大概是我所知道的唯一一个国家，企业家们一有机会就会卖掉公司或让公司上市，而上市往往是卖掉公司的第一步。这一直让我感到困惑和悲伤，因为一方面我相信企业在上市后会失去一些东西，另一方面很多上市或被卖掉的企业最终落入外国人的手中，迷失了前进方向，最终沦为附庸。创业型家族企业倒是可以世代相传，但与其他国家相比，英国这一类型的企业少得可怜。

德国有著名的 Mittlestand，即中型私营企业，这类企业通常经历了多代传承，同时还有宝马和我们的竞争对手博世这样的巨头企业。法国有大的家族式时装店；意大利和西班牙也有类似企业。美国拥有世界上最多的家族企业，其中包括食品和农产品企业玛氏和嘉吉。然而在英国，除了 JCB 公司以外，你很难说出一家由企业家创办的标志性私营企业的名字。我认为，由于没有大量成功的家族企业，英国的实力遭到了削弱。家族企业的优势在于，它能够以上市公司无法做到的方式进行长远思考和长期投资。我还认为，家族企业所拥有的商业精神、商业道德和经营哲学，往往是上市公司所缺乏的。

这就好像英国企业家希望尽快变现一样，他们这样做要么只是为了钱，要么是因为害怕继续经营下去会失去一切。如果是为了钱，就意味着他们对自己所做的事情、对企业、对同事甚至对客户都缺乏热情。他们的做法是一种短期致富方式，底层逻辑是担心还没来得及套现就失去生意。

这种缺乏信念、对所做的事业缺乏信心的情况令人担忧。为什么英国人有这种想法而其他国家的企业家没有？是不是因为我们虽然挑起了工业革命，但没有像其他国家那样将其继续下去？从历史上看，英国公司可以向当时的整个大英帝国势力范围提供货物，销售十分便利，而其他国家则必须利用其工业实力在世界贸易中竞争，通过这种方式，它们取得了更大、更长久的成功。是不是因为英国贵族从来没有工作过，仅仅通过继承财富就成为人上人，所以英国人普遍认为只要赚到足够的钱，就再也不用工作了？难道英国人不把一家公司看作一家生产优秀产品、雇用和支持许多其他公司的企业吗？难道他们不认为，作为企业的所有者，他们有责任为了被雇用者的利益而发展和维持企业吗？是不是因为我们崇尚辉煌而轻松的成功，而忽视成功背后是一代又一代人经营企业的艰苦奋斗和砥砺前行？

在创业初期，许多聪明的朋友都建议我，当收到一些极具吸引力的报价时就把公司卖掉。我怀疑他们担心我会失去一切，或者他们觉得我已经实现了我想要的一切。的确，家族企业的大部分财富都与企业有关。继续将其作为家族企业经营，既是一种风险，也是一种责任。但我喜欢这种在刀尖上跳舞的生活，不断参与商业竞争，经营生意。我热衷于开发新技术，并与身边这支优秀而富有创造力的团队通力合作。如果我们失败了，“被淹死总比做个笨蛋强”。

那些好心人完全没有抓住重点。我努力工作，既不是因为那5 127个吸尘器原型机，也不是为了成立戴森公司来赚钱。我这么做是因为我有强烈的愿望去这么做。而且，和我成千上万的同事一样，我发现发明、研究、测试、设计和制造的过程既有高度的创造性，又能让人获得强烈的满足感。我还认为，只要能通过教育鼓励孩子们投身发明、工程和制造行业，后代的孩子们就会对从事相关职业、过上发明创造的生活充满激情。

在我们故事的早期，集尘桶是另一个“明确”的例子，表明我们不顾一切地走自己的路。我们相信自己的直觉，决定忽略商业调查和零售商的意见。我和彼得·甘马克一直在开发吸尘器，我们喜欢看灰尘和污垢被吸出来。我们不想把机器所做的这些繁重的工作藏起来。

违背既定的“专家”思维将会承担巨大风险。没有人能确认我们所做的事情是对的。事实正相反，每个人都在证明这是一个错误，所有的数据也都不支持我们的决定。然而，如果我们相信“科学”，而不相信自己的直觉，我们最终会走上沉闷的从众之路。集尘桶被证明是成功的设计，从那以后，吸尘器生产领域的所有“后来者”都在产品中装集尘桶了。他们复制这个创意是因为集尘桶是成功新技术的象征。当然，他们赶上集尘桶大流行的潮流，产品的销量还在不断增长。

走与众不同的道路，在成为制造先锋的过程中将遇到重重障碍，然而，创造和解决那些看上去无法解决的问题，这个过程十分美妙。但创业艰难，因为你不知道自己是否会成功。你会走得跌跌撞撞，不得不一次又一次地重新振作起来，相信自己一定会成功。这个过程也很可怕，我一直都对此感到很害怕。不过，运动员们的经历证实了，恐惧可以是一件好事，因为它能激发肾上腺素和动力。

终身学习，追求科学、工程和技术的生活，无疑是一次真正神奇而充实的冒险之旅。通过应用技术改进产品，带给人们愉悦甚至惊讶的使用体验，给我们带来安静的兴奋感。对于一个工程师来说，创造的冲动、改进事物的欲望和解决问题的需要是无法改变的，无论在工作场合还是在家里，它们总是存在于工程师的心中。这是一个智力挑战，你要明白挫折和问题到底在哪儿，并开发出解决的产品或系统。

科学家和工程师共同认识到当今的问题，并有能力提供新的解决方案。历史一再证明了这一点。未来的挑战将由现在的年轻人来应对和解决，他们能够看到我们面临的问题，并且有解决问题的冲动。现在是他们的世界，他们不需要听取人们大肆宣扬世界末日，也不需要像耶利米（Jeremiah）那样的先知给他们预测未来，甚至不需要像我这样的老人告诉他们该怎么做。最重要的是，我们鼓励他们大胆去做，并在这一过程中给他们不断试错的机会，同时为其提供支持，使他们能够最终获得成功。

我坚信，科技能够解决问题，从生产更可持续和高效的产品，到生产更多更好的食品，以及创造一个更可持续的世界。能够引领世界的是科技的突破，而不是世界末日的传闻。我们需要心怀光明的新思想，乐观地走向未来，就像走向光明一样，而不是被末日预言家描绘的人类智慧的黑暗和终结所支配。

末日预言事件发生后，一个革命性的新想法就会显得如此明显了，没有人怀疑它吗？然而，在人们的构想中，新想法并不是显而易见的。它们敏感而又脆弱，需要鼓励和培养，才可以对抗那些怀疑一切的人、自以为无所不知的人和所谓的专家。正如弗兰克·惠特尔发现的那样，人们很容易说“不”，摒弃新思想，陷入泥沼，沦为悲观主义者，甚至愤世嫉俗者。很难弄清楚这些意想不到的事情到底是怎么发生的。

令人沮丧的是，厄运预言家受到了比乐观主义者和解决问题的人更多的关注。我强烈认为，进步应该受到欢迎和鼓励，政府和公司有责任促进进步人士想法，并利用它们取得良好的结果。不可否认，世界面临着一些相当大的问题。但试图迫使人们因此而倒退，或阻碍进步是没有意义的。我确信，我们充满信心地向前迈进，对人类的创造力信心十足，这样就能克服所面临的巨大挑战。有问题需要解决，这本身就是激动人心的事。

就我们而言，戴森很幸运地招到了一些优秀的年轻人。他们充满了新想法，渴望把事情变得更好。这些人中的许多人是刚毕业的学生，现在也有越来越多的在读大学生，还有一些毕业多年的学生在为未来做出贡献的同时，也在戴森工程技术学院继续深造。

与此同时，我们其他人需要保持一颗年轻的心，永远对一切充满好奇。我们中的一位最有创造力的戴森工程师就是一个很好的例子，他已经 80 多岁了，但他有一颗小男孩的好奇心。他是一个不知疲倦的乐观主义者，挑战一切需要挑战的东西。他很热情，总是乐于尝试新事物，具备真正的创造性思维。因此，当我们以清晰的、创造性的眼光和头脑展望未来时，会发现每个人都有新的希望，未来总会比今天更加美好。我们正处在人类历史上一个无比重要的关键节点，我们必须继续前进。

戴森公司在“成长”的过程中，从未停滞不前。有时候，这让人感到不安，不是每个人都明白我们为什么要不断做出改变。从第一次到东京谈判 G-Force 的许可协议开始，我就对拥抱世界感到兴奋。在最好的情况下，全球化进程的不断推进有可能使每个人都得以提高。我们在世界范围内大获成功，使得我们可以把更多的钱投入更好的研究和技术之上，推动世界向前发展。今天，我们的马姆斯伯里园区有来自 54 个国家的员工，在全世界我们有来自 83 个国家的员工。我们因此变得更强大。这些员工有共同的目标和全球视野，也有不同的思想和文化内涵。在戴森，我们不限制员工的年龄，但我们大多数员工都很年轻。他们心胸开阔，天真聪慧，能够以不同的方式思考问题。

这些才华横溢的年轻人从宏观和微观两个层面理解世界所面临的问题。他们正忙着研究各种各样的想法和发明，致力于改变我们的生活。他们不是发表枯燥论文的学者，那些论文往往只是用来驳斥竞争对手同样枯燥的论文。他们不是那些自以为是地提供专家建议的政府科学家，那些建议往往是错误的。他们也不是在街上和广场上被叫嚷着驱赶的不良青年。他们将脑海中迸发出来的创造性想法付诸实践。他们需要我，以及我们中的任何一员，与他们并肩作战，为他们尽可能地提供支持。他们就是我们的未来。想象一下，如果他们的乐观精神和创新精神用于建设这个世界，那会是什么结果？

这些年轻人的力量来自勇于追求新思想、挑战正统观念和自己的信仰。虽然我不愿意给任何人忠告，但我确实鼓励别人，也提醒自己要有冒险精神。我们必须追随自己的星辰。

戴尔德丽和我很高兴我们的 3 个孩子做到了这一点。我们两个人和孩子们碰巧都是这样或那样的设计师，有着共同的观点。杰克曾学习过设计，但转向了技术研究，成为一名工程设计师。他在本科最后一年的设计项目是一种水轮机，安装在大型污水管中，可以利用家庭废水和雨水发电。我们在戴森安装了这套设备，来访的查尔斯王子非常欣赏它。查尔斯王子曾自学使用车床，现在他家里有了金属加工机械，经常加工他梦寐以求的东西。

萨姆是一名自然工程师，在学校设计了一种由气体支柱支撑的熨衣板，后来在戴森担任工程师。他之后离开了戴森，去追寻他真正挚爱的音乐。他是一个无所畏惧的表演者，当他在剧作家彼得·谢弗（Peter Schaffer）的《恋马狂》（*Equus*）中扮演主角时，我们都非常震惊。他从 7 岁开始弹奏钢琴，然后自学鼓、钢琴，最后自学吉他。他将他的工程设计天赋发挥到了极致，他创作音乐并在网上发明音乐创作软件。他拥有自己的乐队，名为拉莫娜之花（Ramona Flowers），还创办了唱片公司 Distillers。我们喜欢他的音乐，他正成功地在不景气的音乐行业中开辟自己的道路。

埃米莉是一位才华横溢的时装设计师，她的职业生涯是从保罗·史密斯公司开始的，在那里她遇到了她的丈夫伊恩，一位有天赋的设计师。埃米莉在 1999 年成立了封面（Couverture）公司，其最初位于国王路上，主营业务是床上用品和床单设计。她的设计很有独创性：其中一个设计是以被套作为信封，上面贴着邮票，印有女王的头像，女王眼睛闭着，像是睡着了。这引起了邮局律师的关注和愤怒，因为邮局垄断了女王邮票的所有权！现在，埃米莉和伊恩在伦敦诺丁山的一家三层小店里，成功开创了新的品牌——封面和花边（Couverture & The Garbstore）。其中“封面”主营女装和家居饰品，“花边”主营男装。杰克和我的很多衣服来自伊恩的独特设计。戴尔德丽和我很高兴，埃米莉和伊恩在这样一个竞争激烈的行业开创了自己的事业，并被公认为是值得学习借鉴的。

我从来没有推动甚至要求他们中的任何人加入戴森公司，然而，他们都表示希望这家企业在家族中继续传承下去。杰克独立创业 20 年，建立了自己的照明公司。他的公司富有创新性，经营得很成功。2015 年，他做出决定，带着他的技术、他的创造力，以及他对未来的想法一同加入了戴森。我们很幸运有他。我喜欢和杰克一起工作，我为他的所作所为感到骄傲。

事实上，我和戴尔德丽很难想象，当我们的 3 个孩子都选择成为创意者时，我们会多么激动。对于他们可爱的孩子，也就是我们的孙辈而言，他们也一直是充满爱心和奉献精神的父母。度假时，他们都会过来和我们一起。在相处中，我们可以看到他们如何发展，看出他们对生活的渴望、他们的勇敢和对彼此的爱。虽然经历过家庭困难时期，但他们都保持着乐观的精神，渴望创造新的东西。在我 70 岁的生日聚会上，他们都聚在我们身边，我真是幸福极了。

很难知晓戴森家族会在哪里停下来，戴森家族的生意又会从哪里开始。戴尔德丽、埃米莉、杰克和萨姆与戴森公司一同成长，他们对公司充满热情，并渴望公司保留从建立伊始就支撑和激励公司前进的冒险理念。当然，这一理念会随着时代的发展而改变和进化。未来将是不同的，它甚至可能使公司朝着不同的方向发展。**但真正重要的是，我们要保持冒险精神，不要害怕独创性、开拓性和刺激性。**

我们知道，公司总是要做出改变，才能更好地完成当下的事，做好未来计划的事，甚至做好梦想着要做的事。俗话说，唯一不变的只有变化本身。对一家公司而言，这意味着不应该害怕改变，即使要拆除已经建立的东西，对它进行重建，或用更好的产品扼杀原本成功的产品，就像我们对新型电池驱动吸尘器所做的那样。

人们可能在一开始并不能全面理解新的概念和产品，但是如果我们坚持下去，并持之以恒地展示它们的优势，就像我们对气旋分离技术和新型无绳吸尘器所做的那样，他们终究会理解我们，并与我们携手走过这段少有人走的旅程。作为一家私营家族企业，我们可以做到这一点，因为我们可以承担风险，不受股价波动的影响。虽然私人公司和上市公司要遵循的规章制度相同，然而在许多方面，我们可以比上市公司承担更大的风险。

我们当然冒了很大的风险，包括数码马达、洗衣机、电动汽车和我们对固态电池的研究。并不是所有项目都取得了商业上的成功，这就是重点。就其本质而言，创业并不总是成功的，否则就太容易了。我们冒险的前提并不是觉得自己必然会成功，我们都非常清楚我们很可能会失败。当然，我不知道戴森的最终目的地在哪里，那不是我决定的，但我唯一要确认的是，那是一个令我兴奋的地方。

最重要的是，我们怎样才能避免成为一个懦夫？这就要求我们一心一意地解决一个问题，不管我们遇到多少挫折。即使意味着要做 5 127 个原型机，我们也要保持开放的心态。记住，保持不满意甚至害怕的心态并没有错。我们应该遵循自己的兴趣和本能，而不是信任专家。要知道，人生是一个漫长的学习之旅，而且往往是从错误中学习。我们必须继续向前，我们真的可以做得更好！

附录 1

杰克·戴森

我的父亲与其他人的父亲不同。他总是很有个性，逆势而行，出类拔萃。有些事情会让我们觉得他很特别，例如他在做任何事时都决心十足，以及他接我们放学时总是穿着不相配的袜子，衣服略显古怪。小时候，我们从不因他与众不同而感到尴尬。我们是在富有创造力的环境下长大的。我们都认为他会在某些事情上取得成功。我们感受到了他的动力，他对自己所做的事情充满热情，并对他获得成功深信不疑。

爸爸早年在家工作，所以我们总是参与其中。我们从一开始就是家族企业。我还记得我因身体不适而离开学校的日子，家里的空气中弥漫着像肥皂一样的塑料味道，我亲眼见证了球轮手推车从生产线上推下来。虽然这只是极小规模的生产，但我为爸爸所做的事情感到自豪和兴奋。我同样清楚地记得他被人从球轮手推车公司赶出来，灰溜溜回到家的日子。那对爸爸妈妈来说是一段艰难的时光。

不过，对于一个孩子来说，这完全是一次伟大的冒险旅程。我依旧记得我在爸爸和杰里米一起开发的轮椅上玩得很开心，斯诺登勋爵进进出出，看项目进展如何。我有时去普勒港观看正在测试的划桨船原型，有时坐在海上卡车上全速穿越公海。

爸爸做了很多事情，做了很多实验，他似乎对其中的危险一无所知。我清楚地记得他在我们巴斯福德家中的地窖制作真空成型机。这是一种塑造塑料的机器，购买它需要花费数千英镑，所以爸爸决定自己动手做一个。高达千瓦功率的电流流过机器上的大线圈，非常危险。我记得他在地下室待了几个星期，里面充斥着吵闹和咒骂。但他做到了，而且没有把房子毁掉。真空成型机正常工作了。

然后就是吸尘器。我记得他把马库改造成了一个作坊。马库之前用来储存木材，我和朋友们经常在里面捉迷藏。我与模型制造工人一道，花了整整一个暑假的时间制作了 10 个吸尘器原型机。而爸爸则在楼上的一个绘图板上绘制出精确的图纸，这些图纸可以直接交给工具制造商进行生产。每个人都很辛苦，但气氛很愉快。来马库和爸爸一起工作的年轻的皇家艺术学院毕业生都很有趣，午餐时间我们和他们经常一起打网球。

我记得爸爸不管是在家里还是在工作中，每件事都会亲自动手。我过去常在花园里打板球，打碎了许多窗户。爸爸真的受够了，所以他教我自己修窗户和切玻璃。后来，我也受够了，所以我用聚碳酸酯来代替玻璃。爸爸在玻璃开始变成乳白色时才注意到我换了玻璃材料。我在向他学习如何自己动手做事。

爸爸不会过分保护我们，也不会为我们撑腰，但他会与我们的学校辩论一些事情，通常会告诉老师他们是多么守旧。尤其是在晚宴上，他会故意挑起话题，提出一些另类的论点，使谈话更有趣。在我们的一次新年聚会上，他顺着墙滑了下来。他是一位细心的父亲，为我们做了很多东西，比如一条精心设计的高空滑索。他在晚上和周末用水管与电线把整个房子接好，还和我们一起玩，照顾我们。他总是精力充沛。

我记得很清楚，当爸爸说他和美国的一家公司签订了许可协议时，我们开了香槟进行庆祝。但事情很快就变糟了。与安利公司的诉讼是漫长而痛苦的，爸爸为他的发明努力了这么长时间，他所感到的压力和受到的伤害显而易见。家里的经济很紧张，妈妈通过举办生活课来维持生计。作为一个 11 岁的孩子，我差不多可以理解发生了什么。

在与安利公司的诉讼过程中，我记得他读过每一份法律文件上的每一个字。这很不合常理。很多人都会把这件事交给律师去做，但爸爸想理解其中的每一个字，从而增大胜诉的机会。和律师一起工作，理解诉讼中的每一个字，这可能就是他胜诉的原因。爸爸对他所做的每件事中最微小的细节都保持关注，这是他性格的一部分。不过，我完全不记得他最终胜诉时有什么庆祝活动。所有的注意力都集中在他如何制造吸尘器并开始销售上了。

之后他就不在家了，经常外出，去日本 6 个星期，然后去其他国家卖东西。正如爸爸在前文提到的，当他去日本的时候，一只松鼠咬穿了阁楼上的水箱管道，随之而来的洪水冲垮了好几块天花板，我们在客厅睡了两个星期。这让人想起了爸爸四处奔波工作时妈妈所忍受的一切。6 个星期后他回到了家，整个人看上去非常麻木、疲倦、极度劳累，但仅仅 6 个星期之后，我们的房子里就拥有了一个制成品，一台令人震惊的粉色 G-Force。

对我来说，最令人自豪的时刻是看到爸爸在产品销售上创造的奇迹，并在杂志上读到相关文章。从那以后，情况发生了翻天覆地的变化。我刚上大学的时候，在伦敦的中央圣马丁艺术与设计学院，每个人都在谈论大牌设计师以及他们是如何引领潮流的。到我大三的时候，课程 PPT 上就有了爸爸的照片，作为一个将制造业、设计业和商业结合起来的经典案例展示给我们。这个案例让同学们觉得很惊喜。我对此非常自豪，而且我知道发生其中的有趣的事情。

就像爸爸所说的那样，他显然没有停下来喘息的机会。但看到他如何尝试这一切，包括他自己做的广告，都让人觉得太神奇了。

他在考文特花园中的一个时尚温泉圣活泉（The Sanctuary）推出了戴森新产品 DC03 吸尘器，它从温泉中浮出水面。这种方式很疯狂，但是成功吸引了人们的注意。戴森产品和爸爸一样，总是与众不同。他自学了如何发明、设计和制造一种激进的产品，同时也学会了成为一名律师、营销员、推销员以及他自己的广告营销员。他既沉迷于洞悉微观细节，也执着于掌控大局。

成功随之而来，但成功并没有改变他。他赞扬那些帮助戴森成功的人。他对他的导师杰里米所教授的一切一直保持敬意。他教给我、我的兄弟姐妹以及所有为他工作的人的东西，可以用 4 个字来概括，“我能做到”。不管面对何种挑战，如创造全新产品、翻修房屋管道、迎战一家强大的跨国公司，他都会迎面而上，坚持下去。他没有恐惧。**这就是我们在戴森的企业文化中需要坚持的东西：无所畏惧的文化、渴望冒险精神**。如今，戴森已经达到了一定的规模，作为一个家族企业，我们选择将所获利润重新投入企业的业务之中，这样我们就可以继续冒险。在 2015 年我加入戴森之前，我也将爸爸的信念用于我的照明公司，即用全新的产品与大型照明制造商进行接洽。

爸爸把他充沛的能量传递给了所有年轻的戴森工程师。他鼓励他们改变想法，避免以保守的方式思考。他想让他们明白，新发明和新产品要想获得成功，必须比以前的发明和产品高出一个等级。他们必须冒险，必须以自己的方式大胆前进。

“边走边学”是爸爸在生活中运用的另一个原则。从产生想法开始，了解事物，然后学习和提高，这也是戴森工程技术学院的工作指导原则。在招募了大量毕业生之后，我们对如何为这些年轻人开设课程有了一个非常清晰的想法，即让他们在从事现场研究和制造项目的同时学习学术知识，这样他们就可以边工作边学习。他们可以自由地进行实验，同时研究深奥的工程原理。

我们明白，以长远眼光投资于技术是企业至关重要的一环。但我们也了解到，在年产 2 500 万件产品的过程中，必须建立其他业务来支持这一点。在这方面没有可供参考的选择，因为没有人生产我们生产的产品，当然也没有公司能够达到同样的规模和质量。我们必须不断地思考，通过控制产品质量和与客户保持直接关系来找到新方法满足客户的需求，这需要一种独特的技术。经营技术越来越成为一个新兴领域，我们必须在经营领域进行创新，以推动戴森公司的发展。

我们还希望戴森在精神上保持初创企业的样貌，在实验、学习和冒险方面拥有自由。科层制绝不是我们想要的企业管理模式。虽然这似乎是一种安全的工作方式，但我们是一家相互协作的企业，每周都在变化和发展。我们一直在努力改进系统和团队之间的协作，尽可能减少管理。一些管理者倾向于做特别具体的工作交代，我们不喜欢这样。我们希望每个人都能意识到自己该做什么，而且公司对直接来找管理者谈话的创新型人才是完全开放的。

随着公司规模稳步扩大，我们必须对公司的方方面面进行重新设计，以适应公司的扩张速度。爸爸完全同意这一点。只要是为了产品的版本升级，或者为了用更好的产品去替代一个原本成功的产品，爸爸一点都不介意对他所创造的一切推倒重建。**作为一个家族企业，我们相信长远的眼光，并认为投资和再投资于未来预估、有才华的年轻人和自己的直觉是非常重要的，这样我们就可以在非常有耐心的情况下，针对这些技术组建优秀的团队**。作为一个家族企业，我们在进入新领域方面非常开放，我们完全可以自由地去我们认为可以和应该去的任何地方，没有股东向我们施压以获得快速回报。我们的想法是制造我们认为应该做的东西，而不是市场可能期望我们制造的东西。在家中，我们从小就被教导要富有创造力，要去体验，然后创造新的、不同的、不符合常规的东西。所以，就像爸爸一直鼓励我们的那样，放手去做吧！

附录 2

戴尔德丽·戴森

曾经，詹姆斯和我选了同一门基础课，我们有时会在地铁上偶遇。过了一会儿，我们会说：“从第二节车厢下？”没有什么浪漫的气氛，但我们喜欢聊天，午餐时间还会和另外两个同学聚在一起畅所欲言。我的艺术学习机会来之不易，我当时也无意和任何人交往，我总是在画画。

有一次在伦敦动物园写生时，詹姆斯突然抓住我的手，我被这个举动完全惊到了。我当时觉得左右为难，“哦！我不能把我的手抽走，因为我可能会惹恼我的新朋友。”即使回到画室时，他也仍然握着我的手，而那时我只想静观其变。我们年底就订婚了！

自信，迷人，热情，富有魅力

詹姆斯和我有很多不同之处，但也有许多共同点。对我来说，除了他美丽的蓝眼睛和善良的性格之外，最吸引我的是他非凡的自信。进入艺术学院、面对空白画布——这些充满不确定性的事情对他来说都可以泰然处之。他在困难的项目面前同样信心百倍，而我会尝试分析这些项目，找出我们被要求做这些项目的原因，以及我们应该从中学习什么。他和我一样认真，都想把项目继续做下去，看看有什么进展。

詹姆斯对任何事情都有自己的看法，善于说服别人同意他的观点。他喜欢争论，现在也依然如此，即使私下里同意对方的观点，他也要提出一些有价值的相反观点。他是在学校养成的这个习惯，一开始我觉得很让人困惑，但我很欣赏他那种动人的激情，真的很让人信服。在今后的岁月里，那被证明是一份宝贵的天赋。

没有什么可失去的

在一起的第二年，我获得了奖学金继续在拜厄姆·肖绘画学院学习，詹姆斯被皇家艺术学院录取。我们搬到一起住了，我们的两笔奖学金分别用于支付房租和维持生活。我们都没有轻松的成长环境，所以如何获得足够的经济基础以维持生存，一直是我们面临的挑战。我相信这是未来获得成功的最佳基础。我们没有什么可失去的，我们也都有足够的技能在假期找到工作，所以我们知道，如果艺术领域不适合我们，我们可以找到普通的工作度过一生。

我转到温布尔登艺术学院学习三年的文凭课程。我们在我读二年级时完婚，而且同时完成了学业。当詹姆斯获得位于巴斯镇的罗托克公司的职位时，我也开始接一些私人平面设计工作，但在这座新城镇找到新的收入来源之前，我们计划到一个家庭借宿。我们带着 6 周大的埃米莉来到巴斯镇。回想起来，这真是一次巨大的冒险。

冒险与勇气

在罗托克海事部门工作时期，詹姆斯学会了如何设计、生产和销售，但是他喜欢并且需要掌控自己的命运，这是他的另一个性格特征。他关于球轮手推车的新想法是一个完美的项目，可以让他白手起家。詹姆斯自己开了一家新公司，有一段时间我们的生活很舒适，甚至搬了家，因为那时我们有两个孩子和一个小婴儿。我设法画了一些小油画，并售卖了一些，还为一家酒店做了一些平面设计工作，为一本书做了插图。然而，球轮手推车公司的股东们让我们非常失望，事实就是如此！突然之间，我们又回到了原点，只剩下抵押贷款、两个孩子和一个小婴儿。

务实

我们都是务实的人，如果可以的话，我们会自己做一切。为了我们的新家，詹姆斯租了一台挖掘机，自己开挖掘机挖了一个游泳池。我们一起修建了一个鱼塘，在约 2 000 平方米的空地上建了一个菜园。我们大部分周末时光都花在新家上了。可悲的是，这也是球轮手推车公司遭遇滑铁卢之后我们唯一可做的事。在得到规划许可的情况下，我们设法卖掉了那 2 000 平方米的土地。

这次失败让我非常伤心，尤其是詹姆斯一周工作 7 天，组建了一支 30 人的生产团队，而且又在生产线上增加了其他的新设计，但股东们决定把所有这些设计都交给公司。这意味着詹姆斯不再拥有自己的设计作品。

我对此无能为力，但很快就开始在夜校教艺术，因此赚了一点钱。我还每月去伦敦一次，为《Vogue》杂志写专栏。我们经历了一段痛苦的时期，日夜咀嚼悲伤，直到詹姆斯说："够了！我要研制吸尘器。"他之前已经有了关于气旋分离技术的想法，并把它提交给股东们审核。然而他们对此不感兴趣。"我再也不会有股东了，我再也不会把我的设计交给任何人了！"他吸取了教训。我们在这个困难时期得到了好友们的极大帮助，他们今天仍然是我们最亲密的朋友。

品行

我从小谨恪道德标准，所以球轮手推车事件真的让我震惊。这些年来，我们有很多员工，他们在公司的背后经营着自己的小生意，或者离开公司，带走了公司的秘密。业务越大，这些事件就越多，这是无法避免的。我相信，是非自有公论。

当詹姆斯第一次创业成立球轮手推车公司时，我记得我说过在所有交易中保持清白是多么重要。这就是为什么我一直支持詹姆斯的法律诉讼，特别是那起历时 5 年的美国吸尘器诉讼官司。我不能让这种事情在他身上发生两次，因为这会毁了他，所以我鼓励他继续努力，纠正这一错误，尽管法律费用开销大得令人震惊。

决心

接下来的 5 年是不断尝试和犯错的 5 年，然而，詹姆斯顽强的决心使他完成了吸尘器的早期开发。他不仅从不放弃，而且总是把每件事都做好，注意每一个细节。没有人能像他那样。我也很固执和坚定，但我不可能像詹姆斯那样坚持下去。

好胜

总的来说，詹姆斯在工作和生活上都很好胜。这是在商界打拼的一个非常重要的特点，在竞争中，他所在的领域丝毫不讲情面。我会尽量避免和他起冲突！我每天都偷偷地做填字游戏，因为如果他看到我做填字游戏，他会立即加入，并试图抢先完成它。他从不允许孩子们在网球这项运动上打败他，因为这样会让他落泪和沮丧。我不知道孩子们现在对此做何感想，但我认为这是因为詹姆斯是他们家 3 个孩子中最小的一个，不得不在学校里为自己而战。

尽管我们现在得到了商业、金融和法律等方面很多优秀顾问的支持，但詹姆斯现在仍在努力工作，他也很高兴依旧能够掌控大局。他对局面的控制体现在他的组织能力和每天整洁的着装上。我总是把我凌乱的工作室的门关得紧紧的！

建议

詹姆斯避免给别人建议，因为建议可能是错误的。我们都认为人们需要鼓励，尤其是年轻人。他们也需要成功的机会，所以我和詹姆斯都非常关心教育。教育让我们有机会发现自己擅长什么，能够做好什么。成千上万的孩子从未发现他们的才能。浪费天赋使我充满恐惧，创造力真的很重要。

我很高兴看到戴森工程技术学院蓬勃发展，年轻人都在创造性地学习和工作。当然，他们在这里也可以无债一身轻。他们已准备好迎接充满冒险和创造性工作的世界。我对戴森工程技术学院的学生同时接受学术和实践教育的方式感到特别兴奋，他们接受的教育标准非常高，而且不需要支付任何费用。我对校园教育中缺乏对人才和技能的尊重充满忧心，它们是所有创造力迸发和解决问题的核心。

我从未想过这段旅程会将我们带到今天的位置。虽然我们的孩子都有自己的事业，他们也都是富有创造力的人，但是戴森已经成为我们生活的一部分。戴森是一个家族企业，所以我们都参加会议并跟踪各个领域的进展。我是詹姆斯·戴森基金会成员。基金会多年来发展迅速，帮助世界各地的学校普及设计和技术教育，并赞助戴森设计大奖。由于有些人害怕直接与詹姆斯接触，因此首先将一些重大项目提交到我面前。

乐观

在这趟如同过山车一般的旅程之中，我已经能够遵循自己的心声。就在我们一起开始这段旅程时，詹姆斯说：“只要我们一起度过，不管多艰难都无所谓。”这句话我从未忘记。

乐观一定是詹姆斯最有爱意和支持力的表现。他并不只是怀有最美好的希望，而是相信一切都会成功。

致 谢

2009 年，在乔治・奥斯本就任财政大臣之前，我拜访了他，并见到了在那里实习的奥利・布莱尔（Oli Blair）。我对他印象极为深刻，后来他加入了戴森。11 年后，他建议我写这本书。谢谢你，奥利，你以你一贯的智慧和优雅推动了这本书的诞生。非常感谢一位老友，才华横溢的作家乔纳森・格兰西（Jonathan Glancey），我们之间有着最愉快的合作，和他在一起，我必须严格遵守纪律才能不跑题，因为和他谈话是如此引人入胜；感谢伊恩・马歇尔（Ian Marshall），我们的编辑，他精辟的提问和优秀的建议，谦虚地隐藏在他渊博的知识中；感谢戴尔德丽，感谢她在草稿中给出的宝贵意见和见解。

感谢我的长子杰克，虽然他发明了开创性的照明灯，并且自己创建了一家成功的企业，但是他选择了并入戴森：这个我非常敬佩且可爱的儿子迈出了勇敢的一步，他把他非凡的创造力和设计天赋带给了戴森。

感谢我们的另一个儿子萨姆和女儿埃米莉，他们都是极具创造力的人才，有自己出色的事业，却花了很多时间为我们的家族企业提供帮助和建议。有埃米莉、杰克和萨姆这样可爱的孩子，我们得以忍受过山车般的生活，感谢我们可爱的孙辈给我带来了天赐之福。

在我们的婚姻生活中，我们亲爱的朋友们给予了无限的支持和鼓励，无论他们内心有何疑问，他们都一如既往支持我们。感谢我的私人助理海伦·威廉姆斯（Helen Williams），在过去的 18 年里，无论白天黑夜，她都一如既往地、愉快地支持我工作，帮我走上正轨，没有她我的职业生涯就不可能实现。感谢彼得·甘马克，最伟大的工程师，在过去的 33 年里，他以体贴和热情之心出色地策划了每一个产品和设计项目，而且他是我见过的唯一一个能横向腾空击回网球的网球运动员。感谢亚历克斯·诺克斯（Alex Knox），他于 1992 年加入戴森，设计了几乎所有的产品，在新型冠状病毒肺炎疫情期间，仅用短短 6 周就英勇地研制出了我们的呼吸机。感谢詹姆斯·巴克纳尔（James Bucknall）爵士，他以非凡的魅力和才华领导着我们其他家族企业。

我还非常感谢伊恩·罗伯逊（Ian Robertson）、托尼·霍布森

(Tony Hobson)、约翰・克莱尔（John Clare)、艾伦・莱顿（Allan Leighton)、鲍勃·艾林（Bob Ayling)、安迪·加尼特、黄天聪（Tian Chong Ng)、许文辉（Boon Hwee Koh)、吉辛古玛（Kishin RK)、沃伦・伊斯特（Warren East)、罗德尼・奥尼尔（Rodney O'Neil)、塞巴斯蒂安·普里查德·琼斯（Sebastian Prichard-Jones)、大卫·弗斯顿（David Fursdon)、迈克・布朗（Mike Brown)、马克・斯莱特（Mark Slater)、理查德・尼达姆爵士、乔・凯迪（Jo Keddie)、约翰・查德威克（John Chadwick)、克里斯・威尔金森、托尼・穆兰卡、马克・泰勒（Mark Taylor)、马丁・鲍恩（Martin Bowen)、吉姆・特纳（Jim Turner)、伦纳德・霍尼克（Lennard Hoornik)、罗兰・克鲁格（Roland Krueger)、乔恩・詹森（Jorn Jensen)、斯科特・马圭尔（Scott Maguire)、约翰・丘吉尔（John Churchill)、尼古拉斯·巴克、盖伊·兰伯特（Guy Lambert)、约翰·希普西（John Shipsey)，所有这些人都在这段旅程中以巧妙的方式帮助了戴森和我的家人。

感谢威利（Wylie）代理公司的莎拉・查尔方特（Sarah Chalfant)，她的鼓励和指导让我们如此受益。感谢皮帕・伯吉斯（Pippa Burgess）承担了寻找插图和照片的任务，他甚至顶着尘土在我的档案室查阅资料。

最后，我要感谢我在戴森和 Weybourne 所遇到的所有优秀的同事，他们打造了一家全球性的技术公司，使这次冒险如此令人兴奋。

彩色插页说明：

马姆斯伯里研发中心屋顶图由迈克·库珀（Mike Cooper）拍摄。

戴森交响乐团演出照片由马丁·艾伦摄影公司（Martin Allen Photography）拍摄。

Contrarotator 洗衣机图片由迈克·库珀拍摄。

DC01、DC02、DC03、DC04、DC05、DC06、DC07、DC11、DC12、DC14、DC15、DC16、DC35 照片由迈克·库珀拍摄。

戴森电动汽车、车内座椅和电动驱动单元剖面的计算机模拟图均由丹尼尔·钦德里斯（Daniel Chindris）完成。

《星期日泰晤士报》报道页面由《星期日泰晤士报》授权提供。

马铃薯种植、豌豆收割机收割作业、草莓种植等图由戴森农场提供。

吊舱中桌子的图片来自威尔金森艾尔建筑事务所。

马姆斯伯里园区学生宿舍的图片来自威尔金森艾尔建筑事务所。

詹姆斯·戴森与学生的合影由迈克·库珀拍摄。

圆屋、新戴森大楼和礼堂楼梯的图片均来自威尔金森艾尔建筑事务所。

卡维·埃伦·迈格照片由詹姆斯·戴森基金会提供。

詹姆斯·戴森和杰克·戴森在 Mini 切割车交谈的照片由劳拉·潘纳克（Laura Pannack）拍摄，来自伦敦摄影出版社。

其他彩插图片均来自作者个人收藏或戴森家庭财产。

封面照片由约翰尼·林（Johnny Ring）拍摄。

未来，属于终身学习者

我这辈子遇到的聪明人（来自各行各业的聪明人）没有不每天阅读的——没有，一个都没有。巴菲特读书之多，我读书之多，可能会让你感到吃惊。孩子们都笑话我。他们觉得我是一本长了两条腿的书。

——查理·芒格

互联网改变了信息连接的方式；指数型技术在迅速颠覆着现有的商业世界；人工智能已经开始抢占人类的工作岗位……

未来，到底需要什么样的人才？

改变命运唯一的策略是你要变成终身学习者。未来世界将不再需要单一的技能型人才，而是需要具备完善的知识结构、极强逻辑思考力和高感知力的复合型人才。优秀的人往往通过阅读建立足够强大的抽象思维能力，获得异于众人的思考和整合能力。未来，将属于终身学习者！而阅读必定和终身学习形影不离。

很多人读书，追求的是干货，寻求的是立刻行之有效的解决方案。其实这是一种留在舒适区的阅读方法。在这个充满不确定性的年代，答案不会简单地出现在书里，因为生活根本就没有标准确切的答案，你也不能期望过去的经验能解决未来的问题。

而真正的阅读，应该在书中与智者同行思考，借他们的视角看到世界的多元性，提出比答案更重要的好问题，在不确定的时代中领先起跑。

本书阅读资料包

给你便捷、高效、全面的阅读体验

本书参考资料

湛庐独家策划

- 参考文献
  为了环保、节约纸张，部分图书的参考文献以电子版方式提供
- 主题书单
  编辑精心推荐的延伸阅读书单，助你开启主题式阅读
- 图片资料
  提供部分图片的高清彩色原版大图，方便保存和分享

相关阅读服务

终身学习者必备

- 电子书
  便捷、高效，方便检索，易于携带，随时更新
- 有声书
  保护视力，随时随地，有温度、有情感地听本书
- 精读班
  2~4周，最懂这本书的人带你读完、读懂、读透这本好书
- 课　程
  课程权威专家给你开书单，带你快速浏览一个领域的知识概貌
- 讲　书
  30分钟，大咖给你讲本书，让你挑书不费劲

湛庐编辑为你独家呈现
助你更好获得书里和书外的思想和智慧，请扫码查收！

（阅读资料包的内容因书而异，最终以湛庐阅读App页面为准）

著作权合同登记号：图字：01-2022-0559 号

图书在版编目（CIP）数据

发明：詹姆斯·戴森创造之旅 /（英）詹姆斯·戴森著；毛大庆译. -- 北京：中国纺织出版社有限公司，2022.4

书名原文：INVENTION：A Life

ISBN 978-7-5180-9326-7

Ⅰ. ①发… Ⅱ. ①詹… ②毛… Ⅲ. ①詹姆斯·戴森—自传 Ⅳ. ①K835. 615. 38

中国版本图书馆CIP数据核字（2022）第015006号

责任编辑：刘桐妍　　责任校对：高　涵　　责任印制：储志伟

中国纺织出版社有限公司出版发行

地址：北京市朝阳区百子湾东里 A407 号楼　邮政编码：100124

销售电话：010—67004422　传真：010—87155801

http://www.c-textilep. com

中国纺织出版社天猫旗舰店

官方微博 http://weibo.com/2119887771

唐山富达印务有限公司印刷　各地新华书店经销

2022年4月第1版第1次印刷

开本：880×1230　1/32　印张：13.5　插页：12

字数：313千字　定价：109.90元

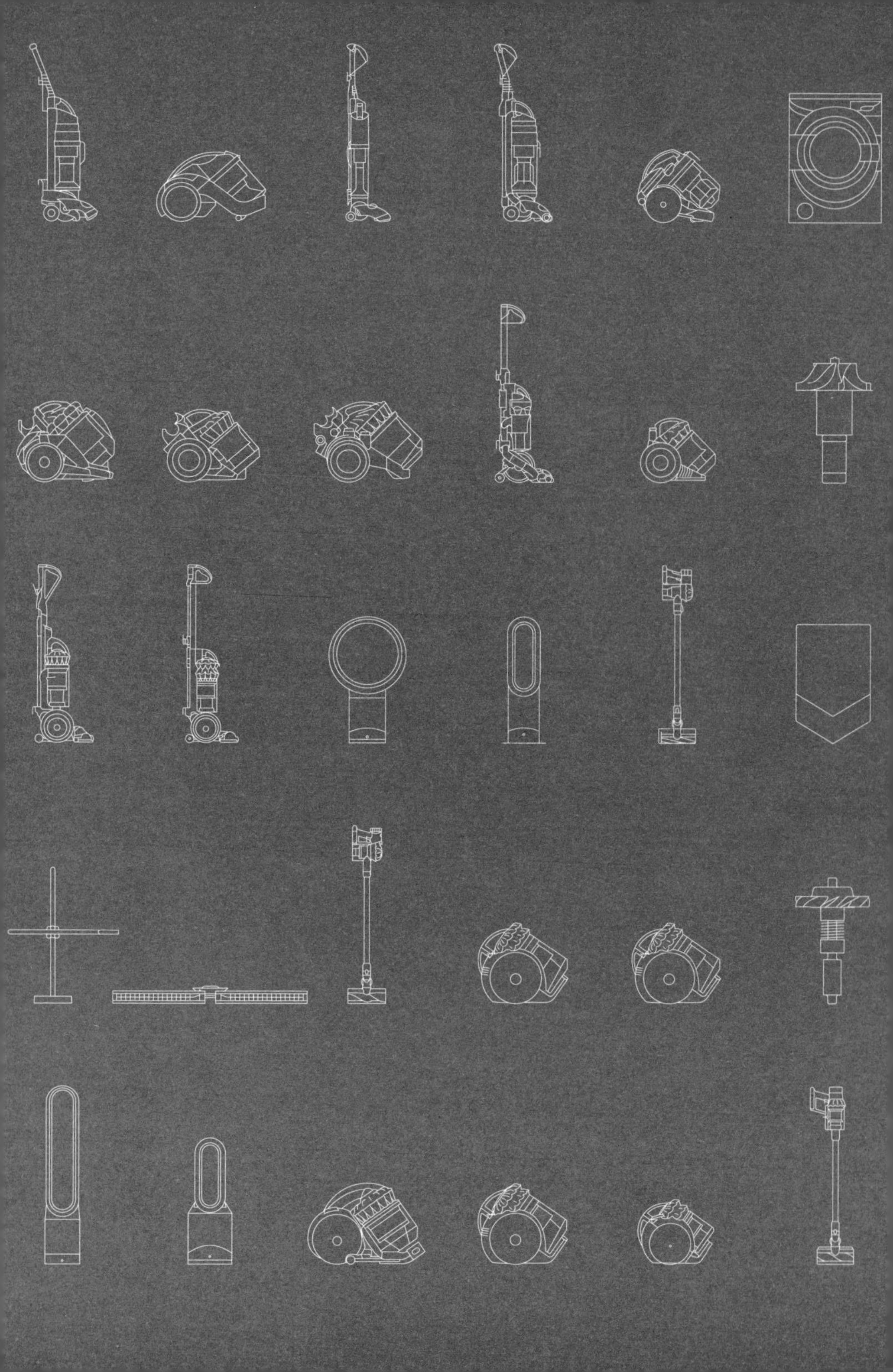